1919年的"中国梦"

孙中山《实业计划》鉴注

SUNZHONGSHAN SHIYEJIHUA JIANZHU

孙中山 / 著

沈　潜 / 评注

人民出版社

目　录

《实业计划》

导　读

Industrial
Plan

引　子

激扬新文化之波浪，灌输新思想之萌蘖，树立新事业之基础，描绘新计划之雏形。

——孙中山

翻开一部激荡百年的中国近代史，1919 年注定是一个极不平静的年份。

始于 1911 年爆发的辛亥革命，以石破天惊之势推翻清廷统治，终结传统帝制，建立共和新政，开启了中国现代化的历史新进程。未曾想，仅仅几个月后，革命政权很快被北洋军阀代表袁世凯掌控。执政后的袁世凯，由临时总统而正式总统，由内阁制而总统制，由任期总统而终身总统，建立起独裁专制的强权政治。伴着"洪宪帝制""宣统复辟"的丑剧相继上演，随之出现各派军阀拥兵自重、混战割据的局面，民初政权的频繁更迭，政局险象纷呈，新生的中华民国徒有其表，名存而实亡。

是非颠倒含冤苦，黑白揉淆抱恨多。

无量头颅无量血，可怜购得假共和。①

革命的初衷本来是拯斯民于水火，结果却适得其反。出自革命党人蔡济民传诵一时的《书愤》之句，道出了志在救国的有心人无比悲愤和哀伤的感叹。

长夜漫漫，路在何方？未来中国的前途和命运，成为萦绕在无数仁人志士心头苦苦探索的时代主题。

梳理 1919 年大事记，就在辞旧迎新的元旦之日，《国民》《新潮》两份杂志在京同时创办。同一天，20 岁的李大钊撰写《新纪元》一文宣称：

> 人类的生活，必须时时刻刻拿最大的努力，向最高的理想扩张传衍，流转无穷，把那陈旧的组织、腐滞的机能一一的扫荡摧清，别开一种新局面。这样进行的发轫，才能配称新纪元；这样的新纪元，才有祝贺的价值。②

文章呼吁，这是世界革命的新纪元，是人类觉醒的新纪元。面对新纪元的到来，黑暗的中国犹如在沉沉夜色里见得一线曙光，照亮了人生的新路。值此祝贺新纪元，中国人民应在光明的视野里幡然醒悟，努力建设一个新中国，创造一个新世界。站在这一历史关头的激情呐喊，预示着中国大地即将迎来"四方风动"的新一轮波澜——

---

① 转引自王晶垚：《南社始末》，见《中国社会科学》1980 年第 4 期。
② 载《每周评论》第 3 号（1919 年 1 月 5 日），《李大钊全集》（修订本）第二卷，人民出版社 2013 年版，第 375—377 页。

▲ 图1　1919年孙中山题词："四方风动"

　　新一年里，先是一批热血青年相继在上海登轮起程，赴法勤工俭学，后有美国著名实用主义哲学家杜威漂洋过海来华讲学；从胡适发表《多研究些问题，少谈些主义》，到李大钊发表《再论问题与主义》，引起一场"问题与主义"的思想交锋；从北京《少年中国》《新中国》《新生活》《曙光》，到湖南《湘江评论》，到上海《星期评论》《建设》《解放与改造》等时事评述杂志的创刊；从北京少年中国学会到天津觉悟社的成立；从李大钊《我的马克思主义观》《新旧思潮之激战》，到鲁迅《孔乙己》，到毛泽东《民众大联合》等一系列作品的见载……

　　"山雨欲来风满楼"。一时间，各种报纸、期刊、社团如雨后春笋般地涌现，知识精英对于时事政局纷纷发表意见，此呼彼应，众声喧哗，国内思想界彰显了空前活跃的新气象。一张 1919 年的岁月晴雨表，昭示着中国正酝酿着一场强大的社会风暴，一个伟大的历史转折。

但时局如风云一般变幻不定，动向无可预料。从年初到岁末，为解决当时南北两个政权对峙的局面，北京北洋政府和广州军政府各自派代表在上海举行南北议和，各派利益几经博弈，无法达成一致，谈判最终完全破裂。而在 1919 年国事艰危的多事之秋，最为引人瞩目的社会焦点，无疑要推巴黎和会的举行以及由中国外交的失败而引发的五四运动。

当年元月 18 日，第一次世界大战的战胜国在法国巴黎召开和平会议，讨论处理战后的世界问题。作为战胜国之一，中国政府代表提出了收回山东主权、取消"二十一条"不平等条约等正当要求。4 月下旬，在法、英、美等西方列强的操纵下，和会决定把战前德国在山东的一切权益交给日本。5 月 4 日，北京爆发了学生群众的反帝爱国运动，三千多名学生在天安门示威游行，主张拒绝在和约上签字，要求惩办亲日派曹汝霖、章宗祥、陆宗舆。北洋政府出动军警逮捕大批爱国学生，激起社会各界义愤。6 月 5 日起，上海工人罢工、学生罢课、商人罢市，声援北京，运动随之迅速蔓延全国。6 月 28 日，在民众舆论的强大压力下，中国代表拒绝在凡尔赛对德和约上签字，五四运动取得重大胜利。

聚焦这一非同寻常的年份，将一个个时间节点中鲜亮登场的人、事、物串联起来，无论是群体意识的宏观走向，还是个体生命的微观生动，自有格外显眼的历史分量。新生代阶级力量活力充沛，意气风发，显示着新时代民族解放的希望之光终将在东方的地平线上喷薄而出。

▲ 图 2　1919 年 10 月 25 日，孙中山与宋庆龄结婚四周年合影

且把视线移到上海，并稍稍回溯。

1918 年 7 月 4 日，正当盛夏溽热，一位刚从日本神户抵达上海的中年男子，在法租界的大马路码头登岸后，乘车驶过枝叶蔽天的一条数百米法式梧桐林荫道，入住在了莫利爱路 29 号（今香山路 7 号），随他相挽偕往的还有年轻美貌、气质优雅的夫人。

这里，坐落着一幢欧洲乡村式的两层花园别墅，为当时旅居加拿大的华侨集资买下后所赠。小楼坐北朝南，外墙饰以灰色卵石，缠绕着浓密的藤蔓，屋顶铺盖洋红色鸡心瓦。楼前是正方形的草坪，三面簇拥着冬青、香樟和玉兰等树木花圃，一派绿意盎然、典雅清幽的花园布局。

入住后的寓所，底楼用作客厅和餐厅，楼上西为书房，东为卧室，书房和卧室前是一间长方形的内阳台。靠南书房的窗户敞开着，正对着不远处密密匝匝的梧桐疏影，东、西、北三面是环列的书橱，并且由室内延伸到了室外走廊、过道，随处排列着数千册琳琅满目的中外读本；墙壁四周挂满了大小不同的地图，图上到处都是用毛笔或铅笔做的记号。书房正中放了一张普通的写字台，桌上摆着毛笔、歙砚、

▲ 图 3　寓所书房

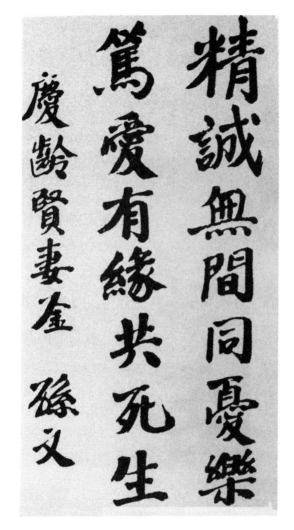

▲ 图4 "精诚无间同忧乐 笃爱有缘共死生"——1922年孙中山书赠宋庆龄联语

墨盒和印泥盒，还有放大镜、绘图板等；书桌的旁边则是两把木椅和一对双人沙发。书房的隔壁是卧室，房间陈设简单朴素，北部正中放着一个由两个单人床拼成的对床，室内有张可折叠的斜板写字台，西南角的衣橱边上放着一只靠背沙发椅。

暑往寒来，春去春回。对这位年过五旬的男子来说，长期漂泊不定的生活，从此有了一个安适的归处。1919年前后的日子里，无论四季交替，但见他总是一身中装或中山装，日常深居简出，除了会见一些重要的客人之外，大多数时间就在这里读书和写作：时而伏案书桌，奋笔疾书；时而起身在书房里来回踱步，或在卧室的靠背沙发椅上掩卷沉思。一有空，他就拿了放大镜，神情专注地盯着墙上的地图，又把地图铺在地上，然后弯腰蹲下，用彩笔在图上标绘出铁路、河道、海港等，有时还亲自绘制地图。夫人每天追随左右，寒冬为他生炉取暖，酷暑为他掌扇纳凉，更多的时候，默默协助他收集资料，打印文稿，无论生活还是工作，夫妇俩精诚笃爱地相守相伴着。

如此夜以继日的场景，几乎难得间歇。仔细留意那双澄澈深邃的眼睛，透出坦率热情、坚毅果敢的个性；还有微微上翘的嘴角，更洋溢着自信与睿智的神韵。不过，纵然清风拂面，表情依旧是挥不去的凝重，并且沉甸甸地写在了那张典型的国字脸上。

要说寓所里的这对贤伉俪，就是被誉为中国民主革命的先行者、中国现代化事业的伟大开拓者——孙中山和他的夫人宋庆龄。

正是在这里，孙中山以处惊不乱的沉静与安宁，感念波谲云诡的政治局势，心系内忧外患的民族苦难，结合自己数十年的革命经验和教训的理论总结，认真研究了中国国情和西方强国的优势，历时两年潜心著述，构想拯救中国的方略，规划发展中国的愿景，完成了《孙文学说》《实业计划》，连同 1917 年写成的《民权初步》，合为《建国方略》一书，从而实现了自身革命思想和实践的历史性转折，影响普被后世。

如烟往事，风韵犹存，小楼见证了先驱者当年留下的足迹与心迹。如今

▲ 图 5　位于香山路 7 号的上海孙中山故居外景

引子

9

时隔百年，走进已被列为全国首批重点文物保护单位的孙中山故居，由一处建筑遗存，别裁了一段历史记忆，蕴含着一种民族精神，眼前浮现的那些人、那些事，让后世能隐约触摸特殊年代悠远绵长的历史脉动，感知一代伟人呕心沥血的愿景期待……

值此纪念孙中山诞辰 150 周年之际，我们借时光的隧道，力图重返惊心动魄的历史现场，追寻风雨兼程的先驱心路，再次聆听他在代表性著作——《实业计划》中跨时空的惊人大预言，并在历经沧桑的现实面前体会百年追梦的一路铿锵和喜悦。

一、愈挫愈奋：艰苦卓绝的心路历程

　　吾志所向，一往无前，愈挫愈奋，再接再厉，用能鼓动风潮，总成时势。

——孙中山

　　"中国反帝反封建的资产阶级民主革命，正规地说起来，是从孙中山先生开始的。"①这一人所熟知的经典论断，精辟地概括了孙中山为改造中国而奋斗的一生。

　　孙中山（1866—1925），乳名帝象，学名文，字德明，号日新，后改逸仙。1897 年在日本化名中山樵，遂以中山名世。追寻他一生所走过的道路，大致分为以下几个阶段：

　　第一个阶段（1866—1905），为寻求救国救民真理而满怀壮志，从尝试改良到转向革命，最终坚定地走上了反清革命道路的时期。

　　1866 年 11 月 12 日，孙中山出生在广东香山县（今中山市）翠亨村一个贫苦农民家庭，少小务农，10 岁入塾读书。1878 年随母亲赴檀香山，"始见轮舟之奇，沧海之阔，自是有慕西学之心，穷

---

① 《青年运动的方向》，《毛泽东选集》第二卷，人民出版社 1966 年版，第 527 页。

▲ 图6　孙中山就读意奥兰尼书院旧址

天地之想"。① 在胞兄孙眉的资助下，他先后就读于英美教会开办的意奥兰尼学校、奥阿厚书院。1884 年进入香港拔萃书室，后转域多利书院。中法战争后在广州、香港学医，1892 年毕业。从 12 岁到 26 岁的前后 14 年求学生涯，孙中山系统接受了西方资本主义教育，广泛涉猎了欧美各国文化科学知识和社会政治学说，由此萌发了"改良祖国，拯救同群"的心愿。②1885 年中法战争的结局，给了孙中山极大的刺激，更加忧虑于严重的民族危机，更加痛愤于清政府的腐败，"始决倾覆清廷、创建民国之志"。③ 随之以学

① 《复翟理斯函》，《孙中山全集》第一卷，中华书局 1981 年版，第 47 页。笔者按：导读部分援引的孙中山著述，除《实业计划》依据人民出版社 2015 年版《孙中山全集》（第一卷），其他均据中华书局版《孙中山全集》。

② 《在广州岭南学堂的演说》，《孙中山全集》第二卷，中华书局 1982 年版，第 359 页。

③ 《建国方略》之一，《孙文学说——行易知难（心理建设）》，《孙中山全集》第六卷，中华书局 1985 年版，第 229 页。

堂为鼓吹之地，借医术为入世之媒，高谈革命理论，从事社会活动，寻求救国的途径。当时，倡导温和的维新改良思潮成为社会主流。1894年6月，孙中山经上海北上天津，上书李鸿章，提出

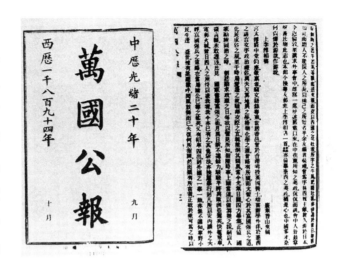

▲ 图7　1894年10月11日《万国公报》刊载的孙中山《上李鸿章书》

了一个发展工商业、改革教育制度和选拔人才制度的理想蓝图，寄希望于当权人物推行自上而下的改革，但上书遭冷遇，未被采纳。

　　1895年中日甲午战争惨败的结局，警醒着人们思考救国之路。孙中山进一步认识到清政府的腐败无能，深感"和平之法无可复施"，[①] 于是放弃了改良的幻想，毅然走上以武力推翻清王朝的革命道路。此前的1894年11月，孙中山在檀香山创立了第一个资产阶级革命团体兴中会，由他起草的兴中会章程，明确表达了对中国前途的忧心："方今强邻环列，虎视鹰瞵，久垂涎于中华五金之富、物产之饶。蚕食鲸吞，已效尤于接踵；瓜分豆剖，实堪虑于目前。"[②] 入会誓词提出了"驱除鞑虏，恢复中华，创立合众政府"的

① 《伦敦被难记》，《孙中山全集》第一卷，第52页。
② 《檀香山兴中会章程》，《孙中山全集》第一卷，第19页。

▲ 图 8　兴中会首批会员宣誓处

革命主张。至 1895 年 2 月，他回香港合并辅仁文社，成立香港兴中会，并策动广州起义，事泄而败，流亡海外，随即在日本横滨、美国旧金山相继建立兴中会分会，联络华侨宣传革命。1896 年 10 月在伦敦被清驻英使馆诱捕，后由英人康德黎等营救脱险。此后近一年时间里，孙中山广泛阅读和研究了西方政治、经济、法律、外交、军事等各类书籍，从中探求救国真理，用他后来的话说：

　　所见所闻，殊多心得。始知徒致国家富强、民权发达如欧洲列强者，犹未能登斯民于极乐之乡也；是以欧洲志士，犹有社会革命之运动也。予欲为一劳永逸之计，乃采取民生主义，以与民族、民权问题同时解决。①

可见，三民主义思想已在这时初具雏形。1897 年 8 月，孙中山到达日本，扩大兴中会组织，并争取日本朝野人士及国际友人对中国革命的同情和支持。翌年秋冬，又多次与康有为、梁启超等就

---

① 《孙中山全集》第六卷，第 232 页。

联合反清进行会谈，未获任何结果。1900年义和团运动爆发，帝国主义大举进犯京津地区，严重削弱了清政府的力量。孙中山认为"事机已发，祸福之间不容发，万无可犹豫"。[①] 是年10月筹划惠州起义失败，旋即再赴日本。自1901年至1905年上半年间，他先与留日学生建立联系，并支持他们的进步活动，随后往返奔波于亚洲和欧美等地，到处宣扬革命道理，联络当地华侨和在美洲的会党，呼吁组织革命团体，并对欧美各国的政治、经济制度有了进一步的深入考察。与此同时，针对康有为等保皇派对革命的攻击，孙中山从1903年年底起先后发表《敬告同乡书》《驳保皇报书》《中国问题的真解决》，认为"革命与保皇，理不相容，势不两立"，[②] 指出保皇派"名为保皇，实则革命"的宣传完全是骗人的鬼话，揭露他们标榜的"爱国"实际上是"保异种而奴中华，非爱国也，实害国也"。[③] 更满怀信心地宣称：

> 一旦我们革新中国的伟大目标得以完成，不但在我们的美丽的国家将会出现新纪元的曙光，整个人类也将得以共享更为光明的前景。[④]

这些措辞尖锐、立场鲜明的文章，对扫除"保皇邪说"，传播资产阶级民主革命思想起了重要的推动作用。

第二个阶段（1905—1918），从同盟会成立到护法运动失败之

———————

① 冯自由：《革命逸史》初集，中华书局1981年版，第86页。
② 《香港兴中会章程》，《孙中山全集》第一卷，第23页。
③ 《驳保皇报书》，《孙中山全集》第一卷，第233页。
④ 《中国问题的真解决》，《孙中山全集》第一卷，第255页。

间，这是孙中山为推翻专制政体、创建资产阶级民主共和国而组织革命政党以团结革命力量，开展思想论战以肃清保皇谬论，发动武装起义以扩大革命影响，并在迎来中华民国的成立后，又为维护共和政体、保卫辛亥革命成果而持续奋斗的时期，也是孙中山初步阐述并进一步丰富、发展三民主义理论体系的时期。

1903 年前后，随着革命形势的迅速发展，各地革命团体纷纷涌现。孙中山从革命形势中受到莫大的鼓舞，于 1905 年由欧洲前往日本，以兴中会、华兴会、光复会为基础，联合其他革命志士，成立中国同盟会，确定了"驱除鞑虏，恢复中华，建立民国，平均地权"的革命纲领，会上被推举为总理。在同年创刊的《民报》发刊词中，他提出了民族、民权、民生的三民主义学说，并在理论上作了较为明确的阐释，使之成为一个比较完整的资产阶级民主革命纲领，有力地推动了民主革命运动的蓬勃发展。1905—1907 年间，孙中山又发动和指导了与保皇派针锋相对的思想斗争，进一步划清革命与改良的界限，从而壮大了革命阵营，为资产阶级民主革命高潮的到来作了舆论上的准备。接着联合华侨、会党和新军，在两广、云南等地发动了多次武装起义，惜乎屡起屡仆。此后继续在国内外积极发展同盟会组织，并赴欧美各国从事宣传和筹款活动。

1911 年 10 月武昌起义，各省闻风响应。远在美国的孙中山欣悉后，先是积极开展外交活动，周旋于美、英、法之间，幻想得到西方列强对中国革命的同情和帮助。待至是年年底回上海，在 12 月 29 日南京举行的 17 省代表会议上，当选为中华民国临时大总统。1912 年 1 月 1 日赴南京宣誓就职，宣告中华民国成立，组成民国临时政府和临时参议院，主持颁布了具有资产阶级共和国宪法性质的《中华民国临时约法》，制定了一系列有利于民主政治和资本主义发展的政策法令。

无奈，由于帝国主义和封建势力的强大压力，加上资产阶级自身的软弱以及革命派内部严重的妥协情绪，种种情势胁迫下，南京临时政府成立不久后的 2 月 13 日，孙中山提出辞职，推荐袁世凯继位。4 月孙中山正式宣布解职，并且认为："民族、民权两主义俱达到，唯有民生主义尚未着手，今后吾人所当致力的即在此事。"①在此思想指导下，他表示放弃政治斗争，致力于实业建设，遂往武汉、福州、广州和华北各地游历考察，以民生主义为中心内容发表演讲，为振兴实业奔走呼号，并率先投入铁路建设的实践中去。9 月受命督办全国铁路，第二年 2 月赴日本考察和接洽铁路贷款，一度沉醉于专志办理实业的幻想之中。但 1913 年 3 月宋教仁被刺案的发生，很快使孙中山惊醒过来，极力主张兴师讨袁，并发动了"二次革命"，坚持不到两个月，失败后被迫再度亡命日本。但他并不气馁，1914 年 7 月在东京组织中华革命党，被举为总理，主持通过《中华革命党总章》，宣示以实行民权、民生主义为宗旨，以扫除专制政治、建设完全民国为目的，决心继续开展武装斗争。1915 年孙中山发表讨袁宣言，痛斥袁世凯的倒行逆施，1916 年在第二次讨袁宣言中提出了"保持民国，不徒以去袁为毕事"②的主张。1917 年又在广州发起护法运动，召开国会非常会议，组织护法军政府，被推举为海陆军大元帅，誓师北伐，坚决反对段祺瑞拒绝恢复《临时约法》和国会，认为"约法与国会，共和国之命脉也"。③但这场借助西南军阀武力进行的革命斗争仍归于失败。1918

① 《在南京同盟会会员饯别会的演说》，《孙中山全集》第二卷，第 319 页。

② 《讨袁宣言》，《孙中山全集》第三卷，中华书局 1984 年版，第 284 页。

③ 转引自陈锡祺主编：《孙中山年谱长编》上册，中华书局 1991 年版，第 991 页。

年 5 月因桂系军阀的排挤，孙中山被迫辞职，旋即离粤赴沪，陷入苦闷、彷徨之中。

第三个阶段（1918—1925），这是孙中山为探索继续前进的道路，认真总结历次革命失败的经验教训，并在绝望中得到共产国际和中国共产党的帮助，由此把旧三民主义发展为新三民主义，实现了他一生中最伟大转变的新时期。

护法运动的失败，使资产阶级民主革命面临了严峻的考验。无数次艰难顿挫，迫使孙中山开始新的探求，决心从事著书立说，启发国民，1918 年和 1919 年，他先后完成《孙文学说》和《实业计划》的写作，并连同 1917 年所写《民权初步》一起，编为《建国方略》，较为系统地阐述了他的哲学思想、经济建设思想和民主建设思想。同时指派朱执信、廖仲恺等创办《星期评论》和《建设》杂志。孙中山在《建设》发刊词中宣称：

▲ 图9—1 《建设》创刊号

以鼓吹建设之思潮，阐明建设之原理，冀广传吾党建设之主义，成为国民之常识，使人人知建设为今日之需要，使人人知建设为易行之事功。由是万众一心以赴之，而建设——世界最富强最快乐之国家，为民所有、为民所治、为民所享者。①

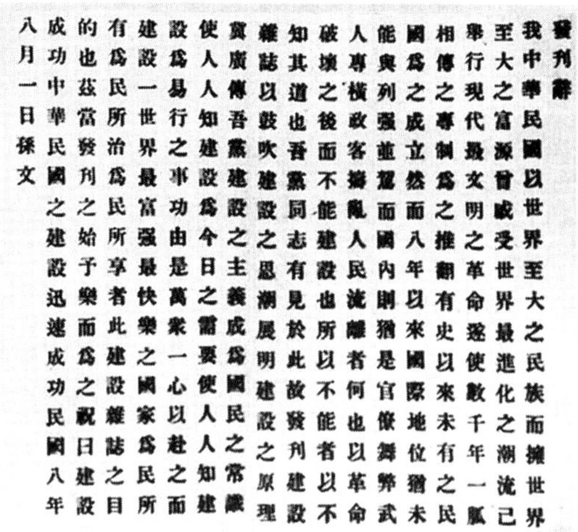
發刊辭
我中華民國以世界至大之民族而擁世界
至大之富源曾感受世界最進化之潮流已
舉行現代最文明之革命遂使數千年一瓢
相傳之專制爲之推翻有史以來未有之民
國爲之成立然而八年以來國際地位猶未
能與列強並駕而國內則猶是官僚舞弊武
人專橫政客搗亂人民流離者何也以革命
破壞之後而不能建設也所以不能者以不
知其道也吾黨同志有見於此故發刊建設
雜誌以鼓吹建設之思潮展明建設之原理
冀廣傳吾黨建設之主義成爲國民之常識
使人人知建設爲今日之需要使人人知建
設爲易行之事功由是萬衆一心以赴之而
建設一世界最富強最快樂之國家爲民所
有爲民所治爲民所享者此建設雜誌之目
的也茲當發刊之始予樂而爲之祝曰建設
成功中華民國之建設迅速成功民國八年
八月一日孫文

▲ 图 9—2 孙中山撰写的“《建设》发刊辞”

在此前后，俄国十月革命的胜利和中国共产党的成立，为困境中的孙中山寻找救国真理的思想转变、再造新民国的斗争带来了希望和信心。1918 年夏，孙中山致电列宁和苏维埃政府，祝贺十月革命的成功和苏俄劳农政府的成立，电称“中国革命党对贵国革命党所进行的艰苦斗争表示十分钦佩，并愿中俄两党团结共同斗争”。② 由此产生了联合苏俄、学习苏俄革命经验的愿望。五四运动爆发后，孙中山对学生的爱国热情极表同情和支持，亲自致电段祺瑞，要求释放运动中被捕的学生，并在上海与学生代表多次交谈，勉励学生反抗北京政府。1919 年 10 月，他将中华革命党正式改组为中国国民党，“以巩固共和，实行三民主义为宗旨”。③ 次年，敦促陈炯明率驻闽粤军驱除桂系军阀势力，重回广州。1921 年重组军政府，就任非常大总统，再揭护法旗帜，组

① 《〈建设〉杂志发刊词》，《孙中山全集》第五卷，中华书局 1985 年版，第 89—90 页。

② 《致电列宁和苏维埃政府电》，《孙中山全集》第四卷，中华书局 1985 年版，第 500 页。

③ 《中国国民党通告及规约》，《孙中山全集》第五卷，第 127 页。

织大本营准备北伐。是年 12 月与共产国际马林在广西多次晤谈，集中讨论了建立革命政党和革命武装问题，明确论断："法、美共和国皆旧式的，今日惟俄国为新式的。吾人今日当造成一最新式的共和国。"①1922 年 6 月陈炯明的叛变，使孙中山被迫经香港退居上海。

此后，在共产国际和中国共产党的帮助下，孙中山再度从思想困境中奋起，认识到必须"以俄为师"，联合共产党开展反帝反封建的民主革命，决心改组国民党，实行联俄、联共、扶助农工的三大政策。1923 年在陈炯明被滇桂联军逐出广州后，他离沪赴粤，重建大元帅府，随即派出"孙逸仙博士代表团"赴苏联考察，邀请苏联政治、军事顾问帮助中国革命。1924 年 1 月，孙中山主持召开了国民党第一次全国代表大会，通过党纲、党章，发表宣言，重新解释了三民主义，接受了中国共产党的反帝反封建主张，为革命的统一战线确立了共同纲领，孙中山的革命生涯因此跨入了前所未有的新阶段。他先指示创办黄埔军校，培养革命军事干部，并坚决镇压了广州商团的反革命武装叛乱。1924 年 10 月，应冯玉祥之邀扶病北上，讨论国事，发表《北上宣言》，力主对内召开国民会议，结束军阀统治；对外废除不平等条约，反对帝国主义侵略，坚持反帝反封建的政治主张。1925 年 3 月 12 日，因积劳成疾，在北京逝世。遗著由后人编为《中山全书》《总理全集》等多种。1956 年人民出版社出版了《孙中山选集》上下卷。1981—1986 年间中华书局陆续出版了《孙中山全集》12 卷本。1996 年广东人民出版社出版了《孙文全集》。2015 年人民出版社出版《孙中

---

① 《在桂林广东同乡会欢迎会的演说》，《孙中山全集》第六卷，第 56 页。

▲ 图10　人民出版社新版《孙中山全集》16卷本

山全集》16卷本，广泛搜集了近30年来国内外披露的新资料和辑佚考辨成果，共收录著述11500余篇，计10106千字，为读者提供了一部反映孙中山政治思想文化的全集，有助于国人更好地继承和发扬这笔珍贵遗产。

　　综观孙中山的一生，"适乎世界之潮流，合乎人群之需要"，[①]自觉站在时代前沿，为追求民族独立、社会进步、人民幸福付诸了毕生的智慧和精力，做出了重要的历史性贡献，无愧为伟大的爱国者、民主革命的先行者、现代化建设的先驱者。

　　在领导资产阶级民主革命的艰难历程中，孙中山以"吾志所向，一往无前，愈挫愈奋，再接再厉"的大无畏精神，不断总结革命实

① 《建国方略》之一，《孙文学说——行易知难（心理建设）》，《孙中山全集》第六卷，第228页。

一、愈挫愈奋：艰苦卓绝的心路历程

21

践的经验和教训，形成了博大精深的思想理论体系。其中，主要包括了以民族、民权、民生三大主义为核心，旨在建立资产阶级民主共和国的政治思想；包括以振兴实业、对外开放为内容，在维护主权的前提下引进外资、技术、装备和人才，加快经济建设，迅速赶超世界先进水平的经济思想；包括建立在丰富的自然科学知识基础上，坚持进化发展的普遍观念，以"生元说"和"知难行易说"为基本内容的哲学思想；包括"因袭"中国传统文化，"规抚"西方先进文化，并勇于"独见"创新，[①]融贯中外文化之精华为特色的文化思想；等等。从政治哲学到经济建设，从内政外交到文化教育，从伦理道德到济世救人，均有比较完整、系统的理论观点，所有这一切，又无不统摄于孙中山以挣破殖民主义与封建主义的双重枷锁为前提，以实业化为中心，以民主政治为杠杆，以科学、教育和文化的革新与发展为必要条伴，以变革、开放主义为主旋律，以建立独立、民主和富强的新中国为根本目标的近代化思想体系，[②]其范围之广泛、内涵之丰富，在整个革命民主派中无人可以趋及。特别是他承继中国传统思想的优秀成分，并汲取西方近代学说的进步成果而熔铸创获的三民主义学说，作为中国第一个比较完整的资产阶级民主纲领，反映了当时整个时代的要求和历史的动向，是当时中国最先进、最科学的思想。

旧民主主义革命时期，民族主义是孙中山首先揭橥的"民族革命"旗帜，它既承袭了广泛流传于农民和社会下层分子中间的"民

---

① 孙中山认为："余之谋中国革命，其所持主义，有因袭吾国固有之思想者，有规抚欧洲之学说事迹者，有吾所独见而创获者。"见《中国革命史》，《孙中山全集》第七卷，中华书局1985年版，第60页。
② 张磊、张苹：《孙中山传》，人民出版社2000年版，第185—192页。

族思想"，又淘汰了笼统的排外主义和"宗法"色彩；既接受了维新派把民族独立与社会变革联系起来的观念，又抛弃了其政治上的妥协倾向；同时更"竭力从欧美吸收解放思想"。[①] 它以"反满"为基本内容和中心口号，力求用革命手段推翻以满洲贵族为首的清政府，避免为帝国主义"共管"或"瓜分"的厄运，争取建立独立的"民族的国家"，并以"五族共和"作为解决国内民族问题的基本原则，反对清廷对国内各民族的统治和压迫，维护祖国的统一和各族的团结，共创民族平等合作、共同参政的共和政体，从而把民族解放运动提高到了一个新的水平。民权主义作为孙中山举起的"政治革命"旗帜，无疑是近代民主主义思潮的高峰。其基本内容是经由"国民革命"的途径，推翻封建专制制度，创立一个"平等""民治""国民"的共和国，并在"民主立宪"的原则下就相应的政体问题，设计了"革命程序论""政党政治论""权能区分论""地方自治论""全民政治论"和"五权宪法论"等一系列具体的建政方略。孙中山所阐发的民权主义，既突破了农民阶级的"皇权主义"范畴，也摒弃了维新派君主立宪的观念，将近代欧美的"代议政治""共和制度"视为效法的楷模，作为带有共和制度要求的民主革命政纲——民权主义的出现，在社会政治、思想领域中产生了划时代的变革。民生主义是孙中山的"社会革命"纲领，它既师法美国经济学家亨利·乔治、英国经济学家约翰·穆勒的部分学说，又从中国传统大同思想以及均田、公仓等方案中受到启发，基于防患于未然的考虑，以土地和资本问题为中心内容，土地方案采取核定地价、照价收税、照价收买、涨价归公的手段和步骤，实现土地国有化，防止贫富悬

---

① 《列宁全集》第18卷，人民出版社2011年版，第154页。

殊，达到改善民生的目的。资本方案采取"节制资本"和"发达国家社会主义"并存的办法，其主要内涵在于限定私人资本的经营范围，"至其不能委诸个人及有独立性质者，应有国家经营之"，"国家社会主义"的原则在相当程度上是对"节制资本"的补充，以此防止私人资本垄断国民经济，操纵国计民生，免除重蹈欧美各国经济发达而社会问题积重难返的老路和覆辙，并通过发达国家资本和利用外国资本，振兴实业，加快中国经济现代化的步伐。

由上可见，诞生于旧民主主义革命时期的三民主义，反映了当时中国的社会矛盾，符合人民争取民族独立、谋求社会进步的心愿，推动了中国革命的历史行程。但它缺乏明确、彻底的反帝反封建的纲领，对帝国主义的认识停留在感性阶段，轻信和幻想西方列强会支持中国革命，又不能满足农民对土地的迫切要求，对革命和建设的依靠力量缺乏正确认识，因而存在着严重的缺陷。

随着国内外形势的急剧发展，中国民主革命在五四运动后完成了从旧民主主义革命转变为新民主主义革命的历史性飞跃。对孙中山来说，面临着把三民主义提升到反映现实的新高度的历史任务。在中国共产党和共产国际的帮助下，孙中山以革命精神重新解释了三民主义，从而赋予了新的时代内涵，获得了新的生命活力。

重新解释的民族主义，对外主张"中国民族自求解放""免除帝国主义之侵略"，反对帝国主义被确定为首要任务；对内主张"各民族一律平等"，承认"中国以内各民族之自决权"，以"民族自决"的原则代替了先前民族"融合""同化"的主张，并把三大政策作为民族主义的重要组成部分。民权主义主张直接的、普通的、革命的民权，民权"为一般平民所共有，非少数人所得而私"，人民享有民主权利，"凡卖国罔民以效忠于帝国主义及军阀者"则不得享有，并规划了旨在"济代议政治之穷"和"矫选举制度之弊"的具体措施。①民生主义则明确提出了"耕者有其田"成为土地纲领的中心口号；"节制资本"和"发达国家资本"则构成工业化课题的基本内核。重新阐释的三民主义，以顺应时代潮流的发展，与共产党制订的民主革命阶段的政纲在基本原则上大致相同，因而成为国共两党和各革命阶级合作的政治基础。从旧三民主义到新三民主义的发展，标志了孙中山思想的伟大转变。

如同历史上的许多进步思想一样，植根于近代中国社会土壤的孙中山思想，作为时代的产物，自有其历史和阶级的局限。但是无可置疑，孙中山是中国近代史上当之无愧的伟大民族民主革命思想家，他的思想和理论，是近代中国思想宝库中一笔极其珍贵的精神遗产，亟待我们鉴往而知来，认真深入地加以研究总结。

---

① 《中国国民党第一次全国代表大会宣言》，《孙中山全集》第九卷，中华书局1986年版，第119页。

二、殚精竭虑:《实业计划》的应运而生

> 我中华之弱,由于民贫。余观列强致富之原,在于实业。今共和初成,兴实业实为救贫之药剂,为当今莫要之政策。
>
> ——孙中山

《实业计划》与《孙文学说》《民权初步》一起,构成了孙中山《建国方略》的三个板块,分别从心理建设、物质建设、社会建设的角度,完整地阐述了实现中国现代化的宏伟理想和实施方案,三大方略互为呼应,相互支撑。不难看出,置于历史的整体联系中考察,孙中山撰写《实业计划》之缘起,有其深刻的社会历史背景和思想根源。

辛亥革命后,面对"官僚舞弊,武人专横,政客捣乱,人民流离"[①]的惨淡政象,孙中山为挽救民主共和制度,领导革命党人先后发动了武装讨袁的"二次革命"、护国运动、护法运动。但是,这些旨在力挽狂澜的武装斗争又屡起屡仆,未能改变革命的失败趋势。第一次护法斗争中南北军阀的相继背叛,给孙中山以极大的打

---

① 《〈建设〉杂志发刊词》,《孙中山全集》第五卷,第89页。

击，进而认识到："顾吾国之大患，莫大于武人之争雄，南与北如一丘之貉。"① 由此，1918 年 5 月 4 日，他愤然辞去大元帅职务，孑然一身离粤转沪，一度陷入了极度的孤独、彷徨、苦闷之中。

但是，孙中山并未因此悲观失望，几十年的革命斗争生涯，铸就了他不屈不挠的革命意志。正如"二次革命"受挫后他曾呼吁：

> 既不可以失败而灰心，亦不能以困难而缩步。精神贯注，猛力向前，应乎世界进步之潮流，合乎善恶消长之天理，则终有最后成功之一日。②

事实上，就在 1917 年 7 月 21 日广东省学界欢迎会上，孙中山以"国强在于行"为题发表演说，首次提出了"行之非艰，知之惟艰"的命题，并向外界声明：

> 近日欲著一书，言中国建设新方略，其大意：一精神上之建设，一实际上之建设。精神上之建设，不外政治修明；实际上之建设，不外实业发达。

为此，他还表示将"实力肩任，勉为其难，实力造去"。③1918年 11 月 23 日与友人信中称："文迩来杜门养晦，聊以著述自娱。"④12 月《复陈炯明函》称："此时专期《实业计划》有所著述，

---

① 《辞大元帅职通电》，《孙中山全集》第四卷，第 471 页。

② 《致邓泽如及南洋国民党人函》，《孙中山全集》第三卷，第 74 页。

③ 《在广东省学界欢迎会上的演说》，《孙中山全集》第四卷，第 123 页。

④ 《复凌钺萧实中函》，《孙中山全集》第四卷，第 515 页。

▲ 图 11　1919 年孙中山在莫利爱路寓所著述时留影

此编告竣，始从事其他。"① 正是秉持了这样的信念，退居上海后的孙中山在困境中苦苦思考，力求从屡次颠仆的革命斗争中总结经验和教训，先作《孙文学说》，通过"知难行易"的理论体系建构，为革命党人指点迷津，改变以往信仰不笃、奉行不力的思想错误，不再视其建国方略为"理想空谈"。② 对于孙中山的这番苦心孤诣，新文化运动的少壮派领袖胡适颇能理解个中深意，继在《每周评论》撰文介绍《孙文学说》，认为"这部书是有正当作用的书，不可把他看作仅仅有政党作用的书"之后，他又结合《建设》杂志发刊词，研读了创刊号上发表的《实业计划》，称赞"当这个'盲人瞎马'的时代而有这种远大的计划和主张，可算是国内一件最可使人满意的事"。③

值得注意的是，辞职后的孙中山多次声明闭门著述而不问外事，这一看似置国事于不顾的表象，一时颇为外界所误会，如

① 《孙中山全集》第四卷，第 530 页。
② 《建国方略》之一，《孙文学说——知难行易（心理建设）》，《孙中山全集》第六卷，第 159 页。
③ 《介绍新出版物》，《每周评论》第 36 号（1919 年 8 月 24 日），《胡适全集》（21 卷），安徽教育出版社 2003 年版，第 220 页。

1919 年 6 月 5 日马逢伯给他的信中称，巴黎和会允许日本继承德国在山东的权利，"凡有血气者，莫不奋起，乃我公嗫不一语，以开国之伟人，效刘胜之寒蝉，真令人百思不解其故。萤语传来，谓我公与徐、段①一鼻孔出气，然耶？否耶？我公而不欲解其嘲，则亦已耳，否则盍一言以慰国人之望乎？"孙中山对此批复："近日闭户著书，不问外事，如国民果欲闻先生之言，则书出版时，望为传播可也。"②翌日接上海罗端侯来函，揭露南北军阀构衅和北京政府的卖国行径，表示愿为国效力，请孙中山为此"指示一切"，孙中山再度以"闭户著书，不问外事，所说之件，未遑及也"③奉复。

其实，透过其静观默察的表象，蕴含了孙中山以退为进、奋袂而起的良苦用心，这可以此间孙中山与各方保持的大量书信言论作为明证。揆诸有关资料，1918 年 5 月 8 日致电汪精卫，认为"政治活动，恐无补于国家，此后当待机以解决根本耳"。并询及"沪上我能住否？从各方面细查详复"。④避居上海后致函孙科，表示"对于现在之时局，拟暂不过问"。⑤在他看来，"据年来经验，知实现理想中之政治，断非其时，故拟取消极态度来从著述方面，启发国民"。⑥明确提出："返沪以来，力谋挽护，刻从根本着想，非整理党务，先固内力，不足以及时奋起。"⑦待至 1919 年 8 月复函于

---

① 笔者按：此指徐树铮、段祺瑞。
② 《批马逢伯函》，《孙中山全集》第五卷，第 64 页。
③ 《批罗端侯函件》，《孙中山全集》第五卷，第 64 页。
④ 《致汪兆铭等电》，《孙中山全集》第四卷，第 474—475 页。
⑤ 《致孙科函》，《孙中山全集》第四卷，第 485 页。
⑥ 《三水梁燕孙先生年谱》上，第 428—429 页，转引自陈锡祺主编：《孙中山年谱长编》上册，第 1127 页。
⑦ 《复李襄伯董直函》，《孙中山全集》第四卷，第 498 页。

伍廷芳，孙中山表白：

> 弟日来独居深念，所以救水火中之人民，驱除武人帝孽者，当别有良图；惟目前宜暂持冷静无为态度，以待时机。①

不久，他在回复吉林李梦庚的信中认为：

> 方今国事颠跻，根本之图，自以鼓吹民气，唤醒社会最为切要。……文自客岁以来，闭户著书，不理外事，亦欲以素所蕴蓄唤起国人。②

稍后他又指出：

> 文近时观察国事，以为欲图根本救治，非使国民群怀觉悟不可。故近仍闭户著书，冀以学说唤醒社会。政象纷纭，未暇问也。③

诚如他在批复湖南国民大会来函称：

> 南中往事，国人共见，纵勉附虚名，于事何济？今文虽辞职，个人救国之责，仍未敢自懈，要当黾勉前趋，廓

---

① 《复伍廷芳函》，《孙中山全集》第五卷，第90页。
② 《孙中山全集》第五卷，第91页。
③ 《复廖凤书函》，《孙中山全集》第五卷，第103页。

清危乱。①

可见，孙中山辞职引退的目的，在于“以护法之局无望，特脱离军政府，得以自由行动，另图根本之救国耳，非置国事于不顾也”。② 质言之，是他旨在摆脱困境，待机以图根本解决民国前途的自觉选择。

基于这样的思想渊源，从 1918 年至 1919 年间，孙中山在上海寓所著书立说，以平生之抱负和积年之研究所得，先后写成《孙文学说》和《实业计划》。

诚然，基于上述历史背景而产生的《实业计划》，又是孙中山重视革命与建设之关系的充分体现。1912 年 8 月 25 日《在北京同盟会欢迎会的演说》中，他就鲜明地指出：

今专制业已推翻，破坏之局已终，建设之局伊始，然以二者相较，破坏易，建设难。易者既赖全国同胞相助，则难者更当欲全国同胞相

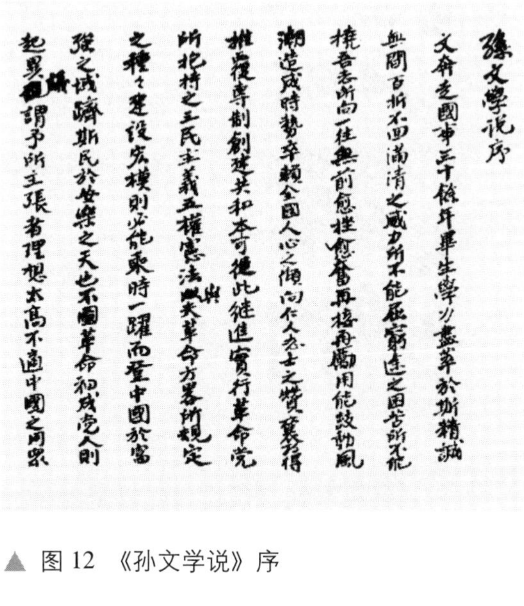
孫文學說序
文奔走國事三十餘年畢生學力盡萃於斯精誠無間百折不回滿清之威力所不能屈窮途之困苦所不能撓吾志所向一往無前愈挫愈奮再接再厲用能鼓動風潮造成時勢卒賴全國人心之傾向仁人志士之贊襄乃得推覆專制創建共和本可從此繼進實行革命黨所抱持之三民主義五權憲法與夫革命方略所規定之種種建設宏模則必能乘時一躍而登中國於富強之域躋斯民於安樂之天也不圖革命初成黨人即起異議謂予所主張者理想太高不適中國之用眾

▲ 图 12 《孙文学说》序

① 《批湖南国民大会函》，《孙中山全集》第五卷，第 105 页。
② 《复刘治洲等电》，《孙中山全集》第五卷，第 107 页。

▲ 图 13 "唤起民众，导之以奋斗；实现革命，继之以努力"——1920 年元旦孙中山为中国国民党题词

助，庶可巩固此中华民国也。①

在《孙文学说》一书中，孙中山对革命与建设的关系特别致意：

何谓革命之建设？革命之建设者，非常之建设也，亦速成之建设也。夫建设固有寻常者，即随社会趋势之自然，因势利导而为之，此异乎革命之建设者也。革命有非常之破坏，如帝统为之斩绝，专制为之推翻；有此非常之破坏，则不可无非常之建设。是革命之破坏与革命之建设必相辅而行，犹人之两足，鸟之两翼也。

由此认识到：

惟民国开创以来，既经非常之破坏，而无非常之建设以继之。此所以祸乱相寻，江流日下，武人专横，政客捣乱，而无法收拾也。盖际此非常之时，必须非常之建设，

① 《孙中山全集》第二卷，第 406 页。

乃足以使人民之耳目一新，与国更始也。此革命方略之所
以为之必要也。①

在他看来，自己多年来从事的革命活动没有成功的症结，恰在
于过去过分重视了革命而忽视了建设，因此断言："夫革命之有破
坏，与革命之有建设，固相因而至，相辅而行者也。"②包括《实业
计划》在内的《建国方略》，正是孙中山从民初革命和建设的需要
为出发点，在坚持"武器的批判"的同时，高度重视"批判的武器"
的结果，是他力图为重振旗鼓而铸造的理论武器。

同时必须看到，《建国方略》的三大部分又各有旨归，各有
明确的指向性，显然针对着现实中遇到的种种急迫课题，试图寻
求各自解决的途径。《孙文学说》作为"心理建设"方略，要在
集中论证"行易知难"的观点，统一革命党人思想；《民权初步》
作为"社会建设"方略，阐述了政府管理和民众生活中应掌握的
民主原则、程序和方法，旨在培育国人的民主意识。《实业计划》
作为"经济建设"方略，则体现了孙中山思想上一贯重视和强调
经济建设的逻辑发展，是他为实现民生主义而奋斗的热情与理想
的产物。

民国初建，孙中山非常明确地提出了革命成功后必须致力于经
济建设的思想，认为"今满政府已去，共和政体已成，民族、民
权之二大纲已达目的。今后吾人之所急宜进行者，即民生主义"。③
换言之，按照孙中山的思路，推翻帝制的目标已经达到，接下来就

---

① 《孙中山全集》第六卷，第 207 页。
② 《孙中山全集》第六卷，第 206 页。
③ 《在上海南京路同盟会机关的演说》，《孙中山全集》第二卷，第 338 页。

是如何从民生的角度增强国力，巩固共和。

　　辞去临时大总统职务的当天，孙中山就在同盟会员饯别会上表示："解职不是不理事，解职以后，尚有比政治紧要的事待着手。"[①]即实行民生主义，倡办实业为已任，从事经济建设活动。4月17日，他在上海中华实业联合会欢迎会的演说中指出：

　　　　我中华之弱，由于民贫。余观列强致富之原，在于实业。今共和初成，兴实业实为救贫之药剂，为当今莫

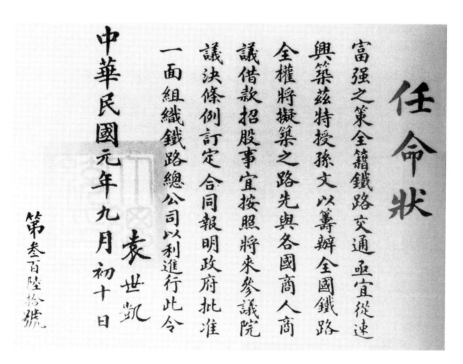

▲ 图14　1912年9月10日,袁世凯特授孙中山"筹办全国铁路全权"的任命书

①　《在南京同盟会会员饯别会的演说》，《孙中山全集》第二卷，第319页。

▲ 图 15—1　1912 年孙中山在张家口视察铁路时与欢迎者合影

▲ 图 15—2　孙中山视察京张铁路

▲ 图 15—3　孙中山乘坐火车考察铁路建设

要之政策。

　　孙中山认为，革命成功后的当务之急是专心致志办理实业，只有从经济上发展实业，才能使中国富强起来。在此后《致宋教仁函》中又说：

　　民国大局，此时无论何人执政，皆不能大有设施。盖内力日竭，外患日逼，断非一时所能解决。若只从政治方面下药，必至日弄日纷，每况愈下而已。必先从根本着手，发展物力，使民生充裕，国势不摇，而政治乃能活动。弟刻欲舍政事，而专心致志于铁路之建筑。①

在接受袁世凯授予的"筹划全国铁路全权"，负责督办全国铁路后，孙中山先后前往上海、武汉、广州、香港、烟台、天津、北京等地考察和研究，足迹遍及大江南北、长城内外的10余省市，深入城市和农村、工厂和港口等进行参观调查。所到之处发表演说、文章和谈话，反复阐明利用外资在10年内修筑20万里铁路的宏大计划，认为在中国要改变贫穷落后的面貌，非振兴实业不可，要振兴实业，必须首先从交通入手，唤起国民"先当知振兴实业，当先以交通为重要。计划交通，当先以铁道为重要"。②一再强调：

▲ 图16—1　1912年11月27日，孙中山为《铁道》杂志题签

交通为实业之母，铁路又为交通之母。国家之贫富，可以铁道之多寡定之；地方之苦乐，可以铁道之远近计之。③

甚至，他把铁路建设提到了事关国家、民族生死存亡的高度，所谓"今日之铁路问题，实为中国生死存亡之问题"。④

---

① 《孙中山全集》第二卷，第404页。
② 《在上海与〈民立报〉记者的谈话》，《孙中山全集》第二卷，第384页。
③ 《在上海与〈民立报〉记者的谈话》，《孙中山全集》第二卷，第383页。
④ 《在北京中华民国铁道协会欢迎会的演说》，《孙中山全集》第二卷，第435页。

▲ 图 16—2 孙中山题词："造路救国"

> 故今日我国，如欲立足于世界，惟有速修铁路，以立
> 富强之基。不然，外人之势力日益伸张，而铁路政策，实
> 足以亡人家国。①

由此，修筑铁路被他视为立国富强之本。

1913 年 2 月，为实现自己的铁路建设计划，孙中山亲赴日本长崎、东京、大阪、横滨等地考察日本铁路，以期为日后国内的铁路建设筹措资金和招揽人才。证诸他这一时期关于经济建设的讲话和文章，围绕发展交通运输业，修建铁路、引进外资等计划和措施着重阐述。在特别倾心于铁路建设事业的同时，他又清醒地认识到："欲谋实业的发达者，非谋其一端则可成效也，必也万般齐发，始能成效。"只有"开发种种利源，互相挹注，互相为用，乃能日进千里"。② 由此提出了经济建设的全面规划目标。此后几年里，尽管经历了"二次革命"、护国运动和护法运动的失败，孙中山始终没有放弃实业建国的构想。

---

① 《在北京中华民国铁道协会欢迎会的演说》，《孙中山全集》第二卷，第 436 页。
② 《复李村农函》，《孙中山全集》第五卷，第 122 页。

二、殚精竭虑：《实业计划》的应运而生

《实业计划》的最终形成，是孙中山在历经多年酝酿积聚、调查研究基础上，就经济建设思想及其实践加以具体化、条理化、系统化的结晶。进一步说，也是他随着国内外形势的变化发展，凝聚了审时度势后的决策性选择。

就国际背景而论。写作《实业计划》之际，正当第一次世界大战结束之时。孙中山在序言中交代："欧战甫完之夕，作者始从事于研究国际共同发展中国实业，而成此六种计划。"究其用心，见诸他与友人的坦言："况自欧战结束，经济竞争将群趋于远东，吾国若不于此时亟自为谋，则他人将有起而代我谋者，思之至可悚惧。文有鉴于此，月来详加研究，拟述为专书，创导国人，庶几群策群力，见诸行事。"①1919 年 5 月在上海拜见过孙中山的胡适也说过：

> 这时候，世界大战刚才停战，巴黎和会还未开，全世界都感觉一种猛烈的兴奋，都希望有一个改造的新世界。中山先生在这个时期，眼见安福部横行于北方，桂系军阀把持于南方，他却专心计划，想替中国定下一个根本建设的大方略。这个时期正是他邀了一班专家，着手做"建国方略"的时候。②

第一次世界大战期间，中国的民族工商业有了进一步的发展，民族资产阶级投资开办工业的要求大为增强，振兴实业的呼声很高。当此情势下，孙中山以政治家的敏感预见到，战后西方各国势

---

① 《复唐继尧函》，《孙中山全集》第五卷，第 43 页。
② 胡适：《知难，行亦不易》，《胡适全集》（21 卷），第 378 页。

必面临裁撤兵员、恢复工厂、重建经济等问题，中国将成为资本主义国家竞相角逐的市场。他认为，中国幅员辽阔，资源丰富，人口众多，地价低廉，应抓住这一难得的发展机遇："中国今尚用手工业生产，未入工业革命之第一步，比之欧美已临第二革命者有殊。故于中国两种革命必须同时并举。"此时的中国需要大量的机器来开发其丰富的矿产资源，建造工厂，扩张运输业，发展公共事业。用他的话表述：

> 盖欲利用战时宏大规模之机器，及完全组织之人工，以助长中国实业之发达，而成为我国民一突飞之进步。

也就是说，利用战后西方各国工业从战时生产转为常规生产，大量资金亟待寻找出路、大批工人急需就业的有利条件，大规模引进外资和先进技术，全面推行实业建设，可以大大加速中国的经济发展进入世界前列。不仅于此，"中国富源之发展，已成为今日世界人类之至大问题，不独为中国之利害而已也"。也就是说，中国的发展同样有利于西方各国经济从战争所造成的萧条中恢复过来，有利于达成共赢互惠，实现"中外利益均沾"。为此，孙中山还将自己的《实业计划》与美国总统威尔逊重建战后国际秩序的政治主张相提并论，认为：

> 威尔逊总统今既以国际同盟防止将来之武力战争，吾更欲以国际共助中国之发展，以免将来之贸易战争。则将来战争之最大原因，庶可从根本绝去矣。

这就意味着，中国问题获得解决，有助于消除第二次世界大战的危机。鉴于此，孙中山统筹全局，不失时机地着手起草了这一宏伟而又细致的国家经济发展规划。

就国内背景而言，《实业计划》的产生又正当"五四运动"蓬勃开展的时候。

五四运动爆发时，蛰居上海专事著述的孙中山虽未给以直接的指导，仍不乏热情和关切。当爱国学生被捕的消息传来，他就当即指示《民国日报》大力宣传报道以示声援。随着运动中心从北京转移到上海，很快给予了切实的帮助。10 月 18 日，孙中山在上海寰球中国学生会的演说中指出救国两途，一为恢复合法国会，维持永久和平；一为重启革命事业，以求根本改革：

> 试观今次学生运动，不过因被激而兴，而于此甚短之期间，收绝伦之巨果，可知结合者即强也。①

在给海外同志的信中，他认为：

> 自北京大学学生发生五四运动以来，一般爱国青年，无不以革新思想为将来革新事业之预备。于是蓬蓬勃勃，发抒言论。国内各界舆论，一致同倡。各种新出版物，为热心青年所举办者，纷纷应时而出。扬葩吐艳，各极其致，社会遂蒙绝大之影响。虽以顽劣之伪政府，犹且不敢撄其锋。此种新文化运动，在我国今日，诚思想界空前之

---

① 《在上海寰球中国学生会的演说》，《孙中山全集》第五卷，第 140 页。

大变动。推原其始，不过由于出版界之一二觉悟者从事提倡，遂至舆论放大异彩，学潮弥漫全国，人皆激发天良，誓死为爱国之运动。倘能继长增高，其将来收效之伟大且久远者，可无疑也。①

对于这场轰轰烈烈的学生爱国救亡运动，孙中山给予了高度赞扬。海外学者就此指出：

> 资产阶级的政治觉悟，不仅与它在经济发展上原已受到的制度上的束缚有关，而且与受到五四运动中知识分子的热情激发有关，国家的未来、它的经济发展、中国资本家在工业结构中的地位，是每次辩论的中心论题。中国的贫穷和落后这个确定的事实，是讨论的出发点。唯一的药方是发展工业，唯一的办法是利用欧洲和美国的经验，但不允许劳资间的冲突发展。这类主题在孙逸仙于1918年停战以后所著的《中国的国际发展》中占据了主要篇幅，该书表现出圣西门那种工业抒情体的风格。②

五四运动前夕，孙中山正处于政治生涯的低谷，但学生运动的迅猛发展和工商界的联合行动，使他从中看到了民众蕴含的巨大力量，感受到了思想变革的巨大威力，深感面对迫切需要发展的中华民族，必须团结民众重新革命，推翻军阀、官僚、政客，才能建设

---

① 《致海外国民党同志函》，《孙中山全集》第五卷，第209—210页。

② 费正清主编，章建刚等译：《剑桥中华民国史》，第一部，上海人民出版社1991年版，第815—816页。

真正的民国；也为当时社会主义思潮的勃兴而欢欣鼓舞，把它视作实现其民生主义思想的新契机，他说：

> 回顾当年，予所耳提面命而传授于革命党员，而被河汉为理想空言者，至今视之，适为世界潮流之需要，而亦当为民国建设之资材也。①

《实业计划》的应运而生，也是为他的民生主义理论寻求新的活力。

综上可知，《实业计划》堪称孙中山为谋求中华民族的振兴，为建设真正的民主共和国，外察世界潮流，内审中国国情，更伴随着革命实践的不断深入、思想认识的不断深化而与时俱进的产物。

值得一提的是，《实业计划》的完成，还与孙中山长期以来兼收并蓄的知识储备密不可分，绝非一时心血来潮。

孙中山早年"志窥远大，性慕新奇"，② 一生饱览群籍，学识渊博。他在《上李鸿章书》中就曾自述：

> 幼尝游学外洋，于泰西之语言文学，政治礼俗，与夫天算地舆之学，格物化学之理，皆略有所窥，而尤留心于其富国强兵之道，化民成俗之规；至于时局变迁之故，睦邻交际之宜，辄能洞其阃奥。③

---

① 《建国方略》之一，《孙文学说——行易知难（心理建设）》，《孙中山全集》第六卷，第159页。
② 《复翟理斯函》，《孙中山全集》第一卷，第48页。
③ 《孙中山全集》第一卷，第8页。

自 1879 年游学檀香山起，至 1911 年年底回国，大部分时间流寓海外，前后 30 多年的旅外生活，得欧风美雨之吹沐，使他对西方国家的经济、政治、社会、文化生活状况，不仅有广泛而真切的感性了

▲ 图 17　故居过道里的书橱

解，并在知识结构、思维方法上有了系统化的理性认识。

据《上海孙中山故居藏书目录》分类，百科全书、年鉴 28 种，包括法律、军事共 484 种，经济方面包括铁路共 274 种，社会学书籍 203 种，哲学包括心理学、宗教学 54 种，科技方面包括医学、体育 109 种，天文地理包括地图 55 种，历史类书籍 116 种，文学类包括传记 170 种，期刊 62 种。

　　他的寓室内书架上装的都是那几年新出版的西洋书籍，他的朋友，可以证明他的书籍不是摆架子的，是真读的，中山先生所以能至死保留他的领袖资格，是因为他终身不忘读书，到老不废修养。①

① 　胡适：《答唐山大学学生刘君信》，《现代评论》第 2 卷第 42 期，见胡颂平编：《胡适之先生年谱长编初稿》第 1 册，台北：联经出版事业公司 1984 年版，第 355 页。

这是孙中山留给胡适的最初印象。当年曾到此拜访的外国友人也有回忆：

> 在几乎顶到天花板的玻璃书橱里，摆着许多书。书背上的字使主人知道全部书籍的名字。大概，他闭着眼睛也可以找到这里的任何一本书。①

据专家对现存故居藏书的统计和分析，由孙中山购藏的西文书籍在 1800 种以上，涉及政治学、经济学、社会学、哲学、历史学和自然科学等众多领域，而且都为前沿性的学术名著，不是一般的通俗读物。其中，出版于 1911 年前的欧美银行制度、银行法、银行史著作 40 多种；财政学、财政制度、货币制度的著作近 10 种；发展铁路交通、国有铁路管理、铁路建筑、路桥设计、铁路业务经济学等著作约 30 种；论述中国历史与现状的著作至少有 60 种。"在 20 世纪所有中国人中，就阅读西文书籍数量之多、方面之广、层次之高而言，恐怕还找不出第二个人可以超越孙中山。"②

撰写《实业计划》时，除去涉及欧美各国工业革命、工业发展史等一批西文名著外，孙中山主要集中于三方面的阅读：一是关于交通、港口，特别是铁路建筑、经营、管理方面的论著就不下 60 种，如美国著名经济学家约翰逊所著《运输学》《海洋与内

---

① 〔苏〕马特维耶夫·博德雷：《两次会见孙中山》，见尚明轩、王学庄、陈崧编：《孙中山生平事业追忆录》，人民出版社 1986 年版，第 305—306 页。

② 姜义华：《孙中山的革命思想与同盟会——上海孙中山故居西文藏书的一项审视》，《史林》2006 年第 5 期。

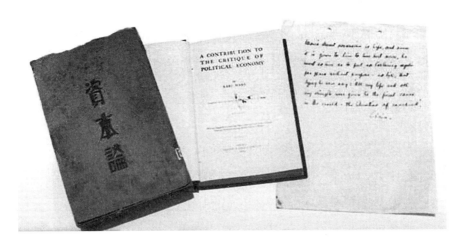

▲ 图18　孙中山阅读过的马克思《政治经济学批判》《资本论》

河运输》《内陆水道及其对运输的关系》等。二是城市规划与管理方面9种，如《现代城市及其问题》《发展中的城市》《城镇规划入门》《城镇规划的实践》等。三是银行、信贷方面的著作近60种，包括英、美、法、德、意大利、比利时、加拿大、瑞士、瑞典、阿根廷、巴西、智利、秘鲁、埃及等国银行、货币、财政、信贷制度，以及许多大银行史，如《美国第一、第二银行》《银行贷款与股票交易投机》《德国大银行及其由于德国经济普遍发展而产生的集中》等，还阅读了不少关于中国经济、贸易、外交的论著。另有经济学理论方面的著作60多种，孙中山着重研究了当时的剑桥学派、奥地利学派以及美国新经济学的著作，也认真研究过马克思的《政治经济学批判》，故居收藏的该书版本就有1904年、1911年两种。

　　不仅于此，孙中山一生喜欢收藏和绘制地图，1899年手绘的《支那现势地图》就在香港、日本同时发行，他在跋文中陈述：

　　迩来中国有志之士，感慨风云，悲愤时局，忧山河之破碎，惧种族之沦亡，多欲发奋为雄，乘时报国，舍科第之辞章，而讲治平之实学者矣。然实学之要，首在通晓舆图，尤首在通晓本国之舆图。①

　　跋文显示，悲愤于身处山河破碎、种族沦亡、国运式微的危局，孙中山旨在借"触目警心"的地图，唤起人们面向世界的构想，激发爱国热情和政治想象。《支那现势地图》的绘辑，不仅考察了清康熙时期来华天主教士绘制的《十八省地图》，同时参考了俄、德、英、法等国所绘中国南北各省地图和地文图、地质图、航海图等专门地图；而且收入了道路、铁路、江河、航道等以往地图所不具备的信息。此外，该图版面中插有名为"支那国势一斑"的 8 个列表，包括《中国面积与人口》《各省面积与人口》《各省省城》《历年所欠国外债务》《历年进出口贸易额》《国家各项收入和支出》《全国各条约开放对外贸易口岸》和《中国重要物产》等。该图发行若干年后，孙中山用毛笔手书有关中国筑路现况的长篇札记，列举了已建、在建和筹建的铁路及其相衔接的公路，有关各铁路的投资、经营和规划筹建等情况均有详细记述。于此看出，孙中山在从事策划武装起义时期已开始构思中国交通建设之宏图。② 在此后收藏、使用的地图中，有关交通规划、铁路建设的专业地图更是占有相当大的比例。难怪，《实业计划》一书里就配他亲自绘制的 18 幅全国铁路、公路、水路和港口码头规划形势

---

① 《〈支那现势地图〉跋》，《孙中山全集》第一卷，第 187 页。

② 原件为日本东京东洋文库所收藏。参阅王志鲜：《孙中山绘制与收藏的革命地图》，《档案春秋》2009 年第 12 期。

图。学者指出："地图在激发孙中山世界历史文化与现实生活想象的同时，也催生了他的爱国情与强国梦，迫使其在新的世界秩序之下积极寻找和建构中国人的中国观与世界观，并以一种开放进取的态度，在国际政治、经济和文化大融合的浪潮中，重绘中国人的世界地图。"①

显而易见，正是有了研读大量西方理论、学术著作、中外地图的丰富累积，孙中山得以全面了解欧美大国兴衰及世界发展趋势，结合对于中国命运、中国问题的密切关注和深入思考，从不同视野、不同角度加深对世情国情的认识，从而以坚实的理论根基和现实忧患写出了《实业计划》。

下面，再就《实业计划》的写作经过及出版情况略作简介。

应该说，此书的整体立意、思路和构想，无疑出自孙中山的筹谋规划，但又并非由他一人独自完成。据胡汉民追忆：孙中山集党事国事于一身，工作忙碌之余，用英文写作《实业计划》，还要手不释卷地读书：

> 在他读得倦的时候，他就坐在摇椅里面，另外叫人在旁边读给他听，他就摇摇摆摆着听所读的内容，一个重要的地方马上叫人划出来。采用的写作方法也很妙：他自己嘴里说出来脱口成文，人家把他的话就打下来成为文章。实业计划是采取很多的西书，都是用实际调查的材料，这本书的做法大部分是用以上两个方法的。总理在草作实业

---

① 胡波：《地图上的爱国者与强国梦——论孙中山的地图情结》，《广东社会科学》2010 年第 3 期。

二、殚精竭虑：《实业计划》的应运而生

47

计划的时候，大概孙夫人的帮助是很大的。[1]

可见，《实业计划》凝聚着夫人宋庆龄的一份心血，宋庆龄不仅悉心照顾着孙中山的生活起居，还是他不可或缺的助手和亲密战友。其中之内情，参与过校改的蒋梦麟也有叙述，在他看来，孙中山的科学知识和精确计算实在惊人。为了计划中国的工业发展，他亲自绘制地图和表格，并收集资料，详加核对，对《实业计划》中所涉河床、港湾的深度和层次等细节无不了如指掌。有一次蒋梦麟出示了一张导淮委员会的淮河水利图，孙中山马上把图摊在地板上，认真地加以研究，后来又把图挂在了书房里。蒋梦麟回忆：

> 在他仔细研究工业建设的有关问题和解决办法以后，他就用英文写下来。打字工作全部归孙夫人负责，校阅原稿的工作则由余日章和我负责。一切资料数字都详予核对，如果有什么建议，孙先生无不乐予考虑。凡是孙先生所计划的工作。无论是政治的、哲学的、科学的或其他，他都以极大的热忱去进行。他虚怀若谷，对于任何建议和批评都乐于接受。[2]

留意《实业计划》英文版的致谢名单，来自浙江余姚的蒋梦麟、

---

① 胡汉民：《关于实业计划》，《新亚细亚》1932 年第 4 卷第 1 期，转引自陈谦平、孙扬：《论孙中山的"中国国际化发展"思想——〈实业计划〉再认识》，《江海学刊》2014 年第 1 期。

② 蒋梦麟：《西潮·新潮》，岳麓书社 2000 年版，第 116 页。

▲ 图 19—1　蒋梦麟

▲ 图 19—2　余日章

▲ 图 19—3　朱友渔

▲ 图 19—4　顾子仁

▲ 图 19—5　李耀邦

湖北武汉的余日章、上海的朱友渔和顾子仁，以及广东番禺的李耀邦等人，大多为曾经留学美国、学有专攻的博士，无疑成了孙中山身边集结的"一班专家"，如朱友渔，在美国哥伦比亚大学主修社会学课程，1912 年就出版英文著作《中国慈善事业的精神》；

 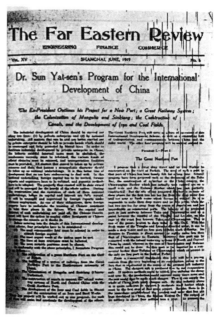

▲ 图 20　1919 年发表《中国实业当如何发展》一文底稿　　▲ 图 21　《远东评论》介绍《实业计划》

顾子仁出身于上海基督徒家庭，素怀服务社会、救国救民之大志。《实业计划》的写作背后，离不开他们的协助和支持。与此同时，孙中山还将写就的部分内容陆续寄给国外的有关机构和人士，如先将《篇首》寄给各国政府和巴黎和会，后又将全文寄给美国驻华公使芮恩施、美国商务总长刘飞尔、意大利陆军大臣嘉域利亚、北京交通部长顾问碧格、美国知名人士安特生等海内外友好。《篇首》曾于 1918 年单独发表，正是旨在与各方交流对时局和中国前途的看法，在广泛听取意见的基础上，《实业计划》日趋成熟和完善。

《实业计划》原稿为英文，原名"*The International Development of China*"（国际共同发展中国）。始自 1918 年 11 月正式写作，1919 年

▲ 图 22—1　朱执信

▲ 图 22—2　廖仲恺与孙中山合影

▲ 图 22—3　林云陔

▲ 图 22—4　马君武与孙中山合影

1月，孙中山将计划述略寄美国公使芮恩施，3月又分送美国商务部、英国内阁成员以及康德黎夫人等。同年3月7日，上海《民国日报》以《国际共同发展中国实业计划书》为题，分别刊载了发

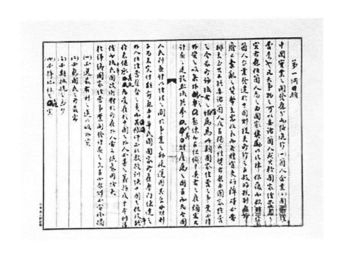

▲ 图23 廖仲恺翻译《实业计划·第一计划》中文稿

展中国实业的计划大纲，但这并不意味着全书的完稿。查证是年4月下旬，孙中山在《复〈新中国〉杂志社函》中称："关于《实业计划》，弟方从事以累年研究者与海内商榷，而时愈半岁，尚未竣稿。"①可知，这里刊发、寄送的只是初步计划。据考证，由孙中山的朋友乔治·布朗森·雷主持出版的《远东评论》（*The Far Eastern Review*），自1919年3月第6号起，登载了有如下述标题的介绍性短文："前任中华民国总统撰，《中国的国际发展，帮助战后工业国再调整所设计的计划》。"直至1920年11月，该杂志不时披露了孙中山这一专著的其他部分，因此，"当它附以某些从其它作品中引用来的恰当的例证，最终以书的形式问世的时候，《远东评论》所发表的这些文章，实际上已经主要的形成这部著作了"。②1919年8月1日，孙中山在上海创办《建设》月刊，该刊从第1卷第1号起分期发表了《国际共同发展中国实业计划书》的中文译稿（取名《实业计划》），由朱执信、廖仲恺、林云陔、马君武等翻译。1920年，上海商务印书馆出版全书英文

---

① 《孙中山全集》第五卷，第50页。

② 转引自陈锡祺主编：《孙中山年谱长编》下册，第1162页。

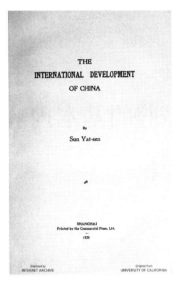

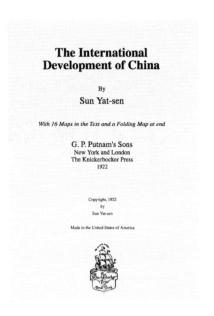

▲ 图 24　商务印书馆英文版《实业计划》封页

▲ 图 25　1922 年尼克博克出版公司出版的《实业计划》英文版封页

版。1921 年 10 月，上海民智书局出版中文版，孙中山为此作序，后编入《建国方略》之二《物质建设》。1922 年，美国 G.P.Putnam's Sons 旗下 The Knickerbocker Press（尼克博克出版公司）出版了《实业计划》的英文版。

三、雄才伟略:《实业计划》的基本内容

　　盖欲使外国之资本主义以造成中国之社会主义，而调和此人类进化之两种经济能力，使之互相为用，以促进将来世界之文明也。

——孙中山

　　《实业计划》又称《物质建设》，顾名思义，就是孙中山制订的一个致力于振兴实业的物质建设计划，集中体现了他关于中国现代化经济建设的总体规划和具体设想。作为关于中国经济发展的纲领性文本，《实业计划》全文近8.5万字，几乎占《建国方略》的二分之一篇幅。除序言、篇首、结论外，正文部分由"六大计划"、共33个部分组成。

　　"篇首"部分，概述全书的主要内容和基本思想，主要是孙中山就中国实业发展提出的框架性建议，包括：一，开发交通，包括修筑铁路、公路，修浚和新开治河，治理黄河、长江、淮河，增设电报、电话、无线电等。二，开辟商港，包括在中国中部、北部、南部各建一个堪比纽约的大港口、沿海岸设立各种商业港及渔业港、通航河流沿岸建商场船埠。三，铁路中心及终点并商港地设新式市街，建设公用设备。四，发展水力。五，开发山西煤铁矿源，

建设冶炼水泥等建材业。六，发展矿业。七，发展农业。八，灌溉内蒙古、新疆。九，在中国北部及中部植树造林。十，向东三省、蒙古、新疆、青海、西藏移民。

《第一计划》以北方大港为中心，包括五部：

第一部，建造北方大港。计划在渤海湾建不封冻的深水大港，即大沽口、秦皇岛两地的中途，青河与滦河两口之间，沿大沽口、秦皇岛间海岸岬角上。北方大港的建造，能借运河与北部、中部内地水路相连。此港地居中国最大的盐产区，附近又有当时中国最大煤矿（开滦矿务公司），借为输出之路，能获致极大的利益。

第二部，建造西北铁路系统，以北方大港为起点，经滦河谷地，至多伦诺尔，远达西北边疆，由八条线组成。在此提出"铁路经济上之原则"，[①] 也就是"从利益之点观察，人口众多之处之铁路，远胜于人口稀少者之铁路。然由人口众多之处筑至人口稀少之处之铁路，其利尤大"。建成后的这一铁路系统与西伯利亚的铁路相联络，北方大港将成为中亚、中央西伯利亚最近的海港。

第三部，移民并开发蒙古、新疆。计划移民于地旷人稀的蒙古、新疆，消纳长江及沿海稠密的人口，"取中国废弃之人力和外国之机械，施于沃壤，以图利益昭著之生产"。这是对铁路计划的补助，彼此互相依存，共同发展。

第四部，开浚运河，打通中国北部、中部的河道运输与北方大港的联络。这一计划包括整治黄河及其支流、陕西渭河、山西汾河暨相连诸运河。新筑一条由北方大港直达天津的运河，以为内地诸河及新港之连锁。

---

① 　因本书收录《实业计划》全文，凡引文未注出处者，均据于此，不一一标识。

第五部，开发河北、山西的煤铁矿，设立冶铁炼钢厂。针对前四部所需物料相当浩大的情况，应该大规模地开采河北、山西丰富的煤铁矿资源，兴建大型钢铁厂，此举"实国家之急需，亦厚利之实业也"。

《第二计划》以东方大港为中心，也定为五部：

第一部，建造东方大港。计划该港地址有两种方案：第一，选择在杭州湾，位于乍浦岬和澉浦岬之间。在此建港的优势，一是杭州湾中最深的部分达 40 米左右，可以停泊当时世界上最大的远洋货轮；二是无河流淤泥之患；三是属未开发地区，一切城市规划及交通计划都可以用最新的方法建造，发展实业有充分的自由，周围地域广阔，土地廉价，城市的未来扩展有着美好的前景。而且，此港与长江水上交通及铁路系统联络便利，开发得当，不出多年就能超过上海成为中国东方第一大商务中心。第二，选择上海，作为补充方案。上海在发展中国的计划中有其特殊地位，但此港建造首先必须解决长江的泥沙填塞问题，问题妥善解决，上海就能建造成为国际性的大都市。同时，应在浦东建设市宅中心，沿新开河左岸建一新黄浦滩，以增加由此计划圈入上海的新地价值。

第二部，整治长江水路及河岸。分六节作了周详的筹划，包括从海上深水线起，经黄浦江合流点、江阴、芜湖、东流、武穴，直到汉口，各段均有相应具体的整治办法：一是在两岸修筑长堤，收窄河口；二是尽量削去急湾，使河身曲直，浚广、浚深河道；三是利用长江泥沙填塞洼地，变荒滩为良田筑堤。计划因势利导，对症下药，对全长 1200 多公里的水道进行系统治理。这样既防止河道淤积，又增加了 1000 平方英里面积的土地。

第三部，建设内河商埠。在整治长江水道的基础上，东起海边、西达汉口的沿江两岸，必将成为实业荟萃之地。就此，针对镇江、南京、浦口、芜湖、安庆、鄱阳港和武汉等内河商埠的，提出了具体的建设愿景：镇江建成东海岸食盐收集中心和内地航运中心；南京位居长江下游两岸最富有的中心，将来的发展前途不可限量；芜湖为长江下游米粮市场中心，又居丰富矿区中心，必将成为工业中心；安庆是六安大产茶区与河南东南矿区的货物出入港，必将成为茶市中心与重要的工业中心。长江与鄱阳湖之间建设鄱阳港，作为江西省唯一商埠，建为世界商业制造中心和中国南北铁路中心。武汉作为沟通大洋计划的顶水点和中国本部铁路系统的中心，又是中国中西部最重要的商业中心和中国茶叶的大市场，必将成为规模如纽约、伦敦的世界大都市之一。为适应经济发展，镇江对岸的瓜洲、南京对岸的浦口，以及安庆的对岸均建市街，以隧道或桥梁连接两岸，形成双联市。武汉三镇（汉阳、汉口、武昌）连接而成三联市。另在这些地方建设泊船坞，便于内地与航海间的货物转运。

第四部，改良长江现存水路及运河。包括北运河、淮河、江南水路系统、鄱阳水路系统，汉水、洞庭系统，以及长江上游等范围，使江南商埠相互贯通，连为一体。为此主张改善干支流水道以缩短航程，通过流浚旧运河，开凿新运河，沟通其他水系，在长江干支流上游修建水闸，既蓄水防洪，又扩大水运。

第五部，建造水泥厂。钢铁与水泥是筑堤、建设港口和城市的基础，计划中需要的钢铁、水泥不计其数。由镇江往西而上，长江两岸拥有特别丰富的石灰石和煤矿，都是制造水泥的重要原料。为此主张沿长江两岸建设一批大型的水泥厂，用来满足各方需求。

《第三计划》是以广州为中心建设南方大港，包括五部：

第一部，将广州改造为世界级大港。广州位于西江、北江和东江三河的会合点，处在中国最肥沃的冲积土壤，盛产大米、水果、蚕丝，又在海洋航运的起点，既是中国南方内河水运的中轴，又为海洋交通的枢纽。自鸦片战争后香港成为英国的殖民地，广州的海港地位被香港所取代，但仍不失为中国南方最大的商务中心。以世界港而论，广州居于最便利的地位，如果西南铁路系统建成，广州就能成为中国南方海陆交通的枢纽。当然，需要疏浚广州通海水道，实现整治珠江、开辟海洋运输深水道的目的。从利益上而论，把广州开发成世界商港，应是三大港的计划中最有利润的企业。至于新建广州城的规划，这里风景宜人，有大海、高山和广大的平地，在广州附近建一座花园都市，在珠江北岸利用美丽的谷地山岭开辟避寒避暑的胜地。此外再建一新市街，配以新设施，专供经商致富的海外华侨归乡退隐的居所，必能获利。

第二部，改良广州水路系统，包括广州河汊、西江、北江和东江。广州河汊的改良，关键要解决两个相互关联的问题：一是防止水灾，二是便利航行。广州河汊的水灾主要是西南下游北江正流的淤塞引起，应在那里疏浚河道，将清远至海一段浚深。西江水路是中国南方的重要交通要道，也要浚深、扩宽河道，除去中流暗礁和沙洲。从航行考虑，改良西江水路工程分四段：自三水至梧州，自梧州至柳江口，北支由梧州至桂林以上，南支自浔州至南宁。这条水路落差较大，要提高航运吨位，必须在各段建筑堰闸，以利航行。

第三部，建设中国西南铁路系统，包括四川、云南、广西、贵州和广东、湖南两省的一部分。这里面积广大，人口过亿，有丰富的矿产、农业资源可以开发。计划从广州起，向西南各重要城市、矿产地开辟铁路线，使它们与南方大港相连。该系统以广州为终点站，由七线组成：一是自广州经湖南至重庆，二是自广州经湖南、贵州至重庆，三是自广州经桂林、泸州至成都，四是自广州经梧州、叙府至成都，五是自广州经云南大理至缅甸边界，六是广州思茅线，七是自广州经钦州至东兴，形成一个纵横联属的扇形铁路网。

第四部，建设沿海商埠和渔业港。除三个世界大港外，计划建设营口、海州、福州、钦州四个二等港，葫芦岛、黄河港、芝罘（今烟台）、宁波、温州、厦门、汕头、电白、海口等九个三等港，还有安东、海洋岛、秦皇岛、龙口、石岛湾、新洋港、吕四港、长途港、石浦、福宁、湄州港、汕尾、西江口、海安、榆林港十五个渔业港。平均每百英里建一港，总计 31 个，以此连接中国全部海岸线。

第五部，创立造船厂。鉴于建设以上众多的沿海商埠和渔业港，必须在这些商埠及海港城市建立造船厂，制造航行海外的商船和内河浅水运船、渔船，作为船舶运输的急需，以每年造各种船只 200 万吨为目标。

《第四计划》主要是开发中国

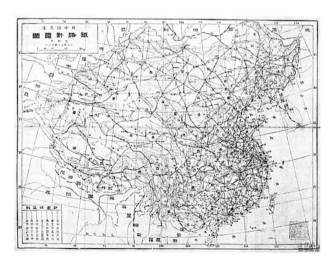

▲ 图 26 孙中山设计的《铁路计划图》

的交通事业，建立比较完备的铁路运输体系，是对计划中所拟 10 万英里铁路的详细说明，共分六部：

第一部，中央铁路系统。计划以北方、东方两大港为终点站，在现有基础上再兴建 24 条铁路线，全长约 16600 英里，其效益范围覆盖了长江以北的广大地区，使之成为中国铁路系统中最重要的部分。

第二部，东南铁路系统。计划以东方大港、南方大港及其间的二三等港为终点站，以东方、南方大港之间的海岸线为一底边，以上海至重庆线、广州至重庆线为另外两底边构成的不规则三角形上，建筑 13 条纵横干线，长约 9000 英里，覆盖浙江、福建、江西三省，以及江苏、安徽、湖北、湖南、广东各省的部分。这一地区农矿物产丰富，人口稠密，在此建筑铁路，必获大利。

第三部，东北铁路系统。包括东北各省及蒙古、河北省的部分，此地土地肥沃，是世界供给大豆的产地，盛产各种谷类，又有丰富的森林、煤矿、金矿资源。计划在此区域以新市镇"东镇"为中心，设在哈尔滨西南约 100 英里处，像蜘蛛网一样向四周扩展。建筑 20 条线路，全长约 9000 英里。

第四部，扩张西北铁路系统。包括蒙古、新疆与甘肃一部分在内的中国西北地区，尚未开发，交通十分不便，作为对第一计划中开拓西北 7000 英里铁路系统的补充，计划再扩建 18 条线，全长约 16000 英里。在此建筑铁路，开发便利的运输条件，以科学改良畜牧，将来必定取代阿根廷成为世界肉类的最大生产地。

第五部，高原铁路系统。包括西藏、青海、新疆、甘肃、四川、云南等地方，拟建 16 条线路，全长约 11000 英里。这些地区富有金矿、铜矿等贵金属，以及农产和牧场，有待开发。但因都为高山峻岭，兴建铁路工程繁难，费用巨大。所以，该系统的建设应在其他部分铁路完成之后才能动工。

第六部，设机关车、客货车制造厂。以上铁路系统如果全部建成，将长达10万英里，客货列车的需要剧增，因此必须建立客货列车制造厂。中国丰富的原料和廉价的劳动力是建设制造厂的基础，又必须由外国资本与专门家举办此种事业。

《第五计划》是关于"发达本部工业"的生产。所谓"本部工业"，是关系到人民衣食住行等基本生活资料的工业生产，就是使多数中国人有工作，得到较高工资，又有丰富的生活必需品、享受品，减低生活费用。但是，中国本部工业的不发达造成百姓悲惨的生活境遇，根本救治之法是借助欧美各国的资本、机器和技术，"用外国资本及专门家发达工业以图全国民之福利"。该计划正是讲述"工业本部之须外力扶助发达"的问题，分列五部：

第一部，粮食工业。包括测量农地，设立农业用具制造厂，食物生产、贮藏及运输、制造及保存、分配及输出等方面。用机器和科学方法进行生产和管理，保证人民对食物的需要及出口多余食物。设新式制茶工场，降低成本，改良品质，加强茶叶出口的竞争力。设新式豆制品工场，以黄豆制造肉、乳、油、酪输往欧美，并在各国大城市直接设黄豆制造工场。

第二部，衣服工业。包括丝、麻、棉、毛、皮革工业和制衣机器工业。每一养蚕县设立科学局所，指导养蚕和供给无病蚕子。在适宜地方设缫丝所。开设制绸工场，生产供国内外需要的产品。南方种麻区设新式制麻工场，产棉区设大纺织厂。在西北发展羊毛工业，用科学方法养羊、剪毛，设立毛货工场。设立制造皮货和靴、鞋类工场。在钢铁工场附近设制造制衣机器的工场。

第三部，居室工业。包括居室建筑材料的生产及运输、居室的建筑、家具的制造，以及水、电、燃料、电话等家用物的生产与供给等。要改变不科学的居住习惯，建造符合近世安适方便的居室。未来 50 年至少有 5000 万人需要新居，每年可造屋 100 万间。城市居室分一家居室、多家居室两类，前者分 8 间、10 间、12 间几种，后者每家 4 间至 6 间。农民居室要附谷仓、乳房（即榨牛奶棚）等。发展各种建筑材料的生产和运输。

第四部，行动工业。包括建造大路 100 万英里（每县平均 250 英里），设立制造汽车的工业，适合农业、工业、商业、旅游、运输等各种用途的廉价车；同时开发煤、油矿，为汽车工业的发展提供廉价燃料。

第五部，印刷工业。包括在各大中城市设立大印刷所，印刷报纸和百科全书，并译介各国新书；设立造纸工业，兼及墨胶、印模、印刷机工场等辅助工业。

《第六计划》为发达中国矿业，就是原材料和能源工业的计划，包括开采铁矿、煤矿、油矿、铜矿、特种矿，以及矿业机器制造和设立冶矿机器厂。强调矿业与农业是工业上供给原料的主要源泉，机器为近代工业之树，矿业则为工业之根，是现代物质文明和经济发展的主要根基，无矿业则无机器，无机器则无工业。中国矿业还处在起步阶段，必须大力发展。各种矿物资源的开采，应当由政府统一规划和管理，可以采取公办和私营的方式。分列七部：

第一部，铁矿。认为钢铁是近代工业中最重要的原料，开采铁矿权当归属国有。中国拥有丰富的铁矿资源，河北、山西、沿长江一带的各省、新疆、蒙古、青海、西藏等，都以铁矿著名，应该逐步加以开采。此外，应在广州设立铁厂，颇富铁矿的四川、云南也适宜建立铁矿厂和炼铁厂，内地各处随后增设。

第二部，煤矿。"煤为文明民族之必需品，为近代工业之主要物"，中国素以煤矿丰富著称，已被开采的，皮毛而已，应当引起国际发展实业机关的注意。开采办法除摊派外资利息外，还要增加矿工工资，并降低煤价。计划首先在交通便利的沿海岸、河岸各矿区开采，内地次之。

第三部，油矿。中国油源富足，四川、甘肃、新疆、陕西等省已发现有油源，虽然贮藏量还有待实地调查测量，必须大规模开采以供中国将来发展所需，不能总是依赖进口。筹划在煤油区域、稠密民居、工业中心及河岸、海港等地方，用油管办法互相联络，使其输送与分配于各地。

第四部，铜矿。中国铜矿分布于四川、云南和长江一带，以往开采铜仅用于铸造钱币，随着中国工业的发展，工业用铜量会成百倍增加。开采铜矿不可不适用近代机器，但开采权必须收归国有，而后由外商投资代为经营。

第五部，特种矿。特种矿如金矿、锡矿、玉矿，中国的贮藏量十分丰富。现已开采的仅是矿中表层。如能利用近代机器并由政府经营，是最经济的办法。除政府经营外，将来一切矿业应准租与私人立约办理，期限既满，又确有利益，政府有收回办理之权。

第六部，矿业机械制造。为了开采各种矿物质，需要建立矿业机械厂，制造各种矿业的器具和机械，以供矿业使用。计划在广州设立第一工厂，其他工厂设在汉口和北方大港各地。

第七部，设立冶矿厂。与矿业相配套，就是矿物冶炼厂的建立。为便于各种金属得到冶炼，应在各矿区设立冶炼厂，根据各区需要，由专门家定其规模，仿合作制度组织，并设中央机关加以管理。

综上六大计划，以北方大港为中心的第一计划，以东方大港为中心的第二计划，以南方大港为中心的第三计划，以及关于建设10万英里铁路的第四计划、关于工业发展的第五计划、关于矿业发展的第六计划，组成了孙中山"建设新中国"的总体计划。

最后的"结论"篇，孙中山深刻反思了西方文明发展的路径特征以及中国作为落后国家发展的道路选择，坚信"发展中国工业，不论如何，必须进行"。但他认为，中国的发展不能因袭西方文明的原有路径，必须另辟新途。在他看来，人类进步的基本动力在于互助，不在于竞争，因此呼吁国际力量本着"共同经济利益"发展中国，这不仅有助于打破列强瓜分中国的局面，改变中国贫穷落后的面貌；而且最终有利于解决世界的军事战争、商业战争和阶级战争三大问题。

孙中山相信："盖欲使外国之资本主义以造成中国之社会主义，而调和此人类进化之两种经济能力，使之互相为用，以促进将来世界之文明也。"一言以蔽之，开发中国的实业，必将对维护世界和平、促进文明发展具有重大的意义。

四、远见卓识:《实业计划》的思想价值

夫以中国之地位，中国之富源，处今日之时会，倘吾国人民能举国一致，欢迎外资，欢迎外财，以发展我之生产事业，则十年之内，吾实业之发达必能并驾欧美矣。

——孙中山

综上所列《实业计划》的主要内容，从修筑 10 万英里的铁路，建立中央、西北、东北、东南、高原五大铁路系统，到修建 100 万英里、遍布全国的公路网，把中国的沿海、内地和边疆连为一体；从建设三大世界级海港及众多中小商港、渔港，到疏浚、开凿运河，整治黄河、长江、珠江等水系，扩建增设一大批沿海沿江商场商埠，建立新兴市区；从全面开发煤、铁、石油及各种有色金属矿藏，兴建钢铁、水泥、造船、机车等大型工厂，到广泛发展粮食、服装、居室、印刷工业；从因地制宜改良农业，建立农器制造厂，推广农业科学技术，到鼓励移民垦荒，开发蒙古、新疆、西藏、青海等边疆地区。在这幅描绘中国未来经济发展的宏图中，除因人才问题不属"实业"而未专列外，《实业计划》把地、物、货三者分解为包罗

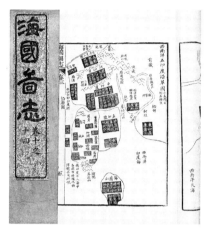

▲ 图 27—1　魏源著《海国图志》

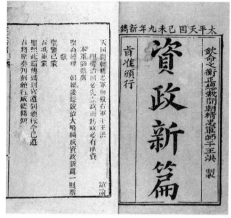

▲ 图 27—2　洪仁玕著《资政新编》

33 个部门、141 个方面又 24 个点六大计划加以论证，[①] 计划涉及交通开发、港口建设、水利兴修、城市规划，以及矿业、生活资料工业、农林业等各个领域，举凡关系国计民生者，几乎包揽无遗。

　　自 1840 年鸦片战争起，中国遭遇"数千年未有之变局"。从魏源著《海国图志》倡导"师夷长技以制夷"的主张，祈望中国"风气日开，智慧日出，方见东海之民，犹西海之民"，[②] 到洪仁玕在《资政新编》里提出建立和发展资本主义工商业纲领；从陈炽呼吁"劝工强国"[③]、康有为提倡"定为工国"[④] 的主张，再到比孙中山稍早的张謇提出"棉铁主义"方案，明确以棉纺织业和钢铁工业为重点，带动农、矿、交通各业的发展，实现国家工业化，可以说是一

① 　钟卓安：《从〈上李鸿章书〉到〈实业计划〉》，《广东社会科学》1993 年第 3 期。

② 　魏源：《筹海篇三》，《魏源全集》第四册，《海国图志》卷 3，岳麓书社 2005 年版。

③ 　陈炽：《劝工强国说》，《庸书》外篇（卷上），详见赵树贵、曾丽雅编：《陈炽集》，中华书局 1997 年版。

④ 　康有为：《请励工艺奖创新摺》，中国史学会编：《戊戌变法》二（中国近代史资料丛刊），神州国光社 1953 年版，第 227 页。

个粗具规模的经济发展战略，^① 这一切无不反映了旨在改变中国经济贫困落后的地位，实现民族振兴、国家昌盛的迫切愿望。但是，能像孙中山的《实业计划》那样有其全面、系统、完整的全方位规划，没有任何人的方案能望其项背。

凡事预则立，不预则废，欲为大事者，必要规划于先。一项系统的战略决策，既要有正确的思想指导、明确的目标定位，还要具有针对性、灵活性和可操作性的战略决策，作为实现目标的手段和途径。结合孙中山的著述和演讲要义，围绕《实业计划》的实施目标，显然有他一整套深谋远虑的战略构想，举其荦荦大端，主要包括：

（一）对外开放战略

据统计，仅 1912 年 4 月到 10 月的短短半年内，孙中山先后 30 多次使用和阐述了"开放主义"或"门户开放政策"的概念。^②《实业计划》中，最富有创见性的也是有关对外开放、建立国际经济合作的思想。

孙中山对外开放思想的形成，大体酝酿于甲午前后，形成于辛亥革命后，至第一次世界大战后进一步发展和成熟。^③ 在他看来，开放是近代中国由弱变强的必由之路，国人应该摒弃"荒岛孤人"似的闭关自守心态：

四、远见卓识：《实业计划》的思想价值

---

① 张謇指出发展实业必须有"的"，应由棉铁入手："无的则备多而力分，无的则地广而势涣，无的则趋不一，无的则智不集，犹非计也。的何在？在棉铁。"（张謇：《对于救国储金之感言》，曹从坡等主编：《张謇全集》第 1 卷，第 154—155 页），参见章开沅：《张謇传》，中华工商联合出版社 2000 年版。

② 俞中：《孙中山的开放主义初探》，参见中国孙中山研究学会编：《孙中山和他的时代》，中华书局 1989 年版，第 1532 页。

③ 黄彦：《孙中山研究和文科编纂》，广东人民出版社 1996 年版，第 137—139 页。

　　盖中国之孤立自大，由来已久，而向未知国际互助之益，故不能取人之长，以补己之短。中国所不知所不能者，则以为必无由以致之也。虽闭关自守之局为外力所打破者已六七十年，而思想则犹是闭关时代荒岛孤人之思想，故尚不能利用外资、利用外才以图中国之富强也。①

　　循此思路，孙中山认为贫穷落后的中国，缺乏开展大规模经济建设所需的资本、技术和人才，因此必须依靠国际资本的援手：

　　方今世界交通，一国有大计划，若合数国之力以经营之，则事之成功甚易，以一国独当之，则成功极难。

　　借鉴美日等国对外开放成功地实现经济起飞的经验，他主张"一变向来闭关自守主义"，②倡导全面、彻底的"开放主义"，推动整个国家"毫无保留地对外开放"，③把中国经济建设的计划坚定地立于对外开放的基础之上：

　　要想实业发达，非用门户开放政策不可。——凡是我们中国应兴事业，我们无资本，即借外国资本；我们无人才，即用外国人才；我们方法不好，即用外国方法。④

---

① 《建国方略》之一，《孙文学说——行易知难（心理建设）》，《孙中山全集》第六卷，第224页。

② 《孙中山全集》第二卷，第449页。

③ 郝盛潮主编：《孙中山集外集补编》，上海人民出版社1994年版，第99页。

④ 《孙中山全集》第二卷，第532—533页。

结合西方现代化先进国家的经验，孙中山认为后进国家必须借用外资，才能实现自身的超越式发展："经济先进之国，以百数十年之心思劳力而始得之；经济后进之国，以借外资而立致之，遂成富国焉，如美国、英国是也。今日欲谋富国足民，舍外资无他道也。"① 明确宣示：

> 夫以中国之地位，中国之富源，处今日之时会，倘吾国人民能举国一致，欢迎外资，欢迎外财，以发展我之生产事业，则十年之内，吾实业之发达必能并驾欧美矣。

借此解决中国经济发展问题，"固不仅中国一国之益也，而世界亦必同沾其利"。② 孙中山认识到："用外资非完全无害也。两害相权，当取其轻。"他权衡轻重，认为只要措施得当，就能避害趋利。对于建立国际经济合作的考虑，孙中山有其坚守的鲜明立场和准则："惟发展之权，操之在我则存，操之在人则亡"，清醒地认识到，利用外资必须以不损害中国主权为前提，以"一不失主权、二不用抵押、三利息甚轻"的三项原则作为民国政府借外债的条件。由他利用外资的一系列主张，可以概括为必须维护国家主权，必须以获利为目的，必须坚持时间效益，坚持"平等互利"和"为我所用"，必须坚持引进与培养相结合，必须具备利用外资的各方面知识，对华投资各国必须统一行动，坚持趋利避害，强调个人或民间

① 《复李村农函》，《孙中山全集》第五卷，第 122 页。
② 《建国方略》之一，《孙文学说——行易知难（心理建设）》，《孙中山全集》第六卷，第 227 页。

借款，争取人民热心匡助等十大原则。① 论者赞誉：在近代中国思想史上，孙中山可以称为提出完备的开放思想与政策的第一人。②

论及于此，西方学者独具慧眼地指出：在 1918—1919 年这么早的年代，就对经济发展问题做过如此探讨，确是具有独创性的。工业化国家和发展中国家的国际经济合作，只是到了 20 世纪的下半叶才成为一个重大的政治议题。并认为，当时孙中山陈述的建议之所以被视为奇怪且不切实际，一方面他脱离了由 19 世纪帝国主义外交发展架构：取碍租借地、势力范围和经济特权；另一方面也否定了孔子的传统观念，即视中国为世界中心，不允许和其他国家处于平等关系。③《实业计划》有关开放政策和引进外资的思想，对于清除传统中国长期闭关锁国政策的影响，促进从传统农业社会向近代工业社会的转型，加速中国经济的现代化发展具有积极意义。

（二）混合经济体制

关于发展经济的所有制问题，孙中山主张突破单一经济模式，提出了实行个人经营与国家经营并行不悖、相辅相成的混合经济体制。《第一计划》开宗明义提出了他的思路：

中国实业之开发应分两路进行：一、个人企业，二、国家经营是也。凡夫事物可委诸个人，或者较国家经营为适宜者，应任个人为之，由国家奖励，而以法律保护

---

① 李本义：《孙中山利用外资的原则及影响》，《湖北大学学报》1996 年第 5 期。

② 杨天石：《孙中山思想的现代价值》，《光明日报》2006 年 11 月 13 日。

③ ［法］白吉尔著，张富强等译：《中国资产阶级的黄金时代（1911—1937 年）》，上海人民出版社 1994 年版。

之。……至其不能委诸个人及独占性质者，应由国家经营之。

在孙中山看来，贫弱之中国要谋求富强，不能单纯依凭个人资本慢慢积累，需要个人经营与国家经营的双管齐下，"要解决民生问题，一定要发达资本、振兴实业"，"要赶快用国家的力量来振兴工业，用机器来生产"。[1] 在中国的特殊国情下，只有发展"国家资本"，大力依靠政府的力量经营实业，增加财富，才能在经济发展中兼顾国计民生，实行有计划的、均衡的经济发展。在深入研究了诸家经济学说后，孙中山指出：

中国不能和外国比，单行节制资本是不足的。因为外国富，中国贫，外国生产过剩，中国生产不足。所以中国不单是节制私人资本，还要发达国家资本。……如果不用国家的力量来经营，任由中国私人或者外国商人来经营，将来的结果也不过是私人的资本发达，也要生出大富阶级的不平均。[2]

可贵的是，孙中山以此作为实现民生主义的最佳途径："中国乃极贫之国，非振兴实业不能救贫。仆抱三民主义以民生为归宿，即是注重实业。"[3] 更进一步强调民生主义的内涵"不外乎土地与资本问题"，认为资本问题又"是今天世界上最大的问题，也是最难

---

① 《中国同盟会革命方略》，《孙中山全集》第一卷，第297—298页。

② 《三民主义·民生主义》，《孙中山全集》第九卷，第391页。

③ 《孙中山全集》第二卷，第339页。

解决的问题"。① 为此确定了两条基本措施是：第一，"平均地权"，以解决土地问题；第二，"节制资本"，以解决资本垄断、贫富不均的问题。他表示：

> 凡本国人及外国人之企业，或有独占的性质，或规模过大为私人之力所不能办者，如银行、铁道、航路之属，由国家经营管理之，使私有资本不能操纵国民之生计，此则节制资本之要旨也。②

这就是说，以能否"操纵国民之生计"作为私人资本的发展限度，对于不能操纵国计民生的私人资本，不仅不在节制之列，而且要由国家提供奖励、保护和种种活动的便利。同时，他又指出：

> 中国今日单是节制资本，仍恐不足以解决民生问题，必要加以制造国家资本，方可解决之。何谓制造国家资本呢？就是发展国家实业是也。其计划已详于《建国方略》第二卷之《物质建设》，又名曰《实业计划》，此书已言制造国家资本之大要。③

可见，《实业计划》主张"以外资从事建设生利事业，开辟市场，

---

① 《在中国国民党本部特设助粤办事处的演说》，《孙中山全集》第五卷，第479页。
② 《中国国民党第一次全国代表大会宣言》，《孙中山全集》第九卷，第120页。
③ 《三民主义·民生主义》，《孙中山全集》第九卷，第393页。

兴建工厂，建筑铁路，修治运河，开发矿产"，①就是为了实现发达国家资本的目标而制定的，通过建立发展国营经济、保护鼓励私营经济的经济体制模式，"以国家实业所获之利，归之国民所享"，②一举解决经济发展与社会发展问题。

平实而论，《实业计划》主张"废手工采机器"的工业革命和"资本国有"的社会革命必须"同时并举"的方案，显示了把资本主义的经济手段与社会主义的某些分配控制原则结合起来的经济发展战略，既反映了孙中山最大限度发展资本主义的愿望；也是防患于未然，出于最有效地限制其消极倾向、避免社会两极分化之弊端的考虑，以此寻求"使外国之资本主义造成中国之社会主义"的新途。学者肯定："虽然当时孙中山没有认识到必须首先建立起无产阶级领导的国家政权才能在中国发展社会主义，但他毕竟给处在十字路口上的中国指明了必须以大企业'归诸中国人民公有'的特殊的发展方向。"更认定"孙中山的社会主义已是世界上最邻近马克思主义的，最后的空想社会主义"。③在当时的历史条件下，这一未免陷入主观的空想，不失为孙中山对中国社会发展应走非西方资本主义道路的可贵探索。

（三）经济协调发展战略

在探讨中国经济建设的战略布局上，《实业计划》充分体现了注重协调发展的思路。

先从产业的协调发展来看。孙中山设计了以关键及本部工业为核心，全面发展各种实业的战略。他把现代工业分为"关键及根

---

① 《在中国国民党本部特设助粤办事处的演说》，《孙中山全集》第五卷，第479页。
② 《中国实业如何能发展》，《孙中山全集》第五卷，第135页。
③ 冯崇义：《孙中山与五四时期的社会思潮》，《近代史研究》1987年第1期。

本工业""本部工业"两大类，前者指交通运输、机械制造、采矿、冶炼等生产资料部门；后者指满足人们物质和文化生活需要的消费资料部门。孙中山指出："欲谋实业之发达者，非谋其一端之可成效也。必万端齐发，始能收效。"他这样解释道：

> 予之计划，首先注重铁路、道路之建筑；运河、水道之修治；商港、市街之建设。盖此皆为实业之利器，非先有此种交通运输屯集之利器，则虽全具发展实业之要素，而亦无由发展也。其次，则注重移民、垦荒、冶铁、炼钢。盖农矿二业，实为他种事业之母也。农矿一兴，则凡百事业由之而兴矣。且钢铁者，为一切实业之体质也。

这里，把交通运输、港口、市街建设看作发展"实业之利器"，强调农矿为"他种事业之母"，钢铁为"一切实业之体质"。在他看来，"关键及根本工业既发达，其他多种工业皆自然于全国在甚短时期内同时发生"，"关键及根本工业发达，人民有许多工事可为，而工资及生活程度皆增高"。因此，把港口、交通、移民、垦荒、冶铁、炼钢这些行业作为重点和主导部门，集中力量优先发展，发挥其技术上互相依赖的连锁效应，带动整个经济建设。交通运输是联系各地区、部门、企业的纽带，直接反映了一个国家社会经济的活力。《实业计划》突出交通先行的重要意义，六大计划中涉及交通事业的就有四个，占了全部计划的 2/3，文字篇幅占了全部计划的 3/4，详细拟订的发展中国交通运输业计划，主张通过铁路、公路、水路等多种形式相互配合的水陆运输网，把中国与世界、沿海和内地、腹地和边疆、工业区和农业区、原料产地和工业城市、政治中心和经济中心相互联结起来，建立统一的国内市场，使之成为中国与世界经济合作和交流的枢纽。

再从区域的协调发展来看。《实业计划》把整个中国分为"北部""中部"和"南部"三大块相对独立的经济区域加以全面规划。孙中山的设想，以海港为轴心，以相关的交通网为经，以资源、产业为纬，形成多层次空间辐射区：第一层次以北方、东方和广州三个国际海港为支撑的经济区，三大港口都有密如蛛网的铁路系统和内河航运系统向内地延伸；第二层次以四个循海岸线由北向南的二等海港为基点构成的经济区；第三层次以九个三等港为中心的经济区。同时，通过覆盖全国的蛛网式铁路、公路，以及疏浚和开凿纵横交错的水道，注意到了各区域之间的联通，使三大经济区域能彼此交流。[①] 至于借助铁路和港口建设，发展沿线、沿海及沿江内陆城市的规划，也是旨在将各省省会发展为交通中心，形成经济中心城市，然后向各方辐射出去，将全国城乡联结起来，助推区域经济和社会发展。

对于幅员辽阔、人口众多、资源分布地域差异大、经济发展水平极不平衡的中国，这些沿海与内陆腹地优势互补、资源整合协同发展的设想，体现了科学合理的梯度规划，内含着大规模开发落后地区、消除贫富地区差距的均衡发展观。

（四）城市建设战略

基于经济建设的总体规划，《实业计划》全面提出了中国城

四、远见卓识：《实业计划》的思想价值

---

① 田彤：《〈实业计划〉两议——兼论近代中国经济现代化战略》，《华中师范大学学报》（人文社会科学版）1997 年第 6 期。

市的布局及其发展构想。① 在孙中山看来，新兴城市的发展必须具备人口集聚、生产要素便于流转和交通畅通无阻等三方面的条件：

> 盖机器之生产事业利于集中，故城市首先发达，以易致工人也。其次则煤铁之场，制造事业亦以繁兴，盖便于取材也。其三则交通之地，工厂亦随而林立，以便于运输也。凡有此三要素之地，工业必从而发达，人口则为增加。②

按照他的理解，现代中国城市的发展取决于机器大工业的兴起，现代工业的发展要求劳动人口和各种要素的集结，从而推动城市现代化的进程，现代城市的崛起又为工业的扩张和进步创造新的条件。所以，孙中山主张通过工业化推动城市现代化，以经济功能作为城市发展的主导功能。

《实业计划》涉及城市建设的主要规划路径是：

首先，建设新城市、发展旧城市，包括三个层面：一是依托世界级海港建设，重点规划以天津、上海、广州为中心的港口城市群建设，依托城市建筑口岸、商埠和渔港，加速新兴城市的发展，让沿港而设的城市遍及南北海岸线；二是借助江河整治，发展江阴、芜湖、武穴、汉口等沿江城市，开辟镇江、南京、浦口、安庆、武汉等内河商埠，"东起海边、西达汉口"可望形成"两行相连之市

---

① 周伟新：《孙中山关于中国城市现代化的构想》，《南京经济学院学报》2000年第5期。

② 《三民主义》，《孙中山全集》第五卷，第192页。

镇"，这是中国经济"发展计划中最有利之部分"；三是利用交通网
的延伸和拓展，建设和发展铁路起讫点及沿线城市。

其次，科学、合理地规划城市空间布局及其功能。

孙中山认为，现代城市建设的内涵主要由形象、格局和功能等
三部分组成。① 市街建设是反映城市形象的中心部位，包括街道、
沿街建筑和公共设施。对此，他强调选址要得当，布局要合理。以
上海为例，孙中山主张从浦东新开一河道，填塞市区段的黄浦江，
由此带动杨树浦和浦东的开发，创造市宅中心于浦东，在新开河左
岸形成一个商业繁华的新外滩。城市格局要有合理的空间结构，用
地按商业区、工业区、住宅区等不同功能划分。广州的城市布局，
主张兼跨黄埔与佛山，以车卖炮台及沙面水路为界，以东至黄浦为
商业区，建设现代设施的码头和仓库；以西至佛山为工业区，修筑
运河与花地及佛山的水道相连，使工厂拥有廉价运输的便利；考虑
到广州附近景物宜人，建议规划"花园都市"，新建市街及住宅区，
吸引本地及华侨商人前来定居，推动城市房地产的增值。至于城市
发展的原则，要结合当地自然、物产和交通状况，凸显个性特色，
如镇江、南京、芜湖、安庆、九江、武汉等沿江城市，分别以盐及

---

① 1919 年孙中山撰写《实业计划》时，孙科在《建设》杂志上发表了中国第
一部城市规划著作《都市规划论》，父子交流，彼此应该存在某种关联。孙
科认为，城市规划与设计的目的，就是"利用科学知识，计划新都市之建
设，乃对于现在之都市，使之日渐改良，而臻于完善之境，或为较利便，较
康健，较省费而节劳，较壮丽而美观：其范围则包举一切，关于都市建设之
事项，大之如筹谋建设新都市全部之计划，小之如旧都市一隅之改良，街道
路线之布置，商店市场之拟定，公园游戏场之预择，公用楼层之建造，各种
功用机关之设备，以至沟渠之整理，工厂民众之建筑莫不为都市规划内之事
务"。参阅杨宇振：《资本空间化过程中的城市设计：一个分析性的框架》，东
南大学出版社 2016 年版。

农产品、煤铁及纺织品、米粮、茶叶及土特产、瓷器、日用工业品等主要集散商品，当视各自具体情况，形成一定规模、一定特色的专业市场和工业中心。

此外特别提出，随着城市新区的扩展，新辟市街用地以及城市发展后的土地溢价，必须收归国有，预防"私人独占土地与土地之投机赌博"，将"自然之土地增价，利可尽归之公家"，以此用来支付前期的国际融资和市政建设。

最后，重视居室工业和住宅建设。随着城市规模扩大，聚居人口增加，住宅建设自是城市建设的题中之义。孙中山将"居室工业"纳入计划，认为"一切居室以合于近世安适方便之式"。为提高城市居民的生活质量，逐步配套、完善各项公用设施和公用事业的考虑，居室应设计"食堂、书室、客厅、卧室、厨房、浴室、便所"等家具布局，也要考虑自来水、电力供应以及电话安置等问题；此外为群众预备廉价居室，要求尽力节省材料、运输、人力等建筑成本。

应当说，在体察和借鉴西方的基础上，孙中山清晰设计了中国城市的市街建设、住宅建设、公共设施建设、卫生状况的改善、花园和绿地建设内容，并提出了建立现代交通、通过工业化推动中国城市化、通过特大城市带动区域城市化发展、通过"平均地权"解决城市化所需土地资金等推进中国城市化的具体路径。①

诸凡不一，上述所及战略性的总体构想，当然远不能涵盖《实业计划》的全部内容。这些精湛的见解，闪烁着孙中山设计中国经济现代化宏图的超人智慧和胆魄。综合学界已有研究成果，《实业

---

① 欧阳仕文：《孙中山关于城市建设的构想》，《社科纵横》2011 年第 4 期。

计划》的特点大体表现在以下几点：

（一）国际化的视野

一部中国近代史，既是中国备受列强欺凌的屈辱史，也是中国走向世界、认识世界，争取民族独立、谋求社会进步的奋斗史。在《实业计划》英文版序中，孙中山表白心迹：

> 吾之所以如是亟亟者，盖欲尽绵薄之力，以谋世界和平之实现也。利用此绝无仅有之机会，以谋世界永久和平之实现也。[①]

依他之见，中国幅员辽阔、人口众多、矿产丰富、农业雄厚，但是不能与世界各国互相提携，共同开发，反而成为列强政治、经济侵略的"俎上肉"，这不仅是中国之耻，也是世界各国之忧虑。因此，孙中山从政治家的战略高度，试图抓住第一次世界大战后的良机，以全方位的开放姿态提出发展的目的在于和平，认为中国与世界各国的经济利益是互为一体的，"舍国际共同发展中国实业外，殆无他策"。洋洋洒洒的《实业计划》，要义就是向西方大国喊话，呼吁共同合作开发中国富饶的资源和市场，"若此策果能实现，则大而世界，小而中国，莫不受其利"。指出开辟中国市场，既可带动农业、矿业、企业、运输以及公用事业的现代化发展，又能促进外国工业的竞争，使中国吸收各国商品、贸易及剩余资本，"既以销其自产之货，又能销外国所产，两不相妨"。也是站在这样的大视角下，孙中山热切企盼：

---

① 黄彦编：《孙文选集》上册，广东人民出版社 2006 年版，第 107 页。

> 吾理想之结果，可以打破列强分割之势力范围，消灭现今之国际商战及资本竞争之内讧，最后消除劳资之阶级斗争，如此则关乎中国问题之战端得以永久根除矣。

不难体会，《实业计划》之种种经济发展规划，无不彰显了面向世界的国际化视野。论者据此指出，计划最初用英文撰写，原名"*The International Development of China*"，译作"中国国际化发展"或"国际共同发展中国"，似乎更贴切地表达了孙中山的国际化发展理念。与其说这是一部严谨、细密、科学并具有高度可行性的全国工业、交通规划，不如说是孙中山对于未来中国国际化发展的宏观设想。《实业计划》是近代以来最早、最完整、最系统提出运用西方先进国家的资金、技术和人力帮助中国进行大规模现代化建设，实现互利共赢的国际发展中国的战略，具有划时代的开创意义。[1]

孙中山之所以能具有这样的国际视野，与他接受西方教育和海外游历的特殊生活境遇密切相关。长期漂泊海外，游历欧美各国，使他对西方社会的文明与进步耳濡目染，与世界各地广泛的交际网络，使他对世界的了解不再囿于长期闭关锁国所造成的偏狭观念，迎合国际潮流成为自身确立的抱负，一俟跃登社会政治舞台，便能以宏大的世界性眼光审视中国与世界的联系，找到振兴中国经济的出路，力求缩短与世界先进国家的差距，最终达到"驾乎欧美之上"的目标。

---

[1] 陈谦平、孙扬：《论孙中山的"中国国际化发展"思想——〈实业计划〉再认识》，《江海学刊》2014 年第 1 期。

（二）前瞻性的眼光

每一代人都是站在自己的时代境遇中解释历史，历史的阐释必须注入当代意识，通过现在理解过去。立足当下关怀，不难看出《实业计划》的前瞻性特征尤为显眼。

作为近代中国第一个宏伟的经济建设蓝图，《实业计划》出台的一系列策略、措施和方法，无论是中国经济的整体布局，还是区域经济协调发展规划；无论是引进外资、以开放保主权的理念，还是以国有经济为主的混合经济体制构建；无论是发展实业交通先行，还是开发长江流域；等等，这些超前性的构想，鲜明地折射了孙中山超迈的前瞻性眼光。

孙中山认为："建设之大计，当远测于十百年后，始能立国基于永久。"① 站在国际视野登高望远，使他怀抱的现代化理想有了目标远、起点高的规划布局，也难免曲高和寡，被当时人斥为"空想"，但也不乏知心者的共鸣：

> 孙先生深知西方文化的发展过程，同时对中国的发展前途具有远大的眼光，因此他深感超越近功近利的原理原则的重要，他知道只有高瞻远瞩的知识才能彻底了解问题的本质……
>
> 与孙先生同时代的人只求近功，不肯研究中国实际问题的症结所在，希望不必根据历史、社会学、心理学、科学等所得的知识，就把事情办好，更不愿根据科学知识来订定国家的建设计划。因此他们诬蔑孙先生的计划是不切

---

① 《在上海报界公会欢迎会的演说》，《孙中山全集》第二卷，第496页。

实际的空中楼阁。①

不过，以现实中反观历史，当代改革开放的实践验证了这些超前性构想的实践品格。《实业计划》最早提出以北方、东方和南方三个世界级大港为中心，将中国划分为三个经济区，三大区域同时开发、协调发展。随着改革开放和市场经济发展，区域经济的组织与规划得以付诸实施，并成为时代新趋势。以经济的自然联系与资源区位优势互补为标尺，中国逐步形成了"环渤海""长三角"和"珠三角"等经济区，构建了促进区域经济合作与发展的平台，其基本模式及其发挥的功能与机制，和孙中山当年的构想非常一致。比如，孙中山提出以广州为中心的"西南铁路系统"，就是以珠江水系为纽带的中国南方经济区，涉及地域包括粤、桂、川、黔、滇、湘 6 省区，如今粤、桂、闽、黔、湘、川、赣、滇、琼、港、澳 9 省 2 区共同构建的泛珠三角经济区，区域覆盖范围、经济合作模式，几乎与孙中山设计以南方大港为龙头的珠江流域经济区契合。至于孙中山在《实业计划》里昭告天下的具象性方案，如交通网络、海港建设、江河整治、三峡大坝、火车进藏、浦东开发等设想，渐成今日辉煌的建设成就，同样印证了极具预见性的宏略。

有学者就此特别指出：孙中山的《实业计划》固然是近代中国人能够提出来的最富想象力、最宏伟的经济近代化建设的纲领，但它又具有突出的超前性特点。无论是修筑 10 万英里铁路和 100 万英里公路网，还是建设世界级的三大海港，以及黄河、长江、淮河

---

① 蒋梦麟：《西潮·新潮》，第 116—117 页。

的治理，都不是短期内可以实现的，当时的中国也不具备从事如此大规模经济建设的条件。孙中山所设定的许多宏伟建设目标，时至今日也还没能完全实现。因此，孙中山一再强调，他所提出的只是中国实业建设的"大方针""大政策"，具体实施则有待进一步的科学论证和各种主客观条件的成熟。[①]

（三）系统性的规划

研究表明，《实业计划》是孙中山运用系统方法制订的经济建设总体规划，体现了将整体与部分有机统一的系统性特征。[②]

整体是构成事物诸要素的有机统一，部分是整体中的某个或某些要素。从经济建设总目标出发，孙中山主张"用系统的方法指导其事"，就是立足整体，统筹全局。《实业计划》中的五大铁路(中央、东南、东北、西北、高原）规划，均以"系统"标识，各大铁路系统之下又有若干分列的子系统，被孙中山称为"蜘蛛网式系统"，"系统"一词频频见诸于计划文本，仅"第四计划"就出现了30次之多。计划看似浩繁，主要内容又不外乎四大系统：1. 建设以三大一等港为轴心，以二、三等港和渔业港为拱卫，以铁路、公路、水路为动脉的水陆交通运输系统；2. 开发以农业、矿业为基础的原材料生产系统；3. 发展以加工农业原料和矿业原料为基础的工业系统；4. 为发展以上三大系统提供设备的机器制造业系统。[③]

孙中山把规划作为一个大系统和若干子系统，系统内各部分相

---

① 马敏：《孙中山与张謇实业思想比较研究》，《历史研究》2012 年第 5 期。

② 参阅黄明同、陈恩：《试论孙中山"物质建设"理论的系统方法思想》，《求索》1988 年第 5 期。

③ 郭绪印：《评孙中山〈实业计划〉的首创和超前性》，《上海师范大学》（哲学社会科学版）2009 年第 4 期。

互依存、相互制约、又相对独立。《实业计划》具体勾画了包括交通建设、区域建设和实业项目建设等系统，每个系统工程既照顾全面，考虑了各区域、部门、行业的联系协调，又突出重点，注意轻重缓急，各组成部分之间相互"依倚"，互为"补助"，彼此"关联"，整体包含部分、部分从属于整体，"举其一有以利其余"，由此构成了开放、动态、交叉、立体的战略性发展思路。

将现代系统思维用于理论规划和社会实践，孙中山显然全局在胸，因此能从整体着眼，寻求最优目标，同时兼顾局部，以期发挥整体功能。学者揭示，孙中山在《实业计划》中明确提出要人们以系统方法指导经济建设，这不仅是其方法论，而且是其世界观，系统思维犹如一根主线贯穿于他的整个思想体系，内核大致包括对宇宙进化系统与社会进化系统的揭示，对未来社会建设系统工程的勾勒以及对系统的内在机制与属性即均衡性、协调性与开放性等的揭示。①

可以确认，基于对中国国情的了解和对世界形势发展的分析，孙中山以恢宏超凡的气度提出了发展中国经济的一系列战略思想和具体步骤，《实业计划》既体现了他高瞻远瞩、与时俱进的历史眼光和始终轸念民生的炽热情怀，也把氤氲化生于清末民初有关"振兴实业"或"实业救国"的话题上升到了纲领性的高度奔走呼吁。

追溯中国走向近代化的艰难行程，置身于一次次明起暗涌的政治浪潮，多少先进的社会改革家呕心沥血地设计了一个个救国救民的理想方案，蔚然壮观，有声有色，前赴后继，可歌可泣，共同演出了一幕幕波澜壮阔的历史活剧，协力谱写了一曲曲扣人心弦的时

---

① 黄明同：《浅论孙中山的系统思维观》，《广东社会科学》2003 年第 5 期。

代乐章。在这部由系列组群所汇成的悲壮雄浑的交响曲中，孙中山的《实业计划》正是其中最动人心魂的音符。

如果说在早年《致郑藻如书》（1890）、《农劝》（1891）篇中，孙中山已提出："以农为经，以商为纬，本末备具，巨细毕赅，是即强兵富国之先声，治国平天下之枢纽也。"[①]主张学习西方国家以求改良之策；1894 年《上李鸿章书》更是明确了"人能尽其才，地能尽其利，物能尽其用，货能畅其流——此四事者，富强之大经，治国之大本"的心愿，[②]争取用不到 20 年的时间驾乎欧洲之上的建设规划，但这不过是比较笼统和粗糙的方案而已，《实业计划》摄录了他紧随时代步伐不断向前的心影履痕。

如上梳理，《实业计划》是孙中山在前人的基础上继往开来的思想飞跃，是他把握时代跳动的脉搏，探寻未来中国发展模式的一次勇敢尝试，其内容之丰富、范围之广泛、列项之全面，更有视野之开阔、眼光之长远、规划之系统，代表了近代中国人对未来中国总体设想的最高水平，堪称中国近代史上前无古人、后启来者的纲领性文献，极大地丰富了近代中国学习西方、振兴中华的思想宝库。

在中国历史上，能立足于国家高度，以整体战略思考经济发展问题、探索现代化道路并明确制订方案，《实业计划》实属首次。孙中山审时度势的思想鼓吹、理论建树，无疑为近代中国急剧递嬗的历史进程注入了时作时新的活力，对于为中华民族独立富强而奋斗的中国人民有着极大的启发和鼓舞，产生了积极和深远的影响。

---

① 《孙中山全集》第一卷，第 2 页。
② 《孙中山全集》第一卷，第 8 页。

五、空谷足音:《实业计划》的 生不逢时

余之所为计划,材料单薄,不足为具体之根据,不过就鄙见所及,贡其粗疏之大略而已;增损而变更之,非待专门家加以科学之考查与实测,不可遽臻实用也。

——孙中山

理想是方向,情牵理性的思考;梦想是彼岸,心系浪漫的情怀。与国家前途、民族命运休戚相关的理想和梦想,不仅崇高而且远大。

当下学者曾以"梦想,还是理想?"为题,就《实业计划》的大预言给出了这样一段精彩解读:"如果从梦想可以成真的意义上说,梦想与理想断乎是同义词。但这里所说的梦想指那种不切实际、根本无法实现的幻想、空想,而理想是对经过努力奋斗,创造条件,有可能实现的一种目标的设想。"①无论梦想还是理想,都是生命积极状态的精神存在,因为有梦想,才有追求的动力。但筑梦

---

① 严昌洪:《梦想,还是理想?——从孙中山关于武汉近代化建设蓝图看〈实业计划〉的可行性》,《近代史研究》1997年第2期。

过后如何追梦，又能否圆梦，却并不以个人的主观意志为转移，要在对接现实的历练，而非天马行空的幻想。

令人惜惋的是，直至孙中山 1925 年 3 月 12 日病逝，在其有生之年里，气势磅礴的《实业计划》如水中月、镜中花一般，终成可望而不可及的梦幻，一代伟人抱憾离世。

《实业计划》之所以未能在孙中山生前付诸实施，多年来一直是学界广泛关注的话题。究其难以遂愿的缘由，需要多维度、长时段地加以整体考察。大体说来，交织着以下几方面的综合因素：

第一，就政治层面上来看。

开展规模宏大的系统工程，必须在国家独立、主权完整的前提下，依托统一而强有力的政府领导才能实现，以国家的积极干预加速经济的发展，对于后起的现代化国家来说显得尤为重要。

照理说，辛亥革命创建了新的政治共同体，开辟了中国现代化道路的重要历史时期。但新生的共和制度未能同时建构其赖以存在的宪政，民初政坛随之展开了激烈的权力博弈，国会成为各党派争权夺利的舞台，内阁如走马灯似的不断更迭，乱哄哄地上演着"你方唱罢我登场"的闹剧。从 1912 年到 1928 年的 17 年间，内阁变换了 47 次，短短 17 年中就有 46 届内阁，其中寿命最短的一届仅有 6 天。随着 1916 年袁世凯的一命呜呼，开始陷入了持续十余年的军阀混战局面。大小军阀拥兵自雄，自成派系，或连省以为己有，或盘踞一省称为督军，或割据某地自称"镇守使"。各派军阀矛盾重重，明争暗斗，连年混战不已。据统计，1912—1922 年的 10 年间，各地军阀大小内战就达 179 次之多，[1] 战火几乎殃及全国所有

---

① 胡维革：《中国近代史断论》，吉林教育出版社 1998 年版，第 151 页。

省市。频繁持续的战乱，使百业俱废，民生凋敝，人民陷入巨大的痛苦和灾难之中。对此情形，孙中山痛心疾首：

> 自辛亥革命以后，以迄于今，中国之情况不但无进步可言，且有江河日下之势。军阀之专横，列强之侵蚀，日益加厉，令中国深入半殖民地之泥犁地狱。[1]
>
> 自民国十三年来，龙蛇群动，战血玄黄，名则号曰共和，实则甚于专制。迩更军阀横行，政孽肆毒。生民憔瘁，举国彷徨，不有救济，势必沦胥以灭也。[2]

孙中山勾画《实业计划》时，正遭遇了一个内有军阀混战、民生凋敝，外有列强虎视、欺辱频仍的中国，而对如此"时难方殷"的民初政局，他又明显错误判断，缺乏清醒的认识。

民国伊始，孙中山错以为民族、民权两大革命已经实现，以后的重心只有民生问题，同时也对宣誓效忠民国的袁世凯一度心存幻想，自信："以前为清政府所制，欲开发则不能，今共和告成，措施自由，产业勃兴，盖可预卜。"[3]因此决意抽身退位，以在野之身致力于推进经济建设事业。面对当时内阁引退的纷乱政象，他表示问题并不严重："我想尽可能避开政治方面的事情，我要尽我的力量来发展本国的自然资源，特别是铁路的建设，我希望我能完成这

---

① 《中国国民党第一次全国代表大会宣言》，《孙中山全集》第九卷，第 115 页。

② 《复国民党暹罗彭世洛分部同志函》，《孙中山全集》第九卷，第 427 页。类似表达亦见于《致黄仲初函》，《孙中山全集》第九卷，第 428 页。

③ 《在南京同盟会会员饯别会的演说》，《孙中山全集》第二卷，第 322 页。

些事情。"① 此后，尽管为捍卫共和政体，先后发起了"二次革命"、护国运动以及两次护法运动，也难有力挽狂澜之功。袁世凯垮台后，全国分崩离析，军阀混战割据，各派政治力量竞相角逐，政局动荡，人人自危的历史条件下，孙中山忽视了政治问题对经济建设的极端重要性，《实业计划》不过纸上谈兵而已，束之高阁也是势所必然了。

至 1924 年元月在广州宣讲三民主义，孙中山提出了解决民生问题"先从政治上着手"的思路，认为："一国之内，人民的一切幸福都是以政治为依归的。国家最大的问题就是政治，如果政治不良，在国家里头无论什么问题都不能解决。"② 这就是说，经济建设必须以政治问题的基本解决为前提，有统一和稳定的坚强政治力量做后盾。

从根本上说，当时积贫积弱的中国"内乱未靖，外患顿闻"，③ 没有获得国家独立和主权完整，没有国家内部的社会政治整合，缺乏一个能领导、推动现代化建设的强有力中央政府，组织全国性的经济建设无异于痴人说梦，这就决定了《实业计划》只能是一个带有浓郁空想色彩的大国梦幻。

第二，从经济层面上来看。

大规模的经济建设，需要一定的综合经济发展基础和比较充分的财政实力支撑。民国初年，良好的政策环境激发了全国兴办实业的热潮，加之 1914 年第一次世界大战爆发后欧洲列强忙于战争的

---

① 《致咸马里夫人函》，《孙中山全集》第二卷，第 387 页。
② 《三民主义》，《孙中山全集》第九卷，第 297 页。
③ 《在上海寰球中国学生会武昌起义纪念会的演说》，《孙中山全集》第二卷，第 494 页。

契机，中国民族工业迎来了短暂的春天，获得较快的发展。1912—1920 年间，新建万元以上工矿企业 1048 家，创办资本总额约 2.3 亿元，超过了 1840—1911 年的 72 年投资总额。[①] 但要看到，中国的现代工业产值在 20 世纪 20 年代初也仅占工农业总产值的 5% 左右。民初国库空虚，在没有强大的民族工业、没有大力发展国有经济、没有国家掌握经济命脉的前提下，谋求大规模实业发展的可行性基础异常薄弱，显然缺乏实施条件。

对于宏伟的《实业计划》背后巨额的资金需求和庞大的专业人才缺口，孙中生深知当时的中国国力实难负担，为此眼光向外寻求，希望以借贷等形式取得西方列强的资金及技术援助，并且似乎信心在握。

要说孙中山亦确乎天真。《纽约先驱报》记者端纳曾担任过他的政治顾问，1912 年初夏的一天在上海拜访孙中山，谈话中，孙中山提及了自己的铁路计划，声明暂时还不能公布，但还是把地图递给了端纳。看过地图后，端纳认为孙中山"发疯了"。几天过后，在给袁世凯的政治顾问、《泰晤士报》驻京记者莫里循的信中，[②] 端纳记载了他与孙中山的这次对话——

孙中山焦急地问："你认为外国资本家会给这笔钱吗？"端纳反问："条件是什么？"孙中山说："啊，如果我们给他们以筑路权和由他们经营铁路 40 年的权利，40 年期满后将铁路完整的和无偿地交还给中国！"端纳对他说："除非有一个稳定的政府，否则，哪怕是

---

① 杜恂诚：《民族资本主义与旧中国政府（1840—1937）》，上海社会科学院出版社 1991 年版，第 106—107 页。

② ［澳］骆惠敏：《清末民初政情内幕——〈泰晤士报〉驻北京记者袁世凯政治顾问乔·厄·莫里循书信集·上》，知识出版社 1986 年版，第 969—972 页。

在人口最多的省份修建一条最实用和最有利可图的铁路，也没有任何希望得到一文钱的外国投资。"孙中山回答说："政府稳定与否有什么关系，只要各省同意就成！"

此番出自孙中山之口的话，让端纳惊诧之下难以置信，所以他在信中对莫理循说："这幅地图堪称为孙逸仙之梦，但是如果能够由我来为它题名，我将采用美国式用词称之为"一丛同花顺的梦魇"。信中写道：

> 他发疯了，为什么？并不是因为他画了这幅地图，因为只要有钱和充分的时间，他划的每一条铁路和更多的铁路都可以建成，而是因为孙竟然冒失地认为，由于他划出了这些条铁路线，外国的资本家就会给他足够的钱把这些铁路在五年到十年的时间里全部建成！

不得不承认，尽管端纳言辞不无偏见和讽刺意味，所述事实倒也大体不误，逼真地反映了孙中山寄希望于外援的心愿。

时过几年后起草《实业计划》，孙中山的这一幻想依旧未变。

如前所及，孙中山确信，第一次世界大战结束是中国发展经济的良机，战后西方国家将剩余资金、人力、机器转移到中国，共同发展中国实业，中国和西方在公平互惠的贸易中必然会获得双赢。为此，他拟订了三步走的实施计划：第一步，参与投资的各国政府必须共同行动，统一政策，组成国际团体，以便开展工作。第二步，设法得到中国人民的理解和信任，使其热心匡助。在上述两步完成后实行的第三步，是由中国政府召开正式会议，在中外达成共识的基础上最后签订契约。不仅如此，甚至连借贷合同的细节都有所设计。

其中，美国的经济发展模式又在很大程度上影响了孙中山的建设宏图，序中宣称："若吾国人能晓然于互助之利，交换之益，用人所长，补我之短，则数年之间，即可将中国之实业造成如美国今日矣。"各项建设规划中因此多有以美国建设的轨迹、模式为借鉴，如预言北方大港的建设前景将与纽约等大，谈到引导沿海稠密省区过剩人力物力开发西部的西北铁路计划时，也以美国开拓西部为实例等。孙中山也看重美国生产剩余对中国发展的利用，1920 年美国《独立周报》全文刊载了他的《中国人的直言》，倡议美国资本家与中国在平等互惠的原则基础上联合开发中国实业。

一时间内，孙中山似乎也看到了希望："予近日致各国政府《国际共同发展中国实业计划》一书，已得美国大表赞同，想其他之国当必惟美国之马首是瞻也。""今者宜乘欧战告终之机，利用其战时工业之大规模，以发展我中国之实业，诚有如反掌之易也。"[①]来自西方国家看似热情的回应，很快助推了他乐观其成的憧憬。及至《实业计划》结论篇中，针对人们就"计划过于伟大，难得如此一大宗巨款，以实行之"的疑虑，仍难抑欣喜地表示：

> 所幸者，当吾计划弁首之部寄到各国政府与欧洲和会之后，巴黎遂有新银行团之成立，思欲协助中国发展天然物产。闻此举之发起人出自美国政府，故吾等即当开办之始，亦不患资本之无着也。

---

① 《建国方略》之一，《孙文学说——行易知难（心理建设）》，《孙中山全集》第六卷，第 227 页。

但，实际情况又如何呢？

事实恰恰相反，美国并未给孙中山预想中的过多帮助。时任美国商务总长刘飞尔在信中就深表疑虑：

> 以阁下所提计划如此复杂，如此溥遍，即令将其备细之点规划完竣，亦须数年。阁下亦明知书案中一小部分尚须数万万金元，而其中多数在初期若干年间不能偿其所投之利息与经费。是故，其必要之债所需利息如何清付，实为第一须决之问题。

当时，美国驻华公使芮恩施在接阅《实业计划》的最初章节时，也在回信中委婉提醒该计划在财政资金上的不现实性。身为外交官的他很清楚，民国肇建时美国对华政策的中心，一是帮助袁世凯的北京政府掌权；二是阻止日本在中国过度扩张权益，根本无意为中国内政承担无谓的政治风险以及虚耗成本。[①] 早在 1919 年 3 月孙中山将《实业计划》的副本送交美国商业部与英国内阁后，结果就毫无音信。与美国相比，其他西方列强基于实际利益对考虑，对实业计划的态度同样冷淡，并不听信。

质言之，以孙中山当时远离政坛的身份，缺乏了掌握可以代表中国与外资签订合同的政治资本，欧美列强当然更愿意和掌控政局的北洋政府谈判，而绝不会问津他的计划。1921 年 10 月 10 日所写《自序》中，孙中山不得不感叹：

---

① ［美］保罗·S.芮恩施著，李抱宏等译：《一个美国外交官使华记》，商务印书馆 1982 年版。

大势所趋，无可如何，故虽有三数之明达政治家，欲赞成吾之计划，亦无从保留其战时之工业，以为中国效劳也。

从实而言，《实业计划》的一个根本性失误，就在于对引进国际资本的期望过高。资料披露，1918 年外资在中国各基础性经济部门中处于垄断性地位，占航运总量的 77%，煤炭开采业的 77%、铁矿石与生铁生产的 100%。更致命的是，列强对金融产业的掌握促使本地工业迟迟不能得到所需的资本。1918 年在华外资银行达到 20 家，对于货币统一、金本位的采用以及中国企业对资本的募集，都起了相当大的阻碍作用，它们垄断着外汇业务，进口货价的支付等业务。[①] 通过不平等条约特权从中国获取更多的利益，正是西方列强对华投资的用意所在，指望于依赖国际援助实现中国现代化的经济腾飞，不过是孙中山的一厢情愿罢了。

学者结合孙中山关于武汉近代化建设蓝图，认为《实业计划》在其生前未能实现的原因，并非由于缺乏可行的基础，只是该计划作为一个庞大的系统工程，既需要有一个权力相对集中，具有相当权威，得到人民支持，能使政局长期稳定的政府来逐步实施，又需要国际财团投入巨额资金的合作，而这两个条件在 20 世纪 20 年代均尚不具备。[②] 作为一个数亿人口的大国，孙中山不立足于自力更生的基点，而把开发实业计划建立在利用外资的基础上，无异于饮

---

① ［美］德怀特·珀金斯：《20 世纪中国经济增长与结构变化》，转引自《孙中山〈建国方略〉描绘中国现代化第一份蓝图》，《三联生活周刊》2009 年第 36 期。

② 严昌洪：《梦想，还是理想？——从孙中山关于武汉近代化建设蓝图看〈实业计划〉的可行性》，《近代史研究》1997 年第 2 期。

鸩止渴，与虎谋皮的幻想。在此情况下，借助外援启动建设蓝图的设想，无可置疑地破灭了。

第三，从思想层面上来看。

社会心态是处在不断演进中的社会精神状态，因其表现出的变动不居和现实可感，常常成为社会变迁的晴雨表和风向标。辛亥革命缔造共和政体的社会变迁，无疑引起了社会心理的嬗变，导致人们的精神震荡和心理失衡。时人感喟："中国由专制制度而改为共和国体，在名义上已全属新换旗帜，而事实上试问政治现象，与从前能差几何耶？不能以架中华民国之招牌，即可谓之共和。"[1]身在新旧社会转型的过渡时代，面对虚有其表的民国形象，理想与现实之间的鲜明落差，难免让人产生新一轮的迷茫和失落。

当时，孙中山就敏感到民众蔓延着一股"怕"字当头的悲观心理。他在 1912 年 10 月 12 日面向上海报界的演说中分析：[2]

> 此悲观之由来，则因恐怖而起。以为民国今日外患之日逼，财政之艰困，各省秩序之不恢复，在在陷民国于极危险地位，觉大祸之将至，瓜分之不免。此悲观心理，遂酿成全国悲惨之气象。

为此，孙中山以"革命发难，民国成立"之事为佐证，寄望报界"先祛此足以致亡之悲观，然后始足及于全国之人心"。以期唤

---

[1] 《工商会议开会来宾梁启超君演说》，《中国商会联合会会报》第 1 年第 1 号，转引自朱英：《民初孙中山发展实业的思想及活动》，《江苏社会科学》2001 年第 5 期。

[2] 《在上海报界公会欢迎会的演说》，《孙中山全集》第二卷，第 495 页。

起国民勇猛真诚之心志，开创民国建设新气象。

论者进一步明示，孙中山谋求庞大的铁路修建计划，除了对错杂的时局认识偏差之外，还有一个不能忽视的原因："即革命党人原来对人民的许诺太多、太高，因而人民对共和的要求也就太急与太不切实际，并且容易由于失望而厌弃共和。"[1]确切地说，建设心情如此之急迫之渴望，也是孙中山为了鼓舞民心，激励士气，怀抱"只争朝夕"的历史紧迫感使然。

但是，孙中山未免太过盲目乐观。

表面看去，《实业计划》甫一见世，确实引来了国内外一片赞誉："经已登载各报、各杂志流传于中国者不止一次，几于无处无人不欢迎之，并未闻有发言不赞成之者。"（《全集》第六卷，第395 页）但用胡适的话说：孙中山"以三十年的学问，三十年的观察"作成种种建设的计划，"客气的人说他是'理想家'，不客气的人嘲笑他是'孙大炮'，"[2]事实上还是招来了不少人的批评意见。

"孙大炮"一说，与孙中山民初提出的铁路计划不无关系。1912 年 6 月他就构想了建设三条横贯全国的铁路干线，南路由广州经广西、贵州、云南、四川进入西藏，绕到天山之南；中路由上海经江苏、安徽、河南、陕西、甘肃、新疆到伊犁；北路由秦皇岛绕辽东折入蒙古，直穿外蒙古到达乌梁海。[3]"余现拟进行之计划，规定于今后十年之内，敷设二十万里之铁路，此成诚巨大之企图，

---

[1] 《辛亥革命与"只争朝夕"》，章开沅：《辛亥学脉世代绵延：章开沅自选集》，中国社会科学出版社 2011 年版，第 89 页。

[2] 胡适：《知难，行亦不易》，《胡适全集》（21 卷），第 380 页。

[3] 《在上海与〈民立报〉记者的谈话》，《孙中山全集》第二卷，第 384 页。

但余敢申言其必能实现也。"①立志10年内修建20万里铁路的计划，源自于孙中山参考了美国铁路的发展史，1880—1890年间，美国铁路干线增加到26.8万公里，年均建设1.18万公里，高速发展的铁路运输为美国经济提供了强大的推动力。孙中山由此确信："如美国现有铁道二十余万里，合诸中华里数，则有七十万里，乃成全球最富之国。中华之地五倍于美，苟能造铁道三百五十万里，即可成全球第一之强国。"②

也正是这一铁路建设蓝图，革命党内部不少人颇不以为然，认为他好发不切实际的理想，遂以"孙大炮"的诨号来讥笑他夸夸其谈。鉴于此，孙中山写作《实业计划》之前，担心人们仍将这一计划看作不能实行的空谈，为此先成《孙文学说》，以"知之则必能行之，知之则更易行之"的观点给予回应。在他看来，当前中国建设事业缺少的不是实行家，而是能通盘筹算的理想家、计划家，当今科学昌明之世，"凡造作事物者，必先求知而后乃敢从事于行"，只有这样做去，才能避免因错误而费时失事，才能收事半功倍之效，他坚信："凡能从知识而构成意象，从意象而生出条理，本条理而筹备计划，按计划而用之，则无论其事物如何精妙，工程如何浩大，无不指日可以乐成者也。"③继而断论：

吾心信其可行，则移山填海之难，终有成功之日；吾心其不可行，则反掌折枝之易，亦无收效之期也，心之为

---

① 《中国之铁路计划与民生主义》，《孙中山全集》第二卷，第490页。
② 《在上海中华民国铁道协会欢迎会的演说》，《孙中山全集》第二卷，第391页。
③ 《建国方略》之一，《孙文学说——行易知难（心理建设）》，《孙中山全集》第六卷，第204页。

用大矣哉！夫心也者，万事之本源也。①

来自孙中山不无自信的鼓动宣传，胡适就不无默然心会的赞许和敬意：

> 中山先生是一个实行家，凡是真实行家都有远见的计划，分开进行的程序，然后一步一步的做去。没有计划的政客，混了一天算一天，嘴里说"专尚实际，不务空谈"，其实算不得实行家，只可说是胡混。中山先生一生所受的最大冤枉，就是人都说他是"理想家"，不是实行家。其实没有理想计划的人决不能做真正实行家。我所以称中山先生做实行家，正因为他有胆子敢定一种理想最大的建国方略。

在胡适眼里，大多数"胡混"的政客一听说十年、二十年的计划，就以"不尚空谈"为名，蒙着耳朵逃走。所以他一针见血地指出：孙中山一生就吃了这个亏，"不是吃他的理想的亏，是吃大家把他的理想，认作空谈的亏，他的革命方略，大半不曾实行，全是为了这个缘故"。②

质言之，与同时代人相比，孙中山既首创又超前的宏大交通建设计划，实行的条件确实一时并不具备。"除了革命，他从来没有在中国内地办过任何事业、企业，因此不理解中国的事情是何等难

---

① 《建国方略》之一，《孙文学说——行易知难（心理建设）》，《孙中山全集》第六卷，第158—159页。

② 胡适：《孙文学说》，《胡适全集》（21卷），第188—189页。

办。"①当时，这一计划难以赢得社会各阶层的广泛理解和认可，参与建设的积极性也就无从谈起。

可见，在当时政治、经济和社会条件下，孙中山呼吁发展实业是民国肇建后的当务之急，其志可佩可嘉，但根本不可能付诸实现。

最后，从技术层面来看。

孙中山无疑是个理想型而非行动型的政治家，未必善于从事过于实际的工作。《实业计划》作为建设新中国的战略性文本，在技术上存在的一些问题既显而易见，也情有可原。

这里有一个细节需要辨正。1912 年 9 月，端纳作为随行记者陪同孙中山考察北方铁路。据他见证，当时孙中山一边拿一撮棉花蘸上清水，把地图上的曲线抹掉，再在原处画上一条直线：

> 这位身材不高的铁路建筑师每天上午坐在地图前，画了又改，改了又画，一连搞了几天。他沉浸在那种令人怦然心动、热血沸腾的梦想之中，最后，所有省会之间都由干线联接在一起，县城则由较小的线路连结。此外还有四通八达的支线，宛如榕树的枝叉一样。这是一件令人叹为观止的杰作。②

端纳回忆，孙中山曾在地图上画了一条铁路线，从四川向西，绕过喜马拉雅山北边，通向西藏西部境界，转北穿过甘肃，最后进入中国内地。但该线路所经之处，悬崖、河谷、高山冰川、森林、

------

① 《辛亥革命与"只争朝夕"》，章开沅：《辛亥学脉世代绵延：章开沅自选集》，第 96 页。

② 符致兴编译：《端纳与民国政坛秘闻》，湖南出版社 1991 年版，第 133—137 页。

沙漠、江河和湖泊比比皆是，但这些复杂的地理障碍都被他忽略了。上引端纳致莫理循信函，也说孙中山的线路安排完全凭臆想，根本不考虑现实的地理地势：

> 这幅地图大约有六英尺见方，……这是一张包括西藏、蒙古和中国最西部边界的地图。孙手持毛笔和一块墨，不时随心所欲地在各省和各个属地的位置划满了许多线路。他用双线表示沿着海岸线从上海到广州的铁路干线，又从那里穿过崇山峻岭通往拉萨，再向西绕来绕去伸到西部边界进入新疆，再穿出去到达蒙古。他的另一条干线是从上海到四川再到拉萨。他还有一条铁路是沿着戈壁沙漠的边缘进入蒙古，其他几条线路是通向北方、西北和东北的，各省都有很多支线。

当此情形，端纳以为孙中山就是个"丝毫不讲实际、缺乏普通常识"的设计师，描绘的地图"只不过是一幅怪诞的中国之谜"。仅凭端纳的直观感觉，此话分明太过苛责。

实际上，孙中山在这些规划和绘图中体现的态度认真而严谨，他在自序中反复申明计划的粗疏，不足为具体之依据，只有经过专业人士"弥缝补苴"的科学调研、测量、预算等后续工作，才能从事，不能盲目执行。如果对照文本附录的十多幅绘制地图，显然只是他绘制的粗略示意图，远不是精确的线路施工图，梳理铁路计划所及沿线地名，虽然异常繁复，却亦大体不爽，绝非胡思乱想的拼图游戏。

不过，要说文本在技术上难免的缺陷，主要表现：一是计划缺乏可操作性，在对一系列大工程的实施难度和实际利用价值，未能加以可行性论证，如计划 10 年内完成的铁路建设、50 年内改造的居室建筑，还有公路、商港以及采矿业、冶金业、机械业、民生工业等宏大项目建设，其中所涉资金设备、工程建材、施工力量以及组织管理人才等，显得非常笼统，缺少实现战略目标应有的阶段性步骤，缺乏分时段的具体实施方案。难怪在"北方大港"中，孙中山就特别注明："至于海港都市，两者之工程预算，当有待于专门技士之测勘，而后详细计划可定。"在附图说明中还说："自第一计划寄到北京公使馆之后，美使芮恩诗博士即派专门技师，往作者所指定之北方大港地点实行测量，果发现此地确为直隶沿海最适宜于建筑一世界港之地，唯其不同之点，只有港口当位于西边耳。因作者当时无精确之图也。读者一观此两详细图，便可一目了然矣。"二是计划实施手段上的主观随意性。如整理海港、江河、水道，多采用江河口水下筑堤之法、整治长江、珠江水系，采用大批填平湖泊、截断支流、拉直河身等办法；如在对南京的发展定位中，提出削去下关即挖掉下以拓宽长江航道，带有不少过分浪漫的成分。这些设想中的随意性和非科学成分，与缺乏充分可靠的地理信息、基础资料，以及采取按土地面积与人口确定应建铁路里程的简单算式不无关联。

综上所述，由于孙中山对当时国内外形势的判断多有失误之处，诸如对民主共和政体一度盲目乐观，对错综复杂的政治演变估计不足，对战后西方列强内部矛盾及其对华态度同样缺乏本质的把握，因此寄希望于大规模引进外资振兴中国实业的建设计划只能落空。此外，计划本身过于庞大，缺乏现实估计，缺乏切实可行的具体措施与切实安排。但追根究底，"如果说民初孙中山将实业发展列为首位的抉择存在缺陷的话，主要是选择的时机不成熟，而不是这一抉择本身有什么错误"。① 一言以蔽之，政府无心，国家无力，民众无意，《实业计划》的悲剧就在于它的生不逢时。②

平心而论，《实业计划》显然不是、也不可能是尽美尽善的经济发展方案，但围绕计划之是非、得失引发的争议，不仅在孙中山在世时就众说纷纭，即便身后也是褒贬不一。实业家张謇在 1925 年 3 月南通追悼孙中山大会上曾有感言：

> 若孙中山者，我总认为在历史上确有纪念之价值。其个人不贪财聚蓄，不自讳短处，亦确可以矜式人民。今中山死矣，其功其过，我国人以地方感受观念之别，大抵绝不能同。然能举非常大事人，苟非圣贤而贤哲为之左右，必有功过互见之处。鄙人愿我国人以公平之心理、远大之眼光对孙中山，勿爱其长而护其短，勿恨其过而没其功，为天下惜人才，为万世存正论！③

知人论世，诚哉斯言！其实人非完人，孙中山自不例外，终身为理想而跋涉的思想个性中，既有优点也有缺陷，这才是一个真实的历史形象，后人不必因此而苛求于前人。

今天，孙中山百年前思考的问题、探索的思路，以及追求中国现代化的种种实践，无论经验还是教训，都是一笔珍贵的历史遗产，理应成为后来者反思历史的新起点。

---

① 朱英：《民初孙中山发展实业的思想及活动》，《江苏社会科学》2001 年第 5 期。
② 周海滨：《救国梦：孙中山和他的〈实业计划〉》，《中国经济周刊》2011 年第 39 期。
③ 张謇：《张謇全集》第 1 卷，江苏古籍出版社 1994 年版，第 606—607 页。

六、山重水复:《实业计划》的 艰难顿挫

中国人经受数世纪之压迫,现已醒觉,将起而随世界之进步,现已在行程中矣。

——孙中山

逝者长已矣,来者犹可追。先驱者未能及身而成的宏伟蓝图,虽然充满了理想主义的色彩,但它无疑为后来者的继续前行开辟了道路。

作为中国近代第一个比较全面、系统的经济现代化规划远景,《实业计划》的指导思想和具体内容,深刻影响了国民党政权乃至新中国成立后经济决策的思路和模式,尽管一路坎坷,有寒潮甚至逆流,但在波浪式的起伏中,中国的现代化历程努力完成着从黑影到光明、从苦难到喜悦的大跨越。

1925 年孙中山逝世，临终"遗嘱"第二段所列"务须依照"的著作，第一部就是辑有《实业计划》的《建国方略》。自 1927 年国民党执政后，"恭读总理遗嘱"列为各地集会、会议与典礼开始时的制式程序之一，影响普及全国，至 1940 年更是把孙中山尊为"国父"的崇高地位。作为"国父遗教"的《实业计划》，被国民政府标榜为经济建设的第一指导纲领，《实业计划》也被称为"中山实业计划""国父实业计划""总理实业计划"，成为民国史上举足轻重、无可替代的原典名著。

为激发国人继承孙中山的建国遗志，编辑出版的孙中山著作可谓从无间断。① 其中，有关《建国方略》《实业计划》的文本及

---

① 据学者统计，1926—1929 年间，仅上海、广州两地就出版孙中山的全集本 13 种：其中《中山全书》5 种、《中山丛书》4 种、《孙中山全集》及其"续集"各 1 种，《孙总理全集》1 种，《孙文全集》1 种。1924—1928 年间，全国各地还出版有孙中山选集、文集、遗教、演说集等选集本达 16 种以上，《三民主义》《建国方略》《五权宪法》等单行本著作则有 80 余种，另有孙中山手札、遗墨集 3 种。短短几年内，各种版本的孙中山著作先后出版近 120 种。30 年代出版有 30 多种，其中《总理全集》《中山全书》各 1 种，《中山全集》2 种，《中山丛书》2 种，孙中山选（文）集本 5 种，《总理遗墨》2 种，单行本著作达 23 种以上。40 年代出版 60 余种，其中有《总理遗教全集》《总理全集》《中山先生全集》等全集本 4 种，15 种选（文）集本，单行本著作 43 种以上。1940 年孙中山被尊为"国父"后，更有《国父遗教》《国父轶文集》及《国父全集》等面世。据不完全统计，在 1912—1949 年的 38 年中，国民党人编辑出版的孙中山各类著作有 242 种，其中最有代表性的是吴拯寰编《孙中山全集》4 册（三民公司 1929 年版）、胡汉民编《总理全集》5 册（上海民智书局 1930 年版）、甘乃光编《中山全集》2 册（上海良友图书印刷公司 1931 年版）、黄季陆主编《总理全集》3 册（成都近芬书店 1944 年版）。以上 4 种版本字数均超百万。参见周兴樑：《近百年研究孙中山的主体史料鸟瞰》，《世纪桥》2005 年第 7 期。

▲ 图28 民国时期出版的《建国方略》部分版

论著就很多。① 近年各地先后发现的《孙中山先生建国方略图》《孙总理实业计划图》，即是民国年间以《实业计划》为蓝本编制的专

---

① 笔者所知，《建国方略》单行本有上海民智书局 1927 年版、上海太平洋书店 1927 年版本，新时代教育社 1927 年初版本（短短一个月间印行六版）、南京共和书局 1929 年版、大东书局 1929 年版、商务印书馆 1930 年和 1941 年版、广智书店 1930 年版、各省世界书局 1937 年版、上海中华图书公司版等。《实业计划》单行本，有中山书店 1927 年初版本，列入《初中学生文库》的中华书局 1935 年版本、青年书店 1940 年版、列入《革命建国丛书》的真实出版社 1943 年版、大陆书局 1945 年版，以及作为中华文库《初中第一集》的中华书局 1947 年版等。研究著作有曹无逸：《实业计划问答》（大东书局 1930 年版）、陈遵楷：《实业计划水道要论》（史地小丛书，商务印书馆 1930 年初版、1933 年再版）、张人鉴：《开发西北实业计划》（北京震东印书馆 1934 年版）、夏开儒编：《实业计划铁路篇》（青年书店 1939 年版）、项衡方编纂：《总理实业计划表解分图》（改进出版社 1941 年版）、国父实业计划研究报告研究会编：《国父实业计划研究报告》（新新文记印刷公司 1943 年版）、蒋静一：《总理实业计划之研究》（国民图书出版社 1943 年版）、薛贻源：《实业计划与国防》（国民图书出版社 1946 年版）、徐安贞编：《实业计划之理论与实际》（生活书店 1937 年版）、苏易日编：《实业计划辑要》（商务印书馆刊本）、沈百先编：《实业计划之水利建设》，以及《实业计划提要——为总理逝世六周年纪念编》等。

六、山重水复：《实业计划》的艰难顿挫

▲ 图29　民国时期出版的《实业计划》部分版本

▲ 图30　薛贻源:《实业计划与国防》

题地图，借直观形象的地图展示，将孙中山的宏图大愿清晰地跃然纸上。

《孙中山先生建国方略图》，长51.6厘米、宽37.3厘米，正反面印刷，正面彩绘中国全图（疆域包括外蒙古），台湾因当时被日本侵占，与朝鲜一样被涂成了暗红色。左上角印有"孙中山先生建国方略图"，中间彩色主图以不同颜色和形状的线条，标出《实业计划》中的几大铁路系统，注明三大港口及其他港口位置；主图左右配6张附图，包括"建筑青河口为北方大港计划图""建筑乍浦为东方大港计划图""改良上海为东方大港计划图""改良广州河汊计划图""改良广州为南方大港计划图""整治扬子江水路计划图"；

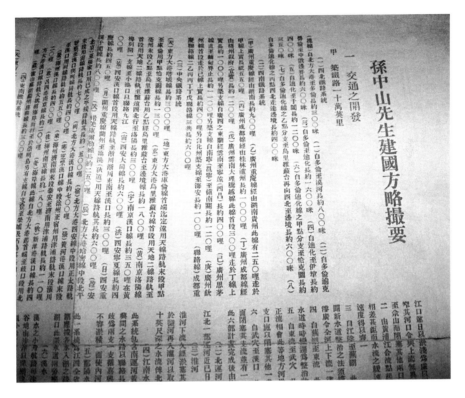

▲ 图31　《孙中山先生建国方略撮要》

图中还重点标注如长江三峡大坝、三条进藏铁路、北方植树造林和防风固沙等主要项目。地图背面是 1.5 万多字的《孙中山先生建国方略撮要》，以醒目红色宋体字印刷，分交通开发、商港开发、铁路建设、水力发展等十个部分。《撮要》结尾有绘制者屠思聪①的题识：

①　屠思聪（1894—1969），字哲生，浙江上虞人，中国近代舆地界的先驱。1920 年毕业于上海南洋中学，1922 年在上海创办世界舆地学社，1929 年赴日考察，引进日本先进印刷设备，建立地图印刷厂。先后主编出版《中华最新形势图》《简要中华地理图说》《简要世界地理图说》《现代本国地图》《新世界地图》等。新中国成立后筹建地图联合出版社，任副社长、副总编辑等职。

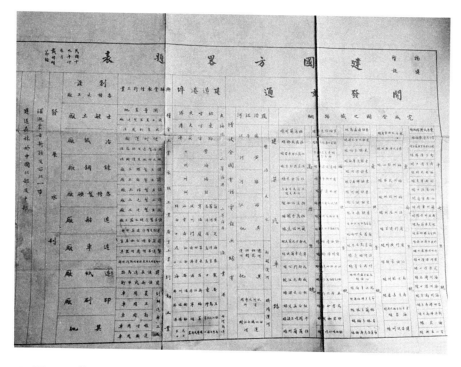

▲ 图32 《物质建设建国方略题表》

　　爰撮其大要，编为是图。俾国民览之，如下一兴奋剂，共同努力，于最短期间促其实现，使全国实业由此发达，国民生计由此充裕，国家基础由此稳固，则先生未竟之志得以完成，将长含笑于地下，而区区编图之意，亦不虚矣！

　　据考证，该图1929年由上海世界舆地学社出版印制3000份单行本发行之外，还有《中华最新形势图》附贴本。①

　　1930年版的《孙总理实业计划图》，大小与前图相仿，正面

---

① 鲍国强：《〈孙中山先生建国方略图〉版本解析》，《地图》2006年第5期。

彩绘中国全图，附图8幅，增添了"建筑青河口为北方大港计划图""建筑青河口为北方大港计划图二"。背面一张《物质建设建国方略题表》，含开发交通、建造港埠、兴办衣食住行工业、创设各种大工厂、发展水利、建造森林、移民垦荒等专题。此图由东方舆地学社发行，附在当时中等学校使用的《最新中华形势一览图》课本后面，为便于学生理解，课本中还有"北方大港""青河口"等词条解释。

就调查研究层面来说，最显眼的是活跃于20世纪三四十年代的中国工程师学会，不失为践行《实业计划》的重要学术团体。

1931年5月，南京召开的"国民议会"通过了《实业计划实施程序案》。当年，国内一批科学家工程师自发组成"中国工程师学会"。① 学会内部组织各种专题委员会，"总理实业计划实施委员会"即为其中之一。机构内分13个组，集结了当时交通、水利、工业、矿业、兵工、垦殖等工程界一批年富力强的佼佼者，以《实业计划》相号召，以关系民生、国防等急要建设为研究总目标。他们计划先准备一个五年计划，在国内人才允许的范围内，订出一套切实可行的详细办法。但随着抗日战争的烽火燎原，原有建设计划被完全打乱。直到1940年，为了应对全民族抗战对实业的需求增加，中国工程师学会在成都年会上围绕如何实施孙中山《实业计划》展开专题讨论，确定具体执行办法，以《实业计划》为中心，"参照其他各先进国家之经济建设之方法与经验，并顾及现在环境之特征，拟具整个实业计划之细密计划，以全国人民集中努力之鹄

① 由1912年詹天佑创立的"中华工程师学会"和1918年留美工程师创立的"中国工程师会"合并而成，当年会员共2169人。

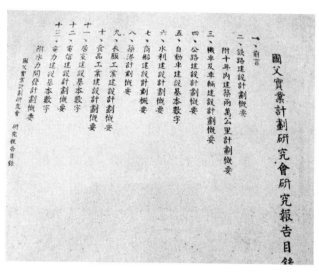

一、前言
二、铁路建设计划慨要
　附十年内建筑两万公里计划慨要
三、机车及车辆建设计划慨要
四、公路建设计划慨要
五、自动车建设计划基本数字
六、水利建设计划慨要
七、商港建设计划慨要
八、浮港计划慨要
九、长江工程建设计划慨要
十、食品工业建设计划慨要
十一、居家建设基本数字
十二、电信建设计划慨要
十三、动力开发计划慨要
　　附水力开发基本数字
　　编父实业计划研究会
　　　　研究报告目録

▲ 图 33　《国父实业计划研究报告》

的而为建国之张本"。[1] 会后成立了由陈立夫任会长的"国父实业计划研究会"，十几个工程专门学会的正、副会长皆为委员，另外邀请有关专家分别组成十几个专门小组。自 1941 年 3 月研究会开始工作，由各工程学会出 50 人，以及工程专家 86 人、农林专家 24 人、职员 15 人组成，分成 55 个项目加以研究。经一年半时间形成的研究报告，计划从 17 个方面提出 10 年至 20 年内所应达到的目标，例如 10 年内应建铁路 2 万公里、炼铁 900 万吨、产煤 50 万千吨、机床 15 万部、飞机 1.2 万架、培养人才 250 万人等。至 1943 年，这份报告在内部印发。此后，因国民党政府发动全面内战，直至败退台湾，计划无从实施。

不过，以抗战时期为例，中国工程师学会每年以经济建设或国防建设为中心议题召集会议，做出方案，作为有关部门制订建设计划的参考。除 1940 年成都年会重点研究《实业计划》之外，1938 年

---

[1]　钟少华：《三十至四十年代对"孙中山实业计划"的专题研究》，《北京社会科学》1986 年第 4 期。

在重庆召开的临时大会提出了加强重工业和交通事业的意见，1939年在昆明讨论了计划经济和促进工业化的问题，1941年贵阳年会探讨了中国三年建设计划和贵州建设问题，1942年兰州年会集中讨论了西北建设问题，1943年广西年会研究广西建设问题，1945年重庆年会则集中讨论了战时生产和战后交通问题。所有这些议题，莫不以孙中山的实业思想为指导，关注贯彻《实业计划》的建设推进情况。中国工程师

▲ 图34　中国工程师学会编《三十年来之中国工程》

学会成了抗战时期最为活跃的科技社团，为中国的实业开发做了大量工作，为推动大后方经济建设发挥了重要作用。1946年学会出版《三十年来之中国工程》，分工程、事业、行政、技术四编，收集茅以升、赵祖康、顾毓琇、刘仙洲、吴承洛、陈立夫等论文70篇，数百万言，见证了民国30年来国内工程界励志图强、精勤创业的生动情景。有学者就此肯定："三十至四十年代的一批工程师接过孙中山先生的接力棒，又往前奔跑了一段路程。这样连续的接力，在中国近代历史上亦是罕见的。"①

　　具体到实际的计划操作层面。

　　已有学界研究成果表明，从1927年南京国民政府成立至1937

---

① 钟少华：《三十至四十年代对"孙中山实业计划"的专题研究》，《北京社会科学》1986年第4期。

年全面抗战爆发前的十年，是中国近代经济发展的重要阶段。在内忧外患的困境面前，国民政府初步整合国力，着手遵循孙中山手定的《实业计划》，开展铁路建设、江河治理、城市规划等工作，经济发展态势良好，具体表现在：

工矿企业方面。1935年，遵循孙中山发达国家资本的主张，同时为应对日本的侵略威胁，政府主导兴起"工业建设"运动，以资源委员会、建设委员会、实业部等组织建设了一批厂矿企业，主要集中于重工业和有色金属部门，如中央钢铁厂、茶陵铁矿、江西钨铁厂、彭县铜矿、阳新大冶铜矿、中央机器制造厂、中央电工器材厂、中央无线电制造厂等大型企业。到1937年，仅建设委员会就下辖5个大厂矿企业。民营资本企业也有快速发展，到1936年，国家资本在工矿业中占15%，民营约占85%。1927年全国民营纱厂73家，1931年为84家，1937年超过100家，形成了以上海为中心的棉纺织业。10年间，全国工业总产值以年均8.4%的速度递增，1936年达122.74亿元，比1927年增加83.2%。[①] 其中，电力工业年平均增长9.4%，煤炭工业为7%，水泥工业为9.6%，钢铁工业为40%。电器用具、电机、染料、酒精、酸碱等新兴工业的产生，又促进了工业部门结构调整，中国开始进入工业化的起端。至1945年年底，资源委员会所属电力、煤炭、石油、有色金属、钢铁、机械、电工器材、化工、特种矿产品等厂矿已达119家（不包括战时停工及被日军占领的厂矿），生产总量几乎占了后方的全部或大部，

---

① 张岂之主编：《中国历史》（晚清民国卷），高等教育出版社2002年版，第285—287页。另参阅宗玉梅：《1927—1937年南京国民政府的经济建设述评》，《民国档案》1992年第1期。

由此奠定了国营工业发展的基础，也提升了中国的抗战实力。①

交通运输方面。1928年3月，国民党"三大"通过议案，"以交通之开发为首要"，决定在五年之内用国家总收

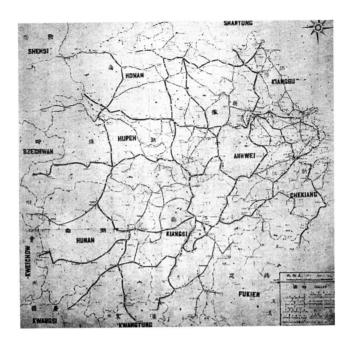

▲ 图35　国民政府"七省联络公路"示意图

入的四分之一兴筑铁路。1931年5月通过《实业建设程序案》，将铁路建设列为政府今后六年内首项建设工程。至1935年下半年，全国共建铁路1763公里，1936年后的一年半时间里共建铁路2030公里，中国除东北外的铁路里数达到了11700公里。这一时期修筑的线路主要有浙赣线、同蒲线、粤汉线株洲至韶关段、陇海线灵宝至宝鸡段、杭州至江山线、淮南线、江南、苏嘉等。新建铁路多集中在长江流域，改变了以往过分集中江北的布局，此外还修建了南京轮渡、钱塘江大桥。据统计，1936年5月，全国共有机车1116辆，货车14580辆，客车2090辆。至1937年5月，机车、货车和客车

六、山重水复：《实业计划》的艰难顿挫

———————————

① 王卫星：《孙中山的工业化构想与国民党工业发展政策》，《南京社会科学》2011年第11期。

分别增加了 156 辆、1762 辆、326 辆。① 抗战期间，主要修筑了湘黔、湘桂、滇缅、川滇、黔桂各线以及陇海线宝鸡至天水段、天水至兰州段等；抗战胜利后仅对旧有线路作某些添建。前后三个时期，总计修建铁路共 6300 多公里。以公路为例，1936 年年底，各省联络公路已完成 2.1 万多公里，闽、粤、桂、鲁、川、滇、黔等省修筑联络公路 6000 余公里。1937 年 7 月，连接各省的公路网已基本形成，计有干线 21 条、支线 15 条，总里程达 10.95 万公里，当年共有公路营业客车 1 万辆、货车 1.3 万辆。

水利建设方面，成效最显著的是导淮工程。孙中山把修浚淮河提到"今日刻不容缓"的高度，肯定了江海分疏的原则，这一构想

▲ 图 36　国民政府导淮委员会办公原址，今南京新模范马路 36 号

---

① 邱松庆：《南京国民政府初建时期的铁路建设述评》，《中国社会经济史研究》2000 年第 4 期。

推动了国民政府把导淮工程视为全国水利建设的首位，1928 年整理导淮图案委员会设立，完成《导淮图案报告》；1929 年成立导淮委员会，1931 年参酌中外专家的调查结果，结合以往治淮经验，拟定了以防洪为中心、兼及航运、灌溉的《导淮计划书》，决定江海分疏，整理入江水道的同时，开辟入海水道，并利用洪泽湖拦洪蓄水。抗战爆发前，导淮初步工程基本完成，取得一定的成效，也奠定了以后治理淮河的整体框架。

▲ 图 37 《导淮工程计划》

再以三峡工程为例。1930 年年初，工商部为在长江上游筹设水电厂，着手收集有关资料图表。1932 年建设委员会派人在三峡勘察和测量，编写了《扬子江上游水力发电测勘报告》，计划在西陵峡内黄陵庙、葛洲坝修建两座水电站，总预算 1.665 亿美元，这是我国专为开发三峡水力资源进行的第一次勘测和设计工作。此后一拖十几年，至 1944 年美国垦务局设计总工程师萨凡奇（John Lucian Savage）应邀实地勘察，完成了三万多字的《扬子江三峡计划初步报告》（即著名的"萨凡奇计划"），报告建议在南津关至石牌之间选定坝址、修建电站，电站设计坝高 225 米，总装机容量 1056 万千瓦，兼及防洪、航运、灌溉之利。1945 年，资源委员会成立了三峡水力发电计划技术研究委员会、全国水力发电工程总处及三峡勘测处，负责坝区的测量钻探工作。1946 年与美国垦务局

▲ 图 38—1　萨凡奇

▲ 图 38—2　萨凡奇（戴帽者）乘坐舢板考察长江三峡

签订合约，美方代为设计三峡大坝，中国派遣技术人员赴美参与工作。有关部门初步进行了坝址及库区测量、地质调查与钻探、经济调查、规划及设计工作等，先后编写了《长江三峡水库勘察报告》《三峡水库经济调查报告》和《宜昌峡的地质报告》。1947 年 9 月，国民政府行政院新闻局编纂《长江三峡水利工程计划》，全面介绍了当时对长江三峡水利开发的研究和进展情况。[1] 但好景不长，内

---

① 《长江三峡水利工程计划》，总 36 页，近万字，其中前 10 页有手绘三峡全景图、轮船通过三峡大坝船闸效果图、发电设备剖面图等 8 张图片资料，清晰勾勒了当时拟定的 4 个三峡电站坝址及水坝建成后的效果图等。全书分四部分：一、前言，包括计划缘起、萨凡奇博士的报告及筹备情况；二、工作的开展，包括地质调查及钻探、坝址水库测量、经济调查、水文资料、综合研究与规划设计等；三、工程完成后预期的收获，包括工业、农业、航运、节省煤耗及其他方面；四、结论。书末附录张光斗撰《扬子江三峡水力发电计划筹备经过》。全文结尾断言："三峡工程关系整个国家经济，其利益之大，非任何其他事业可以比拟。但因其规模太大，需要经费亦巨，更需要全国人民节衣缩食，集中力量，用血汗来完成这个伟大的工程。"

战全面爆发后，濒临崩溃的国民政府中止了计划的实施。

商港建设方面。兹以上海为例，《实业计划》提出"上海现在虽已成为全中国最大之商港，而苟长此不变，则无以适合于将来为世界商港之需用与要求"，主张上海建设世界商港的设想。1929 年的《上海新商港区域计划书》规定，新商港范围东沿黄浦江、南界鹅馋浦、西界中山北路，北界蕰藻浜，在此区域内开挖船坞、仓库，并修筑相应交通设施。20 世纪 20 年代后期，上海港开始跻身世界大港前列。从 1928 年各港口注册的进口净吨位来看，上海港口名列世界第 14 位，三年后跃居第 7 位。港口货物吞吐量也在逐年上升，1931 年达 1265.8 万吨，加上内河轮船的吞吐量，达到 1400 万吨。1925—1933 年，经上海港完成外贸进出口货值平均占全国港口的 55%，国内贸易货值平均占全国港口的 38%。到 1936 年，全国拥有 500 总吨以上的航运企业共 99 家、船 404 艘，其中总部设在上海的有 58 家、船 252 艘；以上海港为始发港或中继港的航线总计在 100 条以上，上海港已发展成为国际贸易大港。[①]此后八年抗战和国共内战，上海港由鼎盛趋向衰落。

▲ 图 38—3 萨凡奇三峡工程计划效果图

① 茅伯科主编：《上海港史：古、近代部分》，人民交通出版社 1990 年版；参见倪红、戴志强编撰：《民国时期上海港建设档案介绍》，上海档案信息网资料。

▲ 图39 《长江三峡水利工程计划》

城市建设方面。1926 年由孙科主持颁布实行的《广州市暂行条例》，标志了现代意义上的中国城市改革拉开了序幕；1928 年 7 月国民政府将城市正式纳入国家行政序列，由此掀起了一场推动城市现代化的"市政改革"运动，传统城市的功能单一性、政治地位的从属性以及与乡村的同一性状态开始改变。在此期间，不少城市遵循孙中山遗愿，开启了市政建设科学规划与实施的新时代。

1929 年 7 月，上海特别市政府通过《大上海计划》（又称新上海计划）。计划以今江湾五角场为市中心区域，使用功能划分为行政区、工业区、商业区、商港区和住宅区；工程于 1930 年上半年开始建造，以五角场为中心形成密如蛛网的干支道路系统，构成既相分割又互为联系的街区；以新市政府大厦为中心，完成了运动场、图书馆、博物馆、市医院、卫生试验所、国立音专、广播电台、中国航空协会等工程设施，短短几年就形成了一个与租界区相抗衡的新市中心。至 1937 年 8 月淞沪会战爆发，实施计划被迫中止。再如国民政府首都南京，1929 年公布了由孙中山之子孙科牵头完成的《首都计划》，包括人口预测、首都界线、建筑形式、道路系统规划、浦口计划等 28 项，规划延续了孙中山的现代化思想。至 1937 年抗战全面爆发，《首都计划》工程未能全部实施，但其现代化的城市设计理念，改变了当时南京破烂不堪的外貌，奠定了现代南京的城市格局、功能分区以及一批公共建筑。①1927 年 1 月，武汉国民政府通过《计划武汉三镇市政报告》，将武昌、汉口、汉阳三镇合一建市，包括武昌城墙的拆除及新武昌的规划、汉口后城马路的全面翻修，以及从汉口到武昌、武昌到汉阳轮渡的开通等一系列举措，标志着武汉市政建设迈开了全新的步伐，奠定了后来武汉城市现代化建设的历史格局。《实业计划》对城市建设的憧憬，同样在广州得以实践。1923 年起三任广州市长的林云陔是《实业计划》的译者，1929 年草拟《广州市政府施政计划书》，秉承了孙中山"花园都市"的理念，重申"最新之城市设计，以'田园都市'为最优良"，规划了工业区、商业区、住宅区的未来分布，通过引进外资架设海珠大铁桥、安装自动电话、改良自来水和电灯、扩展马路、修浚下水道、增设中山图书馆、建造东山模范住宅区等项目，广州市政建设取得显著成效。

从上海、南京、广州和武汉等城市的空间布局、道路系统、文化设施等建构不难看到，《实业计划》的建设规划无疑成了行动纲领。

学者分析 20 世纪 30 年代中国工业产值发展趋势后指出，与其他现代化国家在 1929 年世界经济危机遭遇的大萧条相比，中国工农业产值在 1936 年达到了近代历史上的最好水平。②1931—1936 年间，中国工业成长率平均高达 9.3%，社会经济呈现快速上升趋势，创下民国以来第一次经济奇迹。至于一整套现代国家制度的构建，几乎涵盖了政治、文化、军事、经济、金融等各方面，更为中国形成现代社会的肌体奠定了基础，西方学界因此称之为国民政府

六、山重水复：《实业计划》的艰难顿挫

---

① 董佳：《国民政府时期的南京〈首都计划〉——一个民国首都的规划与政治》，《城市规划》2012 年第 8 期。

② 徐新吾、黄汉民主编：《上海近代工业史》，上海社会科学院出版社 1998 年版。

时期的"黄金十年"。① 可以论定："《实业计划》的问世，既是流行20年的'实业救国'口号合乎历史和逻辑的必然终结，又为这个口号的信奉者指示了一个理想之境。不必讳言，20年代中期国民党政权建立以后，这个计划同这个口号一起对中国的经济发展产生了不可忽视的促进作用。"②

抗战爆发后，国民政府把发展后方工业放在战略位置，将沿海地区的大量工矿企业和技术人员转移后方，加快后方工业的发展步伐。兴办工业企业种类从钢铁、机械、有色金属冶炼扩大到化工、电子等方面，很快形成了重庆、川中、广元、昆明、贵阳等11个工业区，改变了战前工业地区分布不平衡、轻重工业结构不合理的状况；同时催生了钢铁制造、特殊合金钢制造、电解铜、精密机床制造等一批新兴工业，推动了中国工业现代化的进程。此间积极推进西北开发计划，在西北交通、水利、农产、工业方面取得不少成就，对支持长期抗战起了巨大作用，也基本改变了西北地区极其落后的面貌。

对新生的南京国民政府而言，由军政转入训政，国家各项事业看似步入了正轨，着手做的就是振兴实业，发展经济，改善民生，充实国防。这一切，也让人们依稀看到了希望。1929年署名"醉梦人"所写《十问未来之中国》一文，曾经真切摄录了当年社会民众对于中国未来的憧憬。

---

① "黄金十年"一说，最早见于1951年9月19日魏德迈（Albert C. Wedemeyer）在美国国会的演讲："1927年至1937年之间，是许多在华很久的英美和各国侨民所公认的黄金十年（Golden Decade）。在这十年之中，交通进步了，经济稳定了，学校林立，教育推广，而其他方面，也多有进步的建制。"《中华民国历史与文化讨论集》第1册，台北：近代中国出版社1984年版，第367页。
② 唐文权：《党醒与迷误》，上海人民出版社1993年版，第160页。

这一年距孙中山《实业计划》的大预言已十年。当年5月4日，正值五四运动10周年纪念，上海《生活周刊》[①]刊发以《未来之中国》为题的号外，其中一篇题为《十问未来之中国》的文章，就未来中国提出了10个尖锐的问题，涉及政治、经济、军事、文化等各方面内容，包括：

1.吾国之军权何时归一，分散之军阀何时湮灭？ 2.军人治政之权何时尽除，吾国之行政权何时统于中央？ 3.三十四国治外法权何时可废，吾国之司法何时自主？ 4.由北洋至宁府，元首概为军界强人，吾国何时诞生文人执政？ 5.吾国何时举行真正之代议选举，何时举行真正之国民普选？ 6.吾国何时可稻产自丰、谷产自足，不忧饥馑？ 7.吾国何时可自产水笔、灯罩、自行表、人工车等物什，供国人生存之需？ 8.吾国何时可产巨量之钢铁、枪炮、舰船，供给吾国之边防军？ 9.吾国何时可行义务之初级教育、兴十万之中级学堂、育百万之高级学子？ 10.吾国何时可参与寰宇诸强国之角逐，拓势力于境外、通贸易以取利、输文明而和外人？

在一连串满腹辛酸的叩问之后，作者最后无奈地表示："吾举十问，实不知其答案。私以为，能实现十之五六者，则国家幸甚，国人幸甚！"据编辑统计，在收到的4000多封读者回信中，对此"十问"持乐观态度者占15%，持悲观态度者占35%；其他读者态度无明显倾向。[②]《生活周刊》主要以青年大众为读者群。借纪

① 《生活》周刊，1925年10月由黄炎培创办于上海，初为中华职业教育社的机关刊物，以推广职业教育为主要内容。1926年邹韬奋接任主编后，逐渐演变为以反映和探讨时事政治、面向青年大众的综合性杂志，声誉日隆。"九一八"事变后成为宣传抗日救亡的重要舆论基地，1933年12月被国民党政府以"言论反动、思想过激、毁谤党国"的罪名查封。
② 塔夫：《1929的"中国梦"》，《小康·财智》2013年第10期。

念"五四"表达的此番现实期待，也预示了国人对未来中国前途的悲情与渺茫。各派旧军阀倒了，各路新军阀来了，国民政府名义上统一了中国，但连年混战、权争利斗的结果，希望又何在呢？难怪1933年就有明眼人直言当时的国内现状：好比在狂风暴雨里一个"挡不得风，遮不得雨"的"破帐篷"，"国家还不成个国家，政府还不成个政府"。①

不得不看到，由于国民政府建立非民主化的国家政治制度和一党专政的官僚化政体，面临的内外环境都以武力对抗为基本特征，经济建设更多出于政治和军事的考虑。尽管在发展工业方面制定过许多计划，如建设部的"十年实业计划"、实业部的"实业四年计划"，全国经济委员会的"三年发展规划"等，但大多几议几废，成了纸上谈兵。②加之遭遇抗日战争的艰难处境，经济发展受到空前的劫难。连绵不断的内战，又无情地吞噬着建设成果，也最终瓦解了国民党在大陆的统治。

---

① 胡适：《建国问题引论》，《独立评论》第 77 号，1933 年 11 月 19 日，《胡适全集》（21 卷），第 655 页。

② 戚如高、周媛：《资源委员会的〈三年计划〉及其实施》，《民国档案》1996 年第 2 期。

七、春潮激荡:《实业计划》的梦想超越

一旦我们革新中国的伟大目标得以完成,不但在我们的美丽的国家将会出现新纪元的曙光,整个人类也将得以共享更为光明的前景。普遍和平必将随中国的新生接踵而至,一个从来也梦想不到的宏伟场所,将要向文明世界的社会经济活动而敞开。

——孙中山

山重水复,峰回路转。1949 年中华人民共和国的宣告成立,开辟了历史的新纪元。

溯自 1921 年诞生的中国共产党,历经 28 年腥风血雨的奋斗,结束了中国一百多年来被侵略被奴役的屈辱,真正成为独立自主的国家,凝聚成一个民族命运共同体,从而实现了历史性的伟大飞跃。

1956 年孙中山诞辰 90 周年,正当新中国基本完成对生产资料私有制的社会主义改造,初步建立社会主义制度,也标志着探索建设社会主义道路的开始,毛泽东发表《纪念孙中山先生》一文指出:"我们完成了孙先生没有完成的民主革命,并且把这个革命发展为

▲ 图40　孙中山题词："有志竟成"

社会主义革命。我们正在完成这个革命。"① 作为继承者对先行者的高度评价，宣示了中国共产党将责无旁贷地肩负起历史的重任，践行孙中山民族复兴的未竟事业。

有志者事竟成。

历史充分证明，中国共产党人始终把自己视为孙中山事业的支持者、合作者、继承者、发扬者，并以实际行动书写着孙中山强国梦的时代篇章。

开国之初，面对满目疮痍、百废待兴的故土家园，中国人民在梦想的驱动下，相继实现国民经济的全面恢复，初步建立起了国家工业化的基础。此后一路爬坡过坎，虽然经历了 1958 年"大跃进"、1966—1976 年"文化大革命"的艰难曲折，但经过几代人的实践摸索，终以 1978 年 12 月中共十一届三中全会为转折，坚定地走出了一条中国特色的社会主义道路，开辟了一个改革开放的新时代，以经济建设为中心成为时代主旋律，由此迎来经济社会发展的历史新时期。

不过从理论层面回顾，自 1949 年以来对于《实业计划》的

———————

① 《毛泽东选集》第五卷，人民出版社 1977 年版，第 311 页。

学术研究，内含了一个由忽视到重视、由主观先验到客观求实的过程。

其实，早在 1956 年就有文章提及，《实业计划》的建设理想振兴邦国，鼓舞人心，"发前人所未发，开后人之先驱"，是值得我们加以珍视的遗产，并表示："数典不能忘祖，后人应向前人学习，如必曰事皆我创，前无古人，则未免过于自豪了。"[①]可惜，不无警示的呼吁未能引起重视，海内学者大多视而不见，相关论文或著述在改革开放前几乎空白。际会于 20 世纪 80 年代的时代大潮，中国经济社会快速发展的现实需求催生了现代化理论的蓬勃兴起，近代史研究逐渐摆脱了革命史范式纯粹政治维度的传统束缚，开始转换为现代化研究的历史描述和定位。基于多元互补的理论范式，从更大的时空范围观察和解释历史，历史认识也愈见丰富，也更逼近真实。[②]

中国现代化建设当然离不开历史的借鉴，历史认知随之伴着社会实践而深化，孙中山的现代化思想文本因此引来普遍关注。人们惊讶地发现："我们致力于实现的建设富强、民主、文明的社会主义现代化国家的目标的内容，其中有许多都是当年孙中山所提出过的，我们在改革开放道路上碰到的种种困难和困惑，其中有许多都

---

① 章伯钧：《从童年回忆讲起》，《人民日报》1956 年 10 月 30 日，转引自陈谦平、孙扬：《论孙中山的"中国国际化发展"思想——〈实业计划〉再认识》，《江海学刊》2014 年第 1 期。

② 马敏在《21 世纪中国近现代史研究的若干趋势》一文中揭示："在近些年的中国近现代史研究中，我们大致可以观察到三种日趋明显的历史观，即更趋精细的历史观、长程的历史观、内部取向的历史观和总体的历史观。"详见《史学月刊》2004 年第 6 期。

是当年孙中山所试图解决和提出了方案的。"① 作为反映孙中山构建中国现代化蓝图的《建国方略》，由此被研究者再次发现，成为孙中山研究的新热点。② 此后围绕《建国方略》开展了多层次、多角度的系统研究，以孙中山与中国近代化、中国现代化、中国梦等为主题的学术研讨会也在海内外相继主办。③ 对接当下经济建设主题的《实业计划》，更是成了广泛瞩目的研究对象，其丰富的思想内涵和当代价值就此得以重新评判和估价，单行本的《实业计划》随之正式出版。④

与此相应，30 多年改革开放的实践，极大地释放了社会发展的空间和活力，孙中山的宏伟构想奇迹般地为迅速崛起的中国所实现并且大大超越。

对外开放、引进外资方面：

---

① 吴先宁：《〈建国方略〉的再发现——改革开放以来我国对孙中山〈建国方略〉的研究述评》，《团结》2003 年第 5 期。

② 粗略统计，20 多年来大陆出版的《建国方略》单行本，先后有辽宁人民出版社 1994 年版、中州古籍出版社 1998 年版、华夏出版社 2002 年版、内蒙古人民出版社 2005 年版、北方妇女儿童出版社 2006 年版、广东人民出版社 2007 年版、中华书局 2011 年版、武汉出版社 2011 年版、中国长安出版社 2011 年版、三联书店 2014 年版等。

③ 有关学术研讨会主题如："孙中山与中国现代化"（1990 年 8 月，上海），"孙中山与中国现代化"（1996 年 11 月，南京），"孙中山与二十一世纪中国"（1999 年 7 月，南京），"孙中山与社会变革"（2000 年 8 月，上海），"孙中山与现代中国"（2002 年 5 月，台北），"孙中山与中国现代化"（2004 年 10 月，武汉），"孙中山与中华民族崛起"（2005 年 5 月，天津），"孙中山的《建国方略》"（2008 年 8 月，上海），"孙中山与近代中国的开放"（2008 年 11 月，广州），"纪念孙中山：全球视野与中华振兴"（2014 年 11 月，上海），"孙中山振兴中华的理想与中国梦"（2015 年 12 月，中山），等。

④ 2011 年，外语教学与研究出版社将《实业计划》（英汉对照）列入"博雅双语名家名作"出版。

实行全方位的"开放主义",谋求国际共同合作发展中国经济,这是孙中山在《实业计划》里梦寐以求的心愿。

新中国成立60多年来,真正意义上的对外开放始于20世纪80年代。继设立深圳、珠海、汕头、厦门经济特区作为先导示范之后,1984年开放大连、秦皇岛、天津、烟台、青岛、连云港、南通、上海、宁波、温州、福州、广州、湛江、北海14个沿海港口城市;1985年开辟长江三角洲、珠江三角洲、闽南厦漳泉三角地区为沿海经济开放区;1988年年初辽东半岛、山东半岛全部对外开放;同年4月设立海南省并兴建海南经济特区;1990年开发开放上海浦东。此后,对外开放逐步由沿海向沿江沿边及内陆地区纵深推进,基本形成全方位的对外开放格局,2000年对外开放进一步扩大到广大西部地区。2001年12月中国正式加入世界贸易组织(**WTO**),对外开放进入新阶段。30年多来,中国坚定不移地扩大对外开放,从沿海到沿江、沿边,从东部地区到中西部地区,从贸易到投资,从货物贸易到服务贸易,从"引进来"到"走出去",逐渐形成了全方位、多层次、宽领域的对外开放格局,实现了从封闭半封闭到全方位开放的伟大历史转折。① 目前,在全球贸易体系最新一轮重构中,中国经济正在实现从"引进来"到"引进来和走出去并重"的重大转变。继2013年上海自贸区成立后,2015年又新设广东、天津、福建自由贸易园区,实施自由贸易区战略,正是为构建新一轮的对外开放探索新途径、积累新经验。2015年积极推进"丝绸之路经济带"和"21世纪海上丝绸之路"合作建设(简称"一带一路"),无疑将成为打

---

① 国家统计局:《从封闭半封闭到全方位开放的伟大历史转折——新中国成立60周年经济社会发展成就回顾系列报告》。

造中国对外开放升级版的新引擎。

从新中国成立到改革开放前，中国基本没有利用外资，也无企业海外投资。改革开放以来，中国敞开大门吸引外资，利用外资规模不断扩大，水平大幅度提高，涉及范围越来越广。以"十二五"（2010—2014）的一组数据为证，中国进出口贸易总体保持了稳定增长，占国际贸易的份额继续上升。2014 年中国货物进出口总额达到 26.4 万亿元，居世界第一位，年均增长 7.0%。货物进出口总额占世界贸易总额的比重为 11.3%。利用外资从追求量的扩大转向质的提高，参与国际分工合作的能力进一步提升。2011—2014 年，中国实际使用外商直接投资累计达 4649 亿美元，年均增长 3.1%，其中 2014 年实际使用外商直接投资 1196 亿美元，首次跃居全球第一。2014 年非金融类对外直接投资 1072 亿美元，年均增长 15.5%，2015 年上半年非金融类对外直接投资同比增长 29.2%。2014 年，对外承包工程业务完成营业额 1424 亿美元，年均增长 11.5%。[1] 数据充分显示，中国融入世界经济的步伐不断加快，对外经贸合作不断拓展，对外贸易规模持续扩大，这既为经济建设积累了宝贵的资金，也提升了国家的综合竞争实力。

交通运输方面：

新中国铁路建设的开始，以 1950 年成渝线、天兰线、兰新线的建设为标志。1952 年成都到重庆的成渝铁路通车，作为 1949 年后修建的第一条铁路，填补了西部地区的铁路空白。第一个五年计划（1953—1957）期间，新建宝成、鹰厦等铁路共 30 多条，建成

---

① 以上数据，采自《国家统计局刊文回顾"十二五"经济社会发展成就》，中国经济网 2015 年 10 月 13 日。

武汉长江大桥贯通南北，全国铁路通车里程达 3 万多公里；康藏、青藏、新藏公路相继建成。1958 年，全长 669 公里的宝（鸡）成（都）铁路通车，成为沟通西北与西南的第一条铁路干线；1970 年，全长 1100 公里的成（都）昆（明）铁路全线贯通。1952 年建成的陇海铁路，从江苏连云港通往甘肃兰州，目前全长 1759 公里，成为贯穿中国东、中、西部最主要的铁路干线。

改革开放之后，建于 1985—1997 年的大秦铁路，全长 653 公里，自山西大同至河北秦皇岛，纵贯晋、冀、京、津，是中国唯一一条煤炭运输专线铁路，也是第一条重载单元铁路。1996 年开通的京九铁路，起于北京西站、至深圳站，再经香港境内抵达九龙（红磡），全长 2398 公里，辐射人口约 2 亿，是中国铁路史上一次建成线路最长的工程项目，被誉为"南北客运大动脉，东西货运大通道"。2003 年运营的秦沈铁路，成为中国第一条客运专线铁路。2006 年，全长 29.863 公里的上海磁悬浮投入营运，成为世界上首条投入商业化运营的磁悬浮列车示范线。2008 年京沪高铁通车，全长 1318 公里，纵贯京、津、沪和冀、鲁、皖、苏等"三市四省"，是新中国成立以来建设里程最长、投资最大、标准最高的高速铁路。2009 年通车的洛湛铁路，北起河南洛阳，南至广东湛江，与京广、京九、成昆线共同构成铁路南北纵向的路网骨架，标志着中国实现了"八纵八横"铁路网主骨架。

对照《实业计划》设想修建的川汉铁路。2010 年通车的宜万铁路，起于湖北宜昌，经恩施过利川，止于重庆万州，承载了几代人的梦想与期待，见证了百年历史的变迁。宜万铁路的前身是川汉铁路，1909 年由詹天佑主持开建，从宜昌往秭归修了 20 多公里就被迫中断。直至 2003 年开始重建，铁路其间两跨长江，又经过清江和无数大小河流，成为连接川汉铁路最后的一段，开创了中国铁路史上数项"之最"：铁路穿越喀斯特地貌山区，沿线山高壁陡，河谷深切，集西南山区铁路艰险之大成，是中国施工难度最大的山区铁路；全线共有隧道、桥梁400余座，占线路总长的74%，为世界之最；平均每公里造价6000多万元，两倍于青藏铁路，是中国单公里造价最高的铁路；总长377公里的里程修建耗时7年，年均进度仅50多公里，是中国单公里修建时间最长的铁路。宜万铁路的建成，对长江流域的国土资源开发和经济发展，实施西部大开发战略，实现铁路跨越式发展以及完善和优化铁路路网结构意义重大。

历经60多年的努力，截至2015年年底，中国铁路营业里程已达12.1万公里，其中高铁营业里程超过1.9万公里，复线里程6.4万公里，电气化里程7.4万公里，西部地区营业里程4.8万公里。高铁线路共计71条（段），运营总里程超过1.9万公里，位居世界第一，占世界高铁总里程的60%以上。目前根据《中长期铁路网规划》，将形成以"八纵八横"主通道为骨架、区域连接线衔接、城际铁路补充的高速铁路网，至2025年，铁路网规模达到17.5万公里左右，其中高铁3.8万公里左右。到2015年年末，全国公路总里程457.73万公里，其中高速公路里程12.35万公里，农村公路里程398万公里。

不仅于此，孙中山当年预见到了开发中国西部地区与世界经济共同发展的必然趋势，认为中国"以地位适宜之原则言之，则实居支配世界的重要位置，益将为欧亚铁路统系之主干，而中、欧两陆人口之中心因以联结。将来吾人所计划之港，可以直达好望角城"。2010年，亚洲18个国家正式签署《亚洲铁路网政府间协定》，标志着亚洲国家将为构建和连通横贯亚洲大陆的铁路动脉而全面合作，总长 8.1 万公里的"泛亚铁路"由北部、南部、南北部和东盟 4 条路线构成，其中 3 条线路经过中国，孙中山提出中国将为"欧亚铁路系统主干"的构想最终得以实现。至 2020 年前，将有三条连接中国与东南亚的高铁线路建成通车，中国将拥有直达印度洋出海口的高速通道。

尤为一提的是，2013 年中国首倡建设"丝绸之路经济带"和"21 世纪海上丝绸之路"的"一带一路"构想，更是远远超乎孙中山预想的重大战略决策。"一带一路"的战略包括以下线路：一、西北方向的新亚欧陆桥经济带：通过新的亚欧大陆桥① 向西，经新疆连接哈萨克及其中亚、西亚、中东欧等国，发挥新疆独特的区位优势和向西开放重要窗口作用，打造丝绸之路经济带② 核心区。二、东北方向的中蒙俄经济带：连接东三省，向东抵达绥芬河、海参崴出

---

① 亚欧大陆桥为亚洲与欧洲两侧海上运输线联结起来的便捷运输铁路。现有三条，第一欧亚大陆桥是从俄罗斯的符拉迪沃斯托克通向欧洲各国，最后到荷兰鹿特丹港的西伯利亚大陆桥；第二欧亚大陆桥是由中国陇海和兰新铁路与哈萨克斯坦铁路接轨的新欧亚大陆桥，又称新欧亚大陆桥，东起连云港，向西经陇海铁路的徐州、商丘、开封、郑州、洛阳、西安、宝鸡、天水等站，兰新铁路的兰州、乌鲁木齐等站，经北疆铁路到达边境阿拉山口进入哈萨克斯坦，经俄罗斯、白俄罗斯、波兰、德国，止荷兰鹿特丹港，是亚欧大陆东西最为便捷的通道。第三亚欧大陆桥从重庆始发，经达州、兰州、乌鲁木齐，向西过北疆铁路到达我国国境阿拉山口，进入哈萨克斯坦，再转俄罗斯、白俄罗斯、波兰，至德国的杜伊斯堡。

② "丝绸之路经济带"是在古丝绸之路概念上形成的一个新经济发展区域，东连亚太经济圈，西接欧洲经济圈，被视为"世界上最长、最具有发展潜力的经济大走廊"。经济带地域辽阔，有丰富的自然、矿产、能源、土地和旅游等资源，被称为 21 世纪的战略能源和资源基地，但区域内交通不便，自然环境较差，经济发展水平与两端经济圈存在巨大落差。

海口，向西至俄罗斯赤塔，通过老亚欧大陆桥抵达欧洲。三、西南方向的中国—南亚—西亚经济带：通过云南、广西连接巴基斯坦、印度、缅甸、泰国、老挝、柬埔寨、马来西亚、越南、新加坡等国；通过亚欧陆桥的南线分支，连接巴基斯坦、阿富汗、伊朗、土耳其等国。四、南路的海上丝绸之路经济带：以福建为核心区，通过环渤海、长三角、海峡西岸、珠三角等地区的港口、滨海地带和岛屿，共同连接太平洋、印度洋等沿岸国家或地区。初步估算，"一带一路"沿线总人口约 44 亿，经济总量约 21 万亿美元，分别约占全球的 63% 和 29%。这一战略构想契合沿线国家的共同需求，为沿线国家优势互补、开放发展开启了新机遇，搭建了新平台，有助于加强东中西互动合作，携手推动更大范围、更高水平、更深层次的大开放、大交流、大融合。

水利建设方面：

淮河是新中国第一条全面、系统治理的大河，治淮是新中国大规模治水事业的开端，通过大规模的治淮建设，上游山区修建水库，中游修建蓄洪工程，下游扩大水道，建成大中小型水库 5700 多座。2011 年 12 月，作为国家加快淮河治理的重大项目之一，总投资 31.2 亿元的淮河入江水道里整治工程开工，工程主要任务是系统整治河道、加固堤防、改造病险建筑物，使入江水道行洪能力全面达到 1.2 万立方米每秒。

京杭大运河北起北京、南至浙江杭州，自古以来是纵贯中国南北的交通枢纽，绵延 1200 多公里，途经 49 座城市，是仅次于长江、黄河的第三大流域城市集群及集散地埠岸。《实业计划》呼吁恢复京杭大运河全线航运，认为"其一部分，现在改筑中者，应由首至尾全体整理，使北方、长江间之内地航运，得以复通。此河之改筑整理，实为大利所在。盖由天津至杭州，运河所经皆富庶之区也"。1958 年修建的京杭大运河经扬州城东湾头至六圩入江的新航道，正是实现了孙中山的夙愿。跨入 21 世纪初，京杭沿运河经济文化产业带计划启动，江苏宿迁段运河文化城建设启动，运河两岸如诗如画的美景、百舸争流的繁忙景观，焕发了古运河的新生气象。2011 年，为适应实施西部大开发、中部崛起和东部率先发展等重大战略要求，国家把水利作为基础设施建设的优先领域，进一步加快了长江等内河水运发展。

港口建设方面：

在中国北方、东方和南方各建一大世界港，将沿海地区分为三个经济发达区域协调发展，是孙中山的梦想。如今，昔日设想之地的三大港口已蔚然成群：北方港以京唐港为中心，两翼有营口港、丹东港、天津港；东方港有上海港、宁波港、南通港、连云港港及上海洋山深水港；南方港有广州港、惠州港、黄埔港、湛江港、深圳港、蛇口港等，货物吞吐量均在亿吨左右，发展水平、繁忙景象已远超孙中山当年预想。

以地处环渤海经济圈中心地带的京唐港为例，这里是《实业计划》中提出建设"与纽约等大""为世界贸易之通路"的"北方大港"港址。京唐港自 1992 年运营以来，集堆存、仓储、装卸、货代、运输、中转为一体多功能现代化港口，成为服务京津唐、华北、西北地区的重要港口，2015 年运量完成 2.33 亿吨。目前，包括京唐港区、曹妃甸港区和丰南港区在内的唐山港，与世界上 70 多个国家和地区的 160 个港口实现了通航，成为面向海内外输送矿石、原油、煤炭、钢铁、集装箱、石油化工产品等重要物资的世界级大港，2015 年完成货物吞吐量 4.9 亿吨，超越荷兰鹿特丹港，居世界第 7 位。①

再以孙中山打造"东方大港"的设想为例。2005 年 12 月洋山深水港正式运营，掀开了上海港由"江河时代"迈向"海洋时代"的新篇章。开港十年来，累计完成集装箱吞吐量达到 1.08 亿标准箱，年集装箱吞吐量从最初的 324 万标准箱，发展到 2015 年预计 1500 万标准箱，年均增长 19%，为上海港集装箱吞吐量迅速跃居并连续五年位居全球第一作出了重要贡献。十年间，昔日默默无闻的渔村小岛发展成如今全球最大的现代化集装箱港区，洋山港不断刷新中国港口业的世界纪录：每百米岸线的年均吞吐量达 28 万标准箱，世界第一；桥吊单机作业每小时 196 自然箱，世界第一；中国第一个保税港区，第一个靠泊 1.8 万箱超大集装箱船的枢纽港；等等。② 目前，国内首个全自动化集装箱码头已在洋山深水港区开工建设，到 2017 年建成时，年吞吐量将突破 4000 万标准箱。洋山深水港的崛起，使孙中山在上海建设东方大港的百年梦想得以实现。

据统计，2014 年沿海港口基本建设规模：新建生产性泊位 274 个，其中深水泊位 128 个；改造减少生产性泊位 57 个，其中深水泊位减少 9 个，合计净增生产性泊位 217 个，其中深水泊位 119 个。净增通过能力 6.43 亿吨，新增固定资产 1041 亿元。2014 年新增产能和固定资产投资均超过以往最高的 2007 年，成为我国沿海港口基本建设巅峰之年。2015 年全国沿海港口（含江苏省南京以下沿江港口）总吞吐量 93.48 亿吨。在 2015 年全球前十大港口货物吞

---

① 赵建、汤润清：《从"有海无港"到世界级大港》，《河北日报》2016 年 7 月 19 日。
② 司春杰：《小岛巨变——洋山深水港区开港十周年系列报道》，《浦东时报》2015 年 12 月 30—31 日。

吐量排名中，就有宁波—舟山港、上海港、天津港、苏州港、广州港、唐山港、青岛港等 8 个中国港口。三大区域逐步形成了以北京、天津、大连、沈阳为中心的环渤海经济圈、以上海为中心的长江三角洲经济圈和以广州、深圳、珠海为中心的珠江三角洲经济圈，成为中国经济增长的"三极"，极大地推动了区域内和区域间的一体化经济发展，其经济合作模式、对外功能及其特点，和孙中山的预想不谋而合。

城镇建设方面：

数据显示，新中国成立之初全国人口 5 亿多，其中城镇人口 5000 万，有设市城市 136 个，建制镇 5400 多个，城镇化水平仅为 10.6%。到 1978 年，城镇人口上升为 1.72 亿，城镇化率 17.9%。改革开放的 30 多年，城镇化步伐不断加快，城镇化率平均每年以 1 个百分点的速度发展，城镇人口平均每年增长 2096 万人。2009 年中国城镇化率达到 46.6%，城镇人口增加到 6.2 亿，城镇县城区面积增加到 2008 年 3.63 万平方公里。2011 年末城镇化率突破 50%，城镇人口首次超过农村人口，增加到 6.91 亿，占总人口的 51.27%。这一速度和效率，是英国用了 120 年、美国和德国用了 80 多年、日本和韩国用了 40 多年达到的水平。到 2014 年，中国城镇化水准进一步提高到了 54.77%，预计 2030 年将达到 65% 左右。进入城市社会成为社会主体的新阶段，城市现代化成为国家现代化的主体工程。据统计，2010 年中国（不含港澳台）城市化率已达 49.7%。其中人口超过 100 万的大城市 94 个，介于 50—100 万之间的中城市 141 个，少于 50 万的小城市 422 个。据联合国《世界城市化展望 2011》和相关估算，2010—2050 年期间，中国新增城市约 975 个，2050 年中国城市总数可能达到 1632 个，其中大城市 338 个，中城市 358 个，小城市 936 个。①

显然，当前中国已进入城镇化发展的加速时期，建立以高密度为特征的大城市区（群），以产业链为纽带的城市带，以区域发展中心为特征的城市圈，从"面、线、点"的有机组合形成中国城市化的主力军，长三角、珠三角、京津冀三大城市群无疑成了中国城市化程度最高、城镇分布最密集、经济发展水平最高的地区。② 其中，长三角城市群已形成了由特大城市、大城市、中等城市、小城市、县城、县属镇和乡级镇组成的七级城镇体系，城镇等级齐全，类型多样，各类城市的数量呈现出了"宝塔形"的特点，大中小型城市的数目之比分别为 4：17：30，以沪杭、沪宁高速公路以及多条铁路为纽带，形成一个区域发展的有机整体。2016 年通过的《长江三角洲城市群发展规划》，将全面建成具有全球影响力的世界级城市群。③

根据"十三五"（2016—2020）规划纲要，国家将优化城镇化布局和形态，加快构建以陆桥通道、沿长江通道为横轴，以沿海、

---

① 参见何传启主编：《中国现代化报告 2013——城市现代化研究》，北京大学出版社 2014 年版。

② 长三角城市群以上海为中心，南京、杭州为副中心，包括江苏扬州、泰州、南通、镇江、常州、无锡、苏州、徐州、淮安、连云港等，浙江嘉兴、湖州、绍兴、宁波、舟山、温州、台州等。珠三角城市群以广州、深圳、香港为核心，包括珠海、惠州、东莞、肇庆、佛山、中山、江门、澳门等；京津冀城市群以北京、天津为核心，包括河北石家庄、唐山、保定、秦皇岛、廊坊、沧州、衡水、邢台市、邯郸、承德、张家口等。

③ 目前世界公认的五大世界级城市群：以纽约为中心的美国东北部大西洋沿岸城市群、以芝加哥为中心的北美五大湖城市群、以东京为中心的日本太平洋沿岸城市群、以伦敦为核心的英国城市群和以巴黎为中心的欧洲西部城市群。

京哈京广、包昆通道为纵轴，大中小城市和小城镇合理分布、协调发展的"两横三纵"城市化战略格局，加快城市群建设发展，增强中心城市辐射带动功能，加快发展中小城市和特色镇。目前以省会、经济发达城市、区域中心城市为核心，中国正在形成19个城市群，包括重点建设长三角城市群、珠三角城市群、京津冀城市群、长江中游城市群和成渝城市群等5大国家级城市群；稳步建设包括哈长城市群、山东半岛城市群、辽中南城市群、海峡西岸城市群、关中城市群、中原城市群、北部湾城市群和天山北坡城市群等8大国家二级城市群；引导培育呼包鄂榆城市群、晋中城市群、宁夏沿黄城市群、兰西城市群、滇中城市群和黔中城市群等6大地区性城市群。这些覆盖不同区域的城市，明确个性定位，加强城市规划，推动城市建设，带动区域整体发展，完全超出了《实业计划》关于沿海沿江的城镇建设构想。

民生保障方面：

21世纪以来实施社会主义和谐社会的重大战略部署，加快推进以改善民生为重点的社会建设，取得显著成效和历史性进步。"十二五"时期，政府坚持民生优先，不断加强就业、收入分配、社会保障、住房等保障和改善民生的制度安排，全力推进基本公共服务均等化，人民生活水平有新提高，生活质量有新改善。

体现在就业上，2014年年末全国就业人员达到77253万人，比2010年年末增加1148万人，其中城镇就业人员增加到39310万人，占全部就业人员的比重为50.9％，比2010年年末提高5.3个百分点。2014年农民工总量为27395万人，比2010年增长13.1％，年均增长3.1％。2015年上半年新增就业718万人，完成全年目标的71.8％。在公共财政开支上，对经济社会发展的支持不断加大。

2014 年公共财政支出超过 15 万亿元，比 2010 年增长 68.7%。重点领域民生支出得到较好保障，2011—2014 年，城乡社区事务、医疗卫生、交通运输、教育、社会保障和就业支出年均分别增长 21.1%、20.4%、17.2%、16.2% 和 14.9%。就居民收入水平来说，1978 年中国人均国内生产总值仅有 379 元人民币，2014 年达到 46629 元。根据世界银行数据，我国人均国民总收入由 2010 年的 4300 美元提高至 2014 年的 7380 美元，进入中等收入国家的行列。2011—2014 年，扣除价格因素，城镇居民、农村居民人均可支配收入年均实际分别增长 7.9%、10.1%。2014 年全国居民人均可支配收入已达到 20167 元，比 2013 年增长 8.0%，比 GDP 增速快 0.7 个百分点；2015 年上半年全国居民人均可支配收入增长 7.6%。[①]

以《实业计划》涉及住房为例，孙中山规划未来 50 年，每年新增居室 5000 万套，每年盖房 100 万间，食堂、书房、客厅、卧室、厨房、浴室同时配备，并有家庭用水、电灯、燃气、电话等；此外，还要为群众预备廉价居屋。截至 2015 年，全国城镇人均住房面积为 32 平方米，农村人均住房面积 35 平方米，基本达到居者有其室，住房条件显著改善，居住环境同步提升。

此外，在植树造林方面。《实业计划》提出"于中国北部及中部建造森林"，主张"要造全国大规模的森林"。1978 年，国家在风沙危害和水土流失严重的西北、华北、东北地区启动了大型的三北防护林工程，所涉范围包括北方 13 个省，东西连绵约 7000 公里，开创了我国林业生态工程建设的先河，被誉为"中国的绿色长

---

① 以上数据，主要采自《国家统计局刊文回顾"十二五"经济社会发展成就》，中国经济网 2015 年 10 月 13 日。

城"，"世界生态工程之最"。2000 年实施西部地区大开发战略以来，从大西北到大西南，从黄土高原到西北大漠，相继启动实施了退耕还林、天然林保护、退牧还草、京津风沙源治理等一批重点生态建设工程。仅陕西一地，2000—2009 年间国家和地方累计投入 218.6 亿元，完成造林 6834 万亩，森林覆盖率由 2000 年的 30%增长到 2009 年的 37%。大面积的造林绿化，使这些区域的生态环境得到了明显改善。

……

百年坎坷复兴路，世纪沧桑强国梦。

综观改革开放 35 年来，中国经济社会发展迈上新台阶，综合国力和国际影响力实现了由弱到强的历史性巨变。2015 年全年经济增长 6.9%，经济总量稳居世界第二位，成为仅次于美国的世界第二大经济体，当之无愧地成为世界经济的重要引擎。

在改革开放取得举世瞩目的巨大成就中，一大批关系国计民生的重大工程因时而发、应势而生，陆续建成或在建，更是一一呼应了孙中山当年梦寐以求的理想。

三峡工程——孙中山最早提出了在长江上游建坝蓄水的设想："改良此上游一段，当以水闸堰其水，使舟得溯流以行，而又可资其水力。"在 1924 年 8 月 17 日的演讲中，更明确阐述了开发三峡水力资源的重要性："又像扬子江上游夔峡的水力，更是很大。有人考察由宜昌到万县一带的水力，可以发生三千余万匹马力的电力。比现在各所发生的电力都要大得多，不但是可以供给全国火车、电车和各种工厂之用，并且可以用来制造大宗的肥料。"[①]位于

---

① 《三民主义·民生主义》，《孙中山全集》第九卷，第 402 页。

湖北宜昌市境内的三峡大坝工程，从最初设想、勘察、设计、论证到正式开工，前后历经 75 年，大坝全长 2309 米，坝高 185 米，是世界规模最大的混凝土重力坝。蓄水高 175 米，水库长 600 多公里，总装机容量达 2250 万千瓦，总投资达 954.6 亿元人民币为世界最大的水力发电站。自 1992 年获批建设，1994 年正式动工，2003 年开始蓄水发电，2009 年全线建成。从 1919 年孙中山开发长江计划，到 1940 年代夭折的"萨凡奇高坝方案"，再到 1956 年毛泽东"截断巫山云雨，高峡出平湖"的豪迈诗篇，无不寄托着一个民族的强国梦想与渴望。

青藏铁路——《实业计划》中的"高原铁路系统"，孙中山规划了 16 条铁路干线，其中涉及进藏的铁路就有 8 条，并提出了兰州至西藏、成都至西藏、于田至西藏等方案。2006 年 7 月 1 日，横跨青海西宁和西藏拉萨的青藏铁路全线通车，全长 1956 公里，最高海拔 5072 米，成为世界海拔最高、线路最长的高原铁路。其中西宁至格尔木段长 814 公里，20 世纪 50 年代末至 80 年代中期建成通车；2001 年 6 月动工的格尔木至拉萨段 1142 公里是二期工程，总投资 330.9 亿元，历时 5 年，数万人参与建设，跨越昆仑山、唐古拉山，克服多年冻土、高原缺氧、生态脆弱、天气恶劣等难题，成为世界铁路史上史无前例的伟大壮举。通车后的青藏铁路宛如吉祥天路，对推进青海、西藏等地经济发展、人民生活、加强民族团结、促进文化交流起到了重要作用。

长江大桥（隧道）——《实业计划》首次提出修建武汉长江隧道。继 1957 年万里长江第一桥——武汉长江大桥建成，天堑变通途。2008 年 12 月，全长 3.63 公里的武汉长江公路隧道通车试运行，成为"万里长江第一隧"，标志着长江过江交通迎来了"江上架桥、水面行船、江底通隧"的"三维"时代。2010年5月，总长6042米的南京长江隧道全线贯通；2009年10月通车的上海长江隧桥（崇明越江通道），更是目前世界上规模最大的隧桥结合工程。20世纪90年代起，高投入、高技术、大跨径的长江大桥纷纷得以修建。截至2014年的统计，长江宜宾至入海口已建、在建80多座桥梁（含隧道），包括四川6座、重庆36座、湖北22座、湖北湖南省界1座、江西湖北省界2座、安徽4座、江苏11座、上海境内1座，上海江苏省界1座。一座座形态各异的长江大桥，不仅是沿江区域经济发展的写真集，也成为中华腾飞的标记，见证着民族复兴的历史。

南水北调——迄今为止世界上最大的水利工程，最早出自孙中山"引洪济旱"、"引江济河"的构想。1958年，"南水北调"一词第一次出现在政府文件《关于水利工作的指示》中："全国范围较长远的水利规划，首先是以南水北调为主要目的。"经过多年科学缜密的勘测、规划和研究，并建立在分析比较50多种规划方案的基础上，至2002年12月正式开工。这一缓解中国北方水资源严重短缺局面的重大战略性工程，总体布局是在长江下游、中游、上游规划三个调水区，形成东、中、西三条调水线路，与长江、淮河、黄河、海河相互连接，构建起"四横三纵"的大水网，实现我国水资源南北调配、东西互济的优化配置。目前，东线、中线正在建设当中，建成后将在防洪、供水、发电、水产等方面发挥巨大的综合效益。

浦东开发——《实业计划》提出以浦东为基地建设东方大港的梦想，并建议在浦东开发房地产："创造市宅中心于浦东，又沿新开河左岸建一新黄埔滩，以增加其由此计划圈入上海之新地之价值。"自1990年4月18日浦东正式开发开放，奏响了中国新一轮

七、春潮激荡：《实业计划》的梦想超越

141

开发开放的号角，一座外向型、多功能的国际化大都市在浦江东岸崛起。经过 25 年的开发建设，浦东迅速成为享誉国际的中国"改革样本"。曾经阡陌纵横的浦东，已成为一座功能完备、环境优美、适宜人居的新城区，形成了"一轴三带六个功能区域"城区布局。如今，浦东作为国际金融中心、国际航运中心建设的核心功能区，陆家嘴金融城、外高桥港区、洋山深水港和浦东空港聚集于此，先进制造业、临港工业、高新技术产业、生产性服务业在此荟萃，今日浦东已成为中国改革开放的象征、上海现代化建设的缩影。

在历史的纵向轴线上前后比照，这些备受世人瞩目的中国超大型工程建设，不仅把近百年前被视为痴人说梦的"理想空谈"变为了中华大地上日新月异的生动现实，而且还大大超越了孙中山当年的愿景设想，更显恢宏壮观，更符合中国国情。

行动是最好的纪念，发展是最好的继承。为圆梦而追梦的奋斗，铸就了前所未有的历史辉煌。这是当今中国综合国力提升、经济社会快速发展的辉煌写照。

先驱者倘若泉下有知，足以含笑九泉。

八、意味深长：《实业计划》的现实启示

因中华民族为一伟大之民族，必能完成伟大之事业也。

——孙中山

"观今宜鉴古，无古不成今。"

作为中国民主革命的伟大先行者，孙中山毕其一生的追求，就是改变近代以来中国积贫积弱、任人宰割的艰难处境，实现中华民族的完全独立和民主统一，使人民真正享受自由与平等，将中国建设成为现代化强国。在国家民族面临危亡的时代，他第一个喊出了"振兴中华"的时代强音，既明确了奋斗目标，也标志着中国人现代民族意识的逐步觉醒，开启了中华民族复兴之梦的追寻征程。

理想因远大而为理想，信念因执着而为信念。实现中华民族的伟大复

▲ 图41　孙中山题词："奋斗"

图 42　孙中山题词："后来居上"

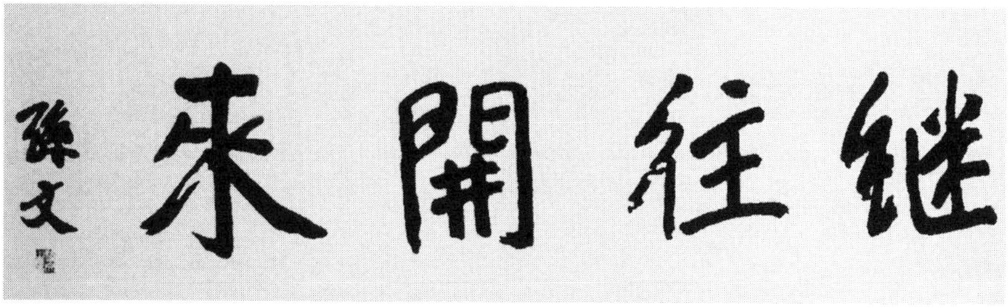

图 43　孙中山题词："继往开来"

兴，是中华民族近代以来最伟大的梦想。这是历经百年、凝聚了数代中国人不断延续的共同梦想，体现了中华民族和中国人民的整体利益，是每一个中华儿女的美好夙愿。"中国梦"作为当代中国民族复兴理想的最新宣示，不仅是近代以来无数仁人志士的奋斗目标和夙愿凝结，也是对振兴中华当代价值的新诠释，是引领中国特色社会主义建设的航标。

今天的历史，是昨天历史的发展和超越。站在怎样的历史和时代高度思考我们面临的种种问题，中华民族必须有充分的智慧正确地选择未来。孙中山的振兴中华梦，正是实现民族伟大复兴中国梦的先导和重要内涵，重温他亲手擘画的未来国家发展蓝图——《实业计划》，字里行间凝聚着一代先驱实现中国现代化的远见卓识，这些世界观和方法论，为后人留下了一笔弥足珍贵的精神财富，一份历久弥新的感召力量，具有广泛而深刻的现实启迪。

第一，拥有放眼世界的开放胸怀。

作为建设现代化国家的探索者和实践者，孙中山的理论与实践意义在于，他不仅从中国看世界，还从世界

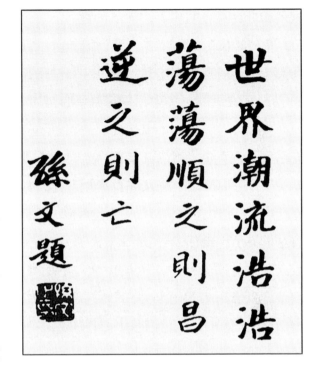

▲ 图44　孙中山题词："世界潮流，浩浩荡荡，顺之则昌，逆之则亡"

看中国，以双向统摄的宏观审视把中国与世界紧密联系起来，宣称"世界潮流，浩浩荡荡，顺之则昌，逆之则亡"，强调"以远大之眼光，内则考出中国数千百年之积弊，外则察西洋各国之兴亡盛衰及其理由，以图挽救之方"。① 从进化论的观点顺应世界大潮，进而以深刻的历史洞察和现实认知，把握"世界潮流"的大趋势，摒弃"荒岛孤人"式的封闭，力图从世界发展的总格局中考察中国的现状和未来，在追求世界一体化的历程中寻求中国问题的"真解决"。论者指出，以孙中山独特的人生经历，他可能是中国近代最具国际

① 《宴请国会及省议会议员时的演说》，《孙中山全集》第四卷，第330页。

意识和世界眼光的伟人。①

从"时代""世界""各国""近世""20 世纪""世界大势""世界潮流"等视角的表述和立论,在《实业计划》中俯拾即是。站在20 世纪开端之初,孙中山满怀信心地预言:"一旦我们革新中国的伟大目标得以完成,不但在我们的美丽的国家将会出现新纪元的曙光,整个人类也将得以共享更为光明的前景。普遍和平必将随中国的新生接踵而至,一个从来也梦想不到的宏伟场所,将要向文明世界的社会经济活动而敞开。"②他确信,摆脱了噩梦般过去的中国将会对世界承担重任,"使地球上人类最大之幸福,由中国人保障之,最光荣之伟绩,由中国人建树之,不止维持一族一国之利益,并维持全世界全人类之利益焉"。③正是拥有了超越国界的视野,孙中山能主张把世界上先进的文明成果,吸收借鉴外国的一切有益经验,并力求结合中国的国情加以应用,形成了全方位的"开放主义",成为中国近代提出开放思想的集大成者,全方位开放思想的奠基人。正是拥有了放眼世界的眼光,孙中山能面对西方列强的压迫和竞争,瞄准中国发展的国际环境和战略机遇,认真思考并探索中国在资源开发、工业革命、工商业贸易方面与世界各国经济发展的互动合作关系,以中国和平发展实业,呼吁加入世界发展潮流,增进世界各国的互助。

可以说,当代中国对外开放呈现的全方位、多层次、宽领域格局,既是传承了孙中山的开放思想,也是孙中山建设理想的现实展

① 马敏:《孙中山实业思想的启示》,《光明日报》2011 年 10 月 10 日。
② 《中国问题的真解决》,《孙中山全集》第一卷,第 255 页。
③ 《在北京五族共和合进会与西北协进会的演说》,《孙中山全集》第二卷,第 440 页。

示。历史经验表明，发展中国家不断扩大对外开放的程度，不断提升对外开放的水平，有利于充分吸收和借鉴发达国家成功的经验和做法，减少摸索时间，发挥后发优势，实现跨越式发展。面对21世纪的国际环境，经济全球化、政治多极化、文化多元化、社会信息化共同构成了世界发展形势的大格局、大背景。在这一大趋势面前，孙中山立足中国、放眼世界的"开放主义"思想，对于我们如何抓住机遇，和平发展具有重要的借鉴意义。中国必须坚持对外开放的基本国策不动摇，既不妄自菲薄，也不妄自尊大，打开大门搞建设、办事业，与世界惯例接轨，充分利用国际资源和科技成果，同世界各国相互借鉴、取长补短，坚持互利共赢的全面开放战略，着力提升参与全球治理的能力，努力增强全球投资谋划能力，积极拓展对外发展新空间；同时必须坚持独立自主的方针，维护国家主权。只有这样，才能在风云变幻的国际环境中谋求更大的国家利益。

第二，保持改革创新的精神状态。

改革创新，意味着思想不僵化、不停滞，勇于变革、勇于开拓，与时俱进地充满生机和活力。孙中山紧跟时代脚步、把握时代脉搏，注重从时代大潮中汲取营养，为实现国富民强，建立适合中国经济发展、社会进步的制度，进行了一系列大胆的理论探索。在他看来："夫事有顺乎天里，应乎人情，适乎世界之潮流，合乎人群之需要……此古今之革命维新、兴邦建国等事业是也。"[1]"世界上人物，有新旧两种，新人物有新思想，新希望，所以凡是新人物

---

[1] 《建国方略》之一，《孙文学说——行易知难（心理建设）》，《孙中山全集》第六卷，第228页。

都步步往前，旧人物反是，则步步退后。"①为此强调："世界潮流已为民气所激荡，有一日千里之势。吾人内觇国情，外察大局，惟本互助之主义，奋斗之精神，以顺应趋势，积极进行。"②认为"凡政治、法律、风俗、民智种种之事业，均须改良进步，始能与世界各国竞争"。③这里所倡导的"顺应趋势""改良进步"，无不蕴含着在思想上、制度上、技术上的改革创新之意。一部《实业计划》，见证了他以"知之维艰"的精神探求新知、不断深化和发展自己的心音。

历史反复证明，固步自封、墨守成规的思想观念，不可能维持国家的长期繁荣富强，只有不断注入新的活力，才能促进社会的长远发展。改革创新是应对挑战、突破困局、实现飞跃的基本途径，它不仅仅是实践层面的概念，更要内化为人们自觉的思想观念、行为方式和目标追求。改革开放以来，中国人民以一往无前的进取精神和波澜壮阔的创新实践，谱写了现代化建设的伟大篇章，也铸就了以改革创新为核心的时代精神。

当前国际竞争日趋激烈，面对大变革大调整的世界格局，面对改革深水区、矛盾凸显期的一系列时代课题，我们比以往任何时候都需要唤起改革的勇气、弘扬创新的精神，有没有改革创新精神，能不能以变应变、处变不惊，一定意义上决定了一个民族能不能继往开来的繁荣和发展。在中华民族伟大复兴的道路上，我们应该弘扬孙中山倡导的改革创新精神，鼓励人们不断迸发勇于探索、敢为人先的精神，善于用改革的办法破解难题，用创新的思路寻求对

---

① 《在汕头各界欢迎会上的演说》，《孙中山全集》第四卷，第112页。

② 《致粕谷义三函》，《孙中山全集》第十一卷，第79页。

③ 《在南京参议院解职辞》，《孙中山全集》第二卷，第317页。

策，努力做到在理论上不断有新发展、在实践上不断有新创造，才能更好地肩负起全面深化改革的历史重任，为经济社会持续健康发展注入源源不绝的生命力、创造力。

第三，坚持实际出发的科学态度。

"中国的现代化建设必须从自身的实际出发。无论是革命还是建设，都要注意学习和借鉴外国经验。但是，照抄照搬别国经验、别国模式，从来不能得到成功。"①从实际出发，就是从本国国情出发，走适合自己的发展道路。这是一个大国饱经沧桑、历经磨难之后的经验总结，也是一个民族面向未来、不断发展的方向指南。

孙中山生活在中西文化冲突、交流和融合的时代，他认为："我们立志，还要合乎中国国情。"②在提倡对外开放、学习西方的同时，他十分强调要结合中国的国情，反对将西方的文明"全盘照搬过来"。在他看来，开放是一种选择，可以借鉴"欧美之所长"，但"不能完全仿效"。毕竟中西社会差异很大，彼此的风土人情各不相同，中国只有"照自己的社会情形，迎合世界潮流去做，社会才可以改良，国家才可以进步"，否则"国家便要退化，民族便受危险"。③

立足于中国的特殊国情，孙中山依据各地不同的地理位置、自然环境、人文特点、物产资源等实际情况，因地制宜地寻求各自的经济发展道路，如《实业计划》从海岸、水路、陆路地理特点、资源配置与开发利用的现实考虑，提出在沿海沿江、铁路中心、终点

① 邓小平：《在中共十二大开幕式上的讲话》，《邓小平文选》第三卷，人民出版社 1993 年版，第 2—3 页。
② 《在广州岭南学生欢迎会的演说》，《孙中山全集》第八卷，第 538 页。
③ 《三民主义·民权主义》，《孙中山全集》第九卷，第 320 页。

和商业港口地，建设公用设施齐全的新兴城市城镇规划，着重提出首先在中国沿海开发建设一等世界大港、二等海港以及三等海港。当年孙中山的先见之明，已被实践证实是完全符合中国国情的选择。孙中山深知，《实业计划》只是中国实业建设和经济发展的"大方针""大政策"，一再强调："至其实施之细密计划，必当再经一度专门名家之调查，科学实验之审定，乃可从事。故所举之计划，当有种种之变更改良，读者幸无以此书为一成不易之论，庶乎可。"即有关方案的具体实施必须经过专家的调查和审定，有待进一步科学论证和各种主客观条件的成熟。

如论者指出：理想主义和务实精神的水乳交融，是孙中山鲜明的性格特征。孙中山不是一位学者型的思想家，"就中国近代化的历史进程和理论研究考察，他的主要贡献不在坐而论道，而在身体力行"。[1] 也有专家认为，孙中山脚踏实地，实事求是，时时事事都是从实际出发，"他不仅密切关注现实，还关注历史，更关注未来。他没有把西方现代化看作完美无缺的样板，更没有机械地照搬西方政治模式，而是在总结既往百年世界历史的基础上，对西方的先进文明有所选择'因袭'，更有所斟酌'规抚'，从而才完成新的'创获'"。[2] 这一注重中国国情、严谨务实的科学态度与方法，对于我们探索中国特色的社会主义道路及现代化建设模式，同样有着发人深省的启示。

第四，实施全面协调的发展战略。

协调发展，意味着是解决发展不平衡的问题，着眼于发展的平

---

[1] 李华兴：《孙中山对中国现代化的贡献与局限》，《探索与争鸣》1997 年第 5 期。

[2] 《百年锐于千载——辛亥百年反思》，章开沅：《辛亥学脉世代绵延：章开沅自选集》，第 339 页。

衡性、整体性、融合性、持续性原则。

且不说孙中山的《建国方略》从心理、物质、社会等三方面构成一个相互贯通、相互促进、密不可分的有机整体，阐述了致力于民族解放、民主革命、民生改良"毕其功于一役"的建设思想。就《实业计划》"万端齐发"的建设蓝图，他以长远的眼光，注重经济发展的协调性。如全面又有重点地进行经济建设的思想，强调必须重点和优先发展交通运输业，重视能源开发，强调重工业的基础作用，注重农业和轻工业的发展。不仅如此，孙中山努力将西方区域经济理论和中国经济全面落后的国情相结合，大胆提出了区域经济协调发展的战略构想，认为"吾国民族生聚于东南而彫零于西北，致生聚之地，人口有过剩之虞，彫零之区，物产无丰阜之望，过与不及，两失其宜，甚非所以致富图强之道"。① 为此，他以区域开发为立足点，打破行政区划的限制，筹划铁路、公路、海运、河道等交通运输网络系统的发展，加强沿海与内地的通盘规划，合理布局，实现全国一体化的思想。

中国的现代化建设，必须实行经济社会的全面协调发展。改革开放以来，中国区域经济实施了沿海地区优先发展和东部、中部、西部三大地带梯度转移的非均衡发展战略，较为客观地反映了中国经济技术发展水平存在的梯度差异特征。但毋庸讳言，经济发展的惊人成就背后出现了不平衡、不协调、不可持续的瓶颈，突出表现在区域之间、城乡之间，以及经济和社会等关系上。这些问题得不到有效解决，一系列社会矛盾会愈加显现并不断加深，无论经济建设还是社会发展都会受制。孙中山的经济发展思想，对我国当前既

---

① 《批黄兴等呈》，《孙中山全集》第二卷，第 294 页。

▲ 图 45　孙中山题词："博爱"

注重工业的先导作用，又强调农业的基础作用，既立足当下，又着眼未来，特别是加快东部地区开放的区位优势向中西部地区梯度延伸，与内地的资源优势和经济技术基础结合起来，加快形成结构合理、方式优化、区域协调、城乡一体的发展新格局，统筹兼顾地做好现代区域经济规划，从而增强中国经济活力，确保可持续的持久发展，不失有重要的借鉴作用。

第五，恪守和谐共融的民生情怀。

本自农家的孙中山，从小对下层民众疾苦有着切身的生活体验，因此，民生关怀成为贯穿其一生的思想底色。在"艰难顿挫"的长期革命实践中，孙中山始终以改善民生为己任，他给出的定义："民生就是社会一切活动中的原动力"；"就是政治的中心，就是经济的中心和种种历史活动的中心。"[1] 并将民生问题当作社会发展的核心，前所未有地上升到了"主义"、国家大政方针的高度。

---

[1]　《三民主义·民权主义》，《孙中山全集》第九卷，第377页。

孙中山曾自述之所以提出民生主义的缘故，在于他亲眼目睹了西方资本主义社会的弊端，希望革命成功以后把中国建设成一个无贫困无剥削的美好社会，而不是重走西方资本主义的老路，因此将民生主义作为预防资本主义祸害的方案，认为"文明有善果，也有恶果，须要取那善果，避那恶果。欧美各国，善果被富人享尽，贫民反食恶果，总由少数人把持文明幸福，故成此不平等的世界"。① 由他拟定的 25 条《建国大纲》，开篇宣示建设

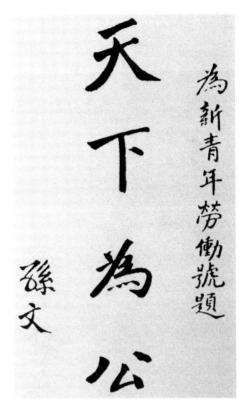

▲ 图46　孙中山题词："天下为公"

之首要在民生，主张"对于全国人民之食衣住行四大需要，政府当与人民协办共谋农业之发展，以足民食；共谋织造之发展，以裕民衣；建设大计划之各式屋舍，以乐民居；修治道路、运河，以利民行"。② 在他的理想中，民生主义是国事由国民直接参与，国家福利由国民全体享受的一种制度，最终进入"幼有所教、老有所养、分业操作、各得其所"的理想社会。他认为："民生就是人民的生

八、意味深长：《实业计划》的现实启示

① 《在东京〈民报〉创刊周年庆祝大会的演说》，《孙中山全集》第一卷，第 327—328 页。
② 《民国政府建国大纲》，《孙中山全集》第九卷，第 126—127 页。

活——社会的生存、国民的生计、群众的生命。"① 作为孙中山为解决民生问题的智慧结晶，《实业计划》念兹在兹，处处渗透着以民生为本的理念。

民生是人类社会生存发展的基本问题，也是治国理政的根本问题，关乎国家兴亡、社会稳定和人民福祉。"中国梦"是民族的梦，同样承载着每一个中国人的梦。当代中国所处的发展阶段，决定了将保障和改善民生作为中国梦的主要内容，多谋民生之利，多解民生之忧，真正做到经济建设与社会发展同步，生产与分配并重，国强与民富同步，取之于民，用之于民，一切以社会和谐发展、人民生活幸福作为根本目标，才能使梦想变得更加厚重、坚实和长久。孙中山"以民生为重心"的现代化思想内涵，与我们提倡一切发展成果"以民生为落脚点"的宗旨，有着异曲同工之处，值得后人认真加以总结和资鉴。

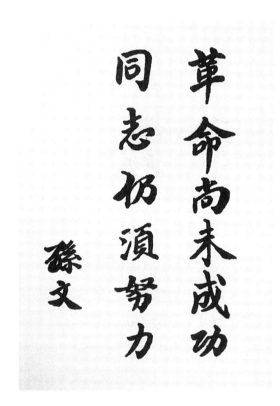

▲ 图47　孙中山题词："革命尚未成功，同志仍须努力"

_____

① 《三民主义·民权主义》，《孙中山全集》第九卷，第355页。

百年以还，物换星移，"人间正道是沧桑"。

在今天实现中华民族伟大复兴中国梦的征程上，不忘历史才能开辟未来，善于继承才能善于创新。《实业计划》作为孙中山殚精竭虑的思想成果，是关系到中国现代化基本走向和历史命运的目标设计和总体规划，无疑为后世提供了宝贵的思想遗产和无穷的历史财富，激励人们进一步追求理想、实现梦想的精神状态。

回望前尘，时光流逝，历史人物已渐行渐远，但孙中山留给我们的一切，如同一坛陈年的老窖，扑鼻而来的是先行者奋斗的醇香气息，随着历史的向前发展，必将以恒久的魅力散发出岁月湮没不了的理性光芒。

路漫漫其修远兮……

《实业计划》

Industrial Plan

上海英文版自序^①

欧战^②甫毕，吾即从事于研究中国实业之国际开发，而成此六种计划。吾之所以如是亟亟^③者，盖欲尽绵薄之力，以谋世界和平之实现也。夫以中国幅员之广，达四百二十八万九千平方英里，人口之众今有四万万，益以埋藏地下之富饶矿产及资源雄厚之农产，遭受军事资本之列强觊觎，已成俎上肥肉，其争夺之激烈，远甚于彼端之巴尔干^④。中国问题苟一日不加和平解决，则另一世界战争不名免除，且其战区之广袤与战斗之惨烈，实非甫寝之前役所可比拟。故欲解决此问题，窃以为当拟定方案，实行国际共同开发中国之丰富资源，发展中国之实业，方为上上策也。若此策果能实现，则大而世界，小而中国，莫不受其利。吾理想中之结果，可以打破列强分割之势力范围，消灭现今之国际商战及资本竞争之内讧，最后消除劳资之阶级斗争，如此则关乎中国问题之战端得以永久根除矣。

---

① 1920 年上海商务印书馆初版发行《实业计划》英文本：Sun Yat-sen, *The International Development of China*。

② 欧战，此指发生于 1914—1918 年的第一次世界大战。

③ 急迫、急忙。

④ 1914 年 6 月 28 日，奥匈帝国皇太子斐迪南大公在巴尔干半岛波斯尼亚首府萨拉热窝遇刺身亡。7 月奥匈帝国向塞尔维亚宣战，引发第一次世界大战。

吾之计划种种，材料单薄，仅就鄙见所及，乃作粗疏之大略也。故必待专门家加以科学之调查，巨细縻遗之实测，变更之改良之，始可遽臻实用也。譬如吾所计划之北方大港拟设于青河、滦河两河口之间，鄙见以为其港口当位于东边，然经工程师实测之后，则其港口应处西边。是所冀望于众专门家也。

吾之计划著成后，蒙蒋梦麟博士、[1] 余日章先生、[2] 朱友渔博士、[3] 顾子仁[4] 先生及李耀邦博士[5] 鼎力相助，校阅稿本，例应于此致谢。尤蒙顾子仁先生之厚谊，成书付印时为余奔波照料，殊为感激。

一九二〇年七月二十日　孙逸仙序于上海

---

① 蒋梦麟（1886—1964），浙江余姚人。留学美国，师从杜威，1917 年获哥伦比亚大学教育学博士，先后任国民政府教育部部长、北京大学校长、行政院秘书长、中国红十字会会长等职。著有《西潮》《新潮》《孟邻文存》等。

② 余日章（1882—1936），原籍蒲圻，生于武昌，曾获美国哈佛大学教育科硕士学位、上海圣约翰大学文科博士学位。1918 年任中华基督教青年会全国协会总干事、1923 年任中华全国基督教协进会会长。

③ 朱友渔（1886—1986），上海人，1907 年赴美留学，获哥伦比亚大学哲学博士学位。1912 年在美出版英文本《中国慈善事业的精神》。回国后曾任上海圣约翰大学社会学教授、中华圣公会云贵教区主教。著有《中国慈善事业的精神》。

④ 顾子仁（1887—1971），上海人，1906 年毕业于上海圣约翰大学。先后任中华基督教青年会总干事、世界基督教学生同盟干事。

⑤ 李耀邦（1884—约1940），广东省番禺人。1914 年获芝加哥大学哲学博士学位，回国后任南京高等师范学校教授，1917 年任基督教青年会全国协会副总干事。20 世纪 20 年代后期从商，曾任职于实业部上海商品检验局，后将大部分积蓄用于支持上海私立沪江大学。

纽约英文版自序 [1]

世界大战宣告停止之日，余即从事于研究国际共同发展中国实业，而次第成此六种计划。余之所以如是其亟亟者，盖欲倾竭绵薄，利用此绝无仅有之机会，以谋世界永久和平之实现也。

夫以中国幅员之广，达四百二十八万九千〈平〉方英里；人口之众，号四万万；益以埋藏地下之无量数矿产与夫广大雄厚之各种农产，乃不能雄飞独立，与世界各国互相提携，共同开发；而反以谩藏诲盗，[2] 致成列强政治、经济侵略之俎上肉，斯诚不独中国之耻，抑亦世界各国之忧也。

不观夫巴尔干往事乎？暴徒之弹朝发，世界之战夕起。今后中国问题，其严重殆十倍于巴尔干，此问题一日不解决，则世界第二次世界大战之危机一日不能解除；且其战区之扩大及战斗之猛烈，尤非第一次所可比拟。吾人试闭目一思，当有不寒而栗者矣。顾欲解决此问题，其道果安在乎？余以为舍国际共同发展中国实业外，殆无他策。此政策果能实现，则大而世界，小而中国，无不受其利

---

① 1922 年，美国 G.P. Putnam's Sons 旗下 The Knickerbocker Press（尼克博克出版公司）出版《实业计划》英文版。

② 指东西收藏不慎而招致盗贼。

160

益。余理想中之结果，至少可以打破现在之所谓列强势力范围，可以消灭现在之国际商业战争与资本竞争，最后且可以消除今后最大问题之劳资阶级斗争。如是则关于中国问题之世界祸根可以永远消灭，而世界人类生活之需要，亦可得一绝大之供给源流，销兵气为日月之光，化凶厉于祯祥之域，顾不懿欤！

余之所为计划，材料单薄，不足为具体之根据，不过就鄙见所及，贡其粗疏之大略而已；增损而变更之，非待专门家加以科学之考查与实测，不可遽臻实用也。比如余所计划之北方大港，将出现于青河、滦河之间者，在余之意见，以为港口必须设于东面，乃一经工程师实行测量之后，则港口应在西方。举此一例，可以证明余之粗疏。弥缝补苴，使成尽美尽善之伟大计划，是所望于未来之专门家矣。

余书著成后，助予校阅稿本者为蒋梦麟博士、余日章先生、朱友渔博士、顾子仁先生、李耀邦博士，例应于此致谢。

中华民国十年四月二十五日　孙文序于广州

中文版序^①

　　欧战甫完之夕，作者始从事于研究国际共同发展中国实业，而成此六种计划。盖欲利用战时宏大规模之机器及完全组织之人工，以助长中国实业之发达，而成我国民一突飞之进步，且以助各国战后工人问题之解决。无如各国人民久苦战争，朝闻和议，夕则懈志，立欲复战前原状，不独战地兵员陆续解散，而后路工厂亦同时休息。大势所趋，无可如何。故虽有三数^②之明达政治家欲赞成吾之计划，亦无从保留其战时之工业，以为中国效劳也。我固失一速进之良机，而彼则竟陷于经济之恐慌，至今未已，其所受痛苦较之战时尤甚。将来各国欲恢复其战前经济之原状，尤非发展中国之富源，以补救各国之穷困不可也。然则中国富源之发展，已成为今日世界人类之至大问题，不独为中国之利害而已

---

①　1921年10月上海民智书局出版的《实业计划》中文版。

②　表示为数不多。

也。惟发展之权，操之在我则存，操之在人则亡，此后中国存亡之关键，则在此实业发展之一事也。吾欲操此发展之权，则非有此智识不可。吾国人欲有此智识，则当读此书，尤当熟读此书。从此触类旁通，举一反三，以推求众理。庶几操纵在我，不致因噎废食，① 方能泛应曲当，② 驰骤于今日世界经济之场，以化彼族竞争之性，而达我大同之治也。

此书为实业计划之大方针，为国家经济之大政策而已。至其实施之细密计划，必当再经一度专门名家之调查，科学实验之审定，乃可从事。故所举之计划，当有种种之变更改良，读者幸毋以此书为一成不易之论，庶乎可。

此书原稿为英文，其篇首及第二、第三计划及第四之大部分为朱执信③ 所译，其第一计划为廖仲恺④ 所译，其第四之一部分及第

---

① 因噎废食，噎：食物塞住喉咙。废：停止。比喻小人做事不知轻重，因小事而推翻全部。

② 泛应曲当，意指广泛适应，无不恰当。

③ 朱执信（1885—1920），广东番禺人。1904 年留学日本，1905 年被选为中国同盟会评议部议员兼书记。先后任《民报》《建设》等杂志编辑。被孙中山誉为"中国之明星""革命中的圣人""世界之奇才"。遗著编有《朱执信集》。

④ 廖仲恺（1877—1925），广东归善县（今惠阳）人。1905 年加入同盟会，任同盟会外务部干事、中国留日学生会会长。1911 年辛亥后任广东军政府总参议，兼理财政。"二次革命"失败后流亡日本，参加中华革命党。1917 年任护法军政府财政次长、署理财政总长。1919 年参与创办《星期评论》《建设》杂志。1921 年任广东财政厅长。1922 年后协助孙中山改组国民党，被选为国民党中央执行委员会常务委员。1925 年指挥东征军作战，平定杨希闵、刘震寰叛乱。7 月任国民政府常务委员、财政部长、军事委员会常务委员。8 月在广州被国民党右派暗杀。著作编有《廖仲恺集》《双清文集》。

六计划及结论为林云陔①所译，其第五计划为马君武②所译。特此志之。

民国十年十月十日　孙文序于粤京③

---

① 林云陔（1883—1948），广东信宜人。早年加入同盟会，参加辛亥革命任高雷道都督，后留学美国。1919 年任上海《建设》杂志编辑，1920 年后历任孙中山大元帅府秘书、广州市市长、广东省政府主席兼财政厅、建设厅厅长、国民政府监察院审计部部长、审计长等职。

② 马君武（1881—1940），广西桂林人。1902 年留日期间结识孙中山，1905 年参与组建同盟会，为《民报》主要撰稿人。辛亥革命成功后参与起草《临时约法》《临时政府组织大纲》，任中华民国临时政府实业部次长、孙中山革命政府秘书长、广西省省长、北洋政府司法总长、教育总长。1924 年淡出政坛，投入教育事业，先后任大夏大学、北京工业大学、中国公学、国立广西大学等校校长，以改造传统教育体制、力推现代高等教育理念，与蔡元培同享盛名，有"北蔡南马"之誉。

③ 此指广东省省会广州。

篇　首^①

世界大战最后之一年中，各国战费每日须美金二万四千万元。此中以极俭计，必有一半费于药弹及其他直接供给战争之品，此已当美金一万二千万元矣。如以商业眼光观察此种战争用品，则此新工业乃以战场为其销场，以兵士为其消费者，改变种种现存之他种实业，以为此供给，而又新建以益之。各交战国民，乃至各中立国民，日夕缩减其生活所需至于极度，而储其向日所费诸繁华及安适者，以增加生产此种战争货品之力。今者战事告终，诚可为人道庆。顾此战争用品之销场同时闭锁，吾人当图善后之策。故首当谋各交战国之再造，次则恢复其繁华与安适。此两项事业，若以日费六千万元计之，只占此战争市场所生余剩之半额，而所余者每日仍

---

① 此篇曾于 1918 年单独发表。1919 年 3 月 7 日上海《民国日报》以《中山先生国际共同发展中国实业计划书》为题见载，当年 8 月上海《建设》杂志从第 1 卷第 1 号起连载《实业计划》中译稿，本篇称为《实业计划》的"开篇总论""总论"。1920 年上海商务印书馆英文版本，该篇以 *The International Development of China: A Project to Assist the Readjustment of Post——Bellum Industries*（中译名为《国际共同发展中国实业计划书——补助世界战后整顿实业之方法》）为题置于卷首。后由孙中山编入《建国方略》，此处均无标题。"篇首"系编者添加。

有六千万元，尚无所用之地。且此千数百万军人，向从事于消费者，今又一转而事生产，则其结果必致生产过多。不特此也，各国自推行工业统一与国有后，其生产力大增，与前此易手工用机器之工业革命①相较，其影响更深。吾人欲命以"第二工业革命"之名，似甚正确。若以其增加生产力而言，此次革命之结果实较前增加数倍。然则以世界战争而成此工业统一与国有之现象者，于战后之整理必多纠纷。今夫一日六千万，则一年二百一十九万万也，贸易如是其巨也，以战争而起者，乃忽以和平而止。试问欧美于此世界中，将向何处觅销场，以消纳战争时储节所赢之如许物产乎？

如当整理战后工业之际，无处可容此一年二百一十九万万之贸易，则其工业必停，而投于是之资本乃等于虚掷，其结果不惟有损此诸生产国之经济状况，即于世界所失亦已多矣。凡商业国，无不觅中国市场，以为消纳各国余货之地。然战前贸易状态，太不利于中国，输入超过输出年逾美金一万万。循此以往，中国市场不久将不复能销容大宗外货，以其金钱、货物俱已枯竭，无复可持与外国市易也。所幸中国天然财源极富，如能有相当开发，则可成为世界中无尽藏之市场；即使不能全消费此一年二百十九万万之战争生产剩余，亦必能消费其大半无疑。

中国今尚用手工为生产，未入工业革命之第一步，比之欧美已临第二革命者②有殊。故于中国两种革命必须同时并举，既废手工

---

① 18 世纪从英国发起的技术革命，开创了以机器代替手工工具的时代。这次技术革命及其社会关系的变革，被称为第一次工业革命或产业革命。

② 第二次工业革命是指 19 世纪 70 年代至 20 世纪初科学技术的突飞猛进，主要表现在电力的广泛应用、内燃机和新交通工具的创制、新通讯手段的发明，并被迅速应用于工业生产，大大促进了经济发展。

采机器，又统一而国有之。于斯际中国正需机器，以营其巨大之农业，以出其丰富之矿产，以建其无数之工厂，以扩张其运输，以发展其公用事业。然而消纳①机器之市场，又正战后贸易之要者也。造巨炮之机器厂，可以改制蒸汽辘压，以治中国之道路；制装甲自动车之厂，可制货车以输送中国各地之生货。凡诸战争机器，一一可变成平和器具，以开发中国潜在地中之富。此种开辟利源之办法，如不令官吏从中舞弊，则中外利益均沾，中国人民必欢迎之。

欧美人或有未之深思者，恐以战争时之机器、战争时之组织、与熟练之技工开辟中国利源，将更引起外国工业之竞争。故余今陈一策，可使中国开一新市场，既以销其自产之货，又能销外国所产，两不相妨。其策如下：②

（甲）交通之开发：

子　铁路一十万英里。

丑　碎石路③一百万英里。

寅　修浚现有运河：

（一）杭州、天津间运河。

（二）西江、④扬子江⑤间运河。

卯　新开运河：

---

① 销售。

② 原文为"如左"，编者依排版方式酌改为"如下"，下同。

③ 用碎石铺成的道路，也称"麦克亚当"道路，因工业革命时期苏格兰人麦克亚当（Macadam）发明而命名。

④ 发源于云南，流经广西，在广东佛山三水与东江、北江交汇，是珠江水系中最长的河流，仅次于长江、黄河。

⑤ 因古有扬子津渡口而得名，江苏省南京以下至入海口的长江下游河段的旧称，后也用作整个长江的代称。

（一）辽河、松花江间运河。

（二）其他运河。

辰　治河：

（一）扬子江筑堤、浚水路，起汉口迄于海，以便航洋船直达该港，无间冬、夏。

（二）黄河筑堤、浚水路，以免洪水。

（三）导西江。

（四）导淮。

（五）导其他河流。

巳　增设电报线路、电话及无线电等，使遍布于全国。

（乙）商港之开辟：

子　于中国中部、北部、南部各建一大洋港口，如纽约港者。

丑　沿海岸建种种之商业港及渔业港。

寅　于通航河流沿岸建商场、船埠。

（丙）铁路中心及终点并商港地设新式市街，各具公用设备。

（丁）水力之发展。

（戊）设冶铁、制钢并造士敏土①之大工厂，以供上列各项之需。

（己）矿业之发展。

（庚）农业之发展。

（辛）蒙古、新疆之灌溉。

（壬）于中国北部及中部建造森林。

（癸）移民于东三省、蒙古、新疆、青海、西藏。

---

①　水泥，英文"cement"的音译。

如使上述规划果能逐渐举行，则中国不特可为各国余货消纳之地，实可为吸收经济之大洋海，凡诸工业国其资本有余者，中国能尽数吸收之。不论在中国抑在全世界，所谓竞争、所谓商战者，可永不复见矣。

近时世界战争，已证明人类之于战争不论或胜或负，均受其殃，而始祸者受害弥重。此理于以武力战者固真，于以贸易争者尤确也。威尔逊[①]总统今既以国际同盟[②]防止将来之武力战争，吾更欲以国际共助中国之发展以免将来之贸易战争。则将来战争之最大原因庶可[③]从根本绝去矣。

自美国工商发达以来，世界已大受其益。此四万万人之中国一旦发达工商，以经济的眼光视之，何啻新辟一世界！而参与此开发之役者，亦必获超越寻常之利益，可无疑也。且此种国际协助，可使人类博爱之情益加巩固，而国际同盟亦得借此以巩固其基础，此又予所确信者也。

欲使此计划举行顺利，余以为必分三步以进：第一，投资之各政府务须共同行动，统一政策，组成一国际团，用其战争时任组织、管理等人材及种种熟练之技师，令其设计有统系，用物有准度，以免浪费，以便作工。第二，必须设法得中国人民之信仰，使其热心匡助此举。如使上述两层已经办到，则第三步即为与中国政

---

①　威尔逊（1856—1924），1912—1921 年以民主党人身份当选美国第 28 届总统。任内助成美国参加第一次世界大战并取得胜利，并提出了关于确保战后世界和平的"十四点原则"。

②　简称国联。1920 年 1 月《凡尔赛条约》签订后组成的国际组织，由美国总统威尔逊主持成立，以减少武器数量、平息国际纠纷、提高民众生活水平以及促进国际合作和国际贸易为宗旨，第二次世界大战后被联合国取代。

③　差不多可以。

府开正式会议，以议此计划之最后契约。而此种契约，吾以为应取法于曩者①吾与伦敦波令公司所立建筑广州—重庆铁路合同，以其为于两方最得宜，而于向来中国与外国所结契约中为人民所最欢迎者也。吾人更有不能不预为戒告者，即往日盛宣怀②铁路国有之覆辙，不可复蹈也。③当时外国银行家不顾中国之民意，以为但与中国政府商妥，即无事不可为；及后乃始悔其以贿成之契约，终受阻于人民也。假使外国银行先遵正当之途，得中国人民之信仰，然后与政府订契约，则事易行，岂复有留滞之忧？然则于此国际计划，吾人不可不重视民意也。

如资本团以吾说为然，吾更当继此有所详说。

---

① 以往，从前。

② 盛宣怀（1844—1916），江苏常州人，洋务派代表人物，被誉为"中国实业之父"和"中国商父"。

③ 1911 年 5 月，清廷在邮传大臣盛宣怀的策动下宣布"铁路国有"政策，下令将已归商办的川汉铁路、粤汉铁路权作抵押，向英法美德四国银行借款 600 万英镑，统一全国的轨道，由此激起"保路运动"（又称"铁路风潮"），成为武昌起义爆发的导火线，直接导致了清政府的倒台。

第一计划

　　中国实业之开发应分两路进行，（一）个人企业、（二）国家经营是也。凡夫事物之可以委诸个人，或其较国家经营为适宜者，应任个人为之，由国家奖励而以法律保护之。今欲利便个人企业之发达于中国，则从来所行之自杀的税制应即废止，紊乱之货币立需改良，而各种官吏的障碍必当排去，尤须辅之以利便交通。至其不能委诸个人及有独占性质者，应由国家经营之。今兹所论，后者之事属焉。

　　此类国家经营之事业，必待外资之吸集、外人之熟练而有组织才具者之雇佣，宏大计划之建设，然后能举。以其财产属之国有，而为全国人民利益计以经理之。关于事业之建设运用，其在母财、①子利②尚未完付期前，应由中华民国国家所雇专门练达之外人任经营监督之责；而其条件，必以教授训练中国之佐役，俾能将来继承其乏，为受雇于中国之外人必尽义务之一。及乎本利清偿而后，中华民国政府对于所雇外人当可随意用舍矣。

---

① 资本。
② 利息。

于详议国家经营事业开发计划之先，有四原则必当存〔留〕据〔意〕：

（一）必选最有利之途以吸外资。

（二）必应国民之所最需要。

（三）必期抵抗之至少。

（四）必择地位之适宜。

今据上列之原则，举其计划如下：

（一）北方大港于直隶湾。①

（二）建铁路统系，起北方大港，迄中国西北极端。

（三）殖民②蒙古、新疆。

（四）开浚运河，以联络中国北部、中部通渠及北方大港。

（五）开发山西煤铁矿源，设立制铁、炼钢工厂。

上列五部为一计划，盖彼此互相关联，举其一有以利其余也。北方大港之筑，用为国际发展实业计划之策源地，中国与世界交通运输之关键亦系夫此。此为中枢，其余四事傍属焉。

第一部　北方大港

兹拟建筑不封冻之深水大港于直隶湾中。中国该部必需此港，

---

① 直隶，1928年前对河北省的称呼，行政范围以现在的河北省为主，同时还包括现京津以及内蒙古、山东省、河南省的部分。1928年后改称河北省。直隶湾即渤海湾，位于渤海西部，北起河北省乐亭县大清河口，南到山东省黄河口。

② 殖民指强国向所征服的地区移民，后泛指把自己的政治、经济、文化势力扩张到国外。此指垦殖移民。

国人宿昔①感之，无时或忘。向者屡经设计浚渫②大沽口沙，又议筑港于岐河口。③秦皇岛港④已见小规模的实行，而葫芦岛港⑤亦经筹商兴筑。今余所策，皆在上举诸地以外。盖前两者距深水线过远而淡水过近，隆冬即行结冰，不堪作深水不冻商港用；后两者与户口集中地辽隔，用为商港不能见利。兹所计划之港，为大沽口、秦皇岛两地之中途，青河、⑥滦河⑦两口之间，沿大沽口、秦皇岛间海岸岬角上。该地为直隶湾中最近深水之一点，若将青河、滦河两淡水远引他去，免就近结冰，使为深水不冻大港，绝非至难之事。此处与天津相去，方诸天津、秦皇岛间少差七八十咪。⑧且此港能借运河以与北部、中部内地水路相连，而秦皇、葫芦两岛则否。以商港论，现时直隶湾中唯一不冻之港，惟有秦皇岛耳。而此港则远胜秦皇、葫芦两岛矣。

由营业上观察，此港筑成，立可获利，以地居中国最大产盐区域之中央故也。在此地所产至廉价之盐，只以日曝法产出；倘能加以近代制盐新法，且可利用附近廉价之煤，则其产额必将大增，而产费必将大减，如此中华全国所用之盐价可更廉。今以本计划遂行

①　往常、向来。

②　疏浚、疏通淤塞的河道、港口。

③　今作歧口，位于渤海湾西。

④　地处渤海之滨，1898 年辟为商埠，以运输外运开滦煤为主，是中国北方著名的天然不冻港。

⑤　1918 年始建，位于辽东湾西北葫芦岛半岛，东距营口港 60 海里，西南距秦皇岛港 90 海里。

⑥　大清河位于海河流域中部，地跨晋、冀、京、津。

⑦　古称濡水，发源于河北省北部北麓，向北流入内蒙古后又折返东南，再入河北东北部，向东南注入渤海。

⑧　mile 的英译，即英里。

之始，仅能成中等商港计之，只此一项实业已足支持此港而有余。此外直接附近地域，尚有中国现时已开最大之煤矿（开滦矿务公司[1]），计其产额年约四百万吨。该公司现用自有之港（秦皇岛），借为输出之路。顾吾人所计划之港，距其矿场较近，倘能以运河与矿区相联，则其运费方诸陆运至秦皇岛者廉省多矣。不特此也，兹港将来必畅销开滦产煤，则该公司势必仰资此港为其运输出口之所。今天津一处在北方为最大商业之中枢，既无深水海港可言，每岁冬期，封冻数月，必须全赖此港以为世界贸易之通路。此虽局部需要，然仅以此计，已足为此港之利矣。

顾吾人之理想，将欲于有限时期中发达此港，使与纽约等大。试观此港所襟带[2]控负之地，即足证明吾人之理想能否实现矣。此地西南为直隶、山西两省与夫黄河流域，人口之众约一万万。西北为热河特别区域[3]及蒙古游牧之原，土旷人稀，急待开发。夫以直隶生齿[4]之繁，山西矿源之富，必赖此港为其唯一输出之途。倘将来多伦诺尔、[5]库伦[6]间铁路完成，以与西伯利亚铁路联络，则中央西伯利亚一带皆视此为最近之海港。由是言之，其供给分配区域，当较纽约为大。穷其究竟，必成将来欧亚路线之确实终点，而两大

---

[1] 1878 年建，是中国最早使用机器开采的大型煤矿，也是近代最早实行股份制经营的一家企业。

[2] 山川屏障环绕，如襟似带，形容依山绕河的险要地理形势。

[3] 1914 年北洋政府设热河特别区域，1928 年南京国民政府改置热河省，位于今河北省、辽宁省和内蒙古自治区交界地带。1955 年撤销。

[4] 语出《周礼·秋官·司民》，指将已长乳齿的男女登载户籍，借指人口、家口。

[5] 蒙古语七个湖泊的意思，清代内蒙古地区的宗教和商业城市，今属锡林郭勒盟。

[6] 今蒙古国乌兰巴托。

陆于以连〔联〕为一气。今余所计划之地，现时毫无价值可言。假令于此选地二三百方咪置诸国有，以为建筑将来都市之用，而四十年后发达程度即令不如纽约，仅等于美国费府，[①] 吾敢信地值所涨，已足偿所投建筑资金矣。

中国该部地方，必需如是海港，自不待论。盖直隶、山西、山东西部、河南北部、奉天[②]之一半、陕甘两省之泰半，约一万万之人口，皆未尝有此种海港。蒙古、新疆与夫煤铁至富之山西，亦将全恃[③]直隶海岸为其出海通衢。若乎沿海、沿江各地稠聚人民，必需移实蒙古、天山一带从事垦殖者，此港实为最近门户，且以由此行旅为最廉矣。

兹港所在，距深水至近，去大河至远，而无河流滞淤填积港口，有如黄河口、扬子江口时需浚渫之患，自然之障碍于焉可免。又为干燥平原，民居极鲜，人为障碍，丝毫不存，建筑工事尽堪如我所欲。至于海港、都市两者之工程预算，当有待于专门技士之测勘，而后详细计划可定。（参观第一图，并观详图一、二）

（详图之说明：自第一计划寄到北京公使馆之后，美使芮恩诗[④]博士即派专门技师，[⑤] 往作者所指定之北方大港地点实行测量，果

---

①　即费城（Philadelphia），位于美国宾夕法尼亚州东南部，1790—1800 年为美国首都，是美国最具历史意义的城市之一。

②　辽宁省旧称。简称"奉"，省会奉天府，1929 年改称辽宁省。

③　依赖，仗着。

④　又译芮恩施（Paul Samuel Reinsch，1869—1923），美国学者、外交官。1898—1913 年任威斯康星大学政治学教授，1913 年任美国驻华公使，1919 年辞职后受聘为北洋政府法律顾问。著《远东的知识和政治潮流》《公共国际联盟》《平民政治的基本原理》及回忆录《一个美国外交官使华记》。

⑤　此指美国商务部特派员惠瑟姆（Paul P.Whitham）。

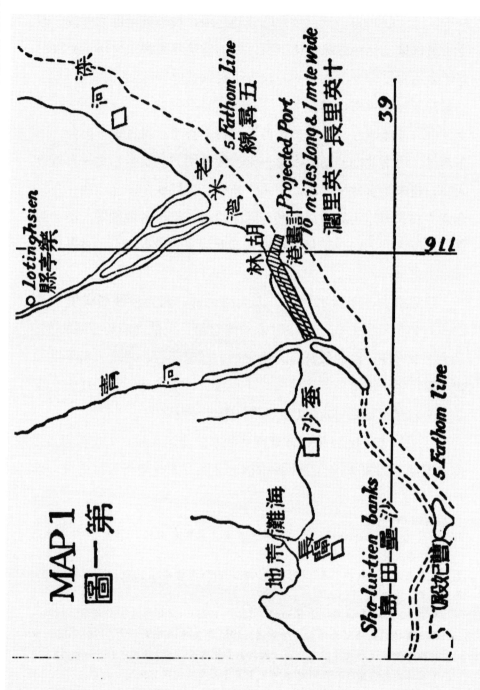

MAP 1
第一圖

Loting Hsien
樂亭縣

灤河

老米灣

胡林

5 Fathom Line
五尋線

Projected Port
計畫港
10 miles long & 1 mile wide
十英里長一英里濶

39

116

青河

沙垒

地荒海灘長岛

Sha-lui-tien banks
沙-垒-田-岛

5 Fathom line

曹已破限

所標經緯應為 119° E。——編者

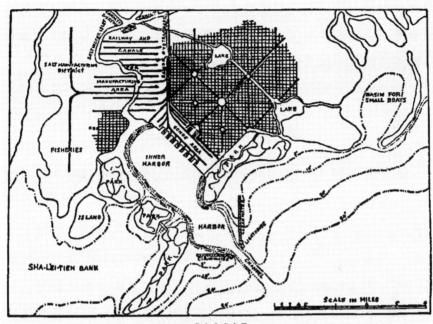

北方大港全景一

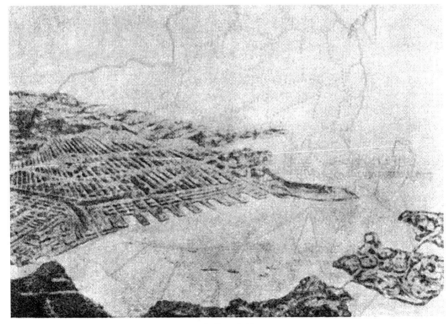

北方大港全景二

发见此地确为直隶沿海最适宜于建筑一世界港之地，唯其不同之点只有港口当位于西边耳。因作者当时无精确之图也。读者一观此两详细图，便可一目了然矣。）

第二部　西北铁路系统

吾人所计划之铁路，由北方大港起，经滦河谷地以达多伦诺尔，凡三百咪。经始之初即筑双轨，以海港为出发点，以多伦诺尔为门户，以吸收广漠平原之物产，而由多伦诺尔进展于西北。第一线，向北偏东北走，与兴安岭山脉平行，经海拉尔，以赴漠河。漠河者，产金区域而黑龙江右岸地也。计其延长，约八百咪。第二线，向北偏西北走，经克鲁伦，以达中俄边境，以与赤塔城附近之西伯利亚铁路相接，长约六百咪。第三〈线〉，以一干线向西北，转正西又转西南，沿沙漠北境以至国境西端之迪化城，[①] 长约一千六百咪。地皆平坦，无崇山峻岭。第四线，由迪化迤[②] 西以达伊犁，约四百咪。第五线，由迪化东南超出天山山峡，以入戈壁边境，转而西南走，经天山以南沼地与戈壁沙漠北偏之间一带腴沃之地，以至喀什噶尔；由是更转而东南走，经帕米尔高原以东、昆仑以北与沙漠南边之间一带沃土，以至于阗，即克里雅河岸。延长约一千二百咪，地亦平坦。第六线，于多伦诺尔、迪化间干线开一支线，由甲接合点出发，经库伦以至恰克图，约长三百五十咪。第七线，由干线乙接合点出发，经乌里雅苏台，倾北偏西北走以至边

---

① 　今乌鲁木齐旧称。

② 　延伸，向。

境，约六百咪。第八线，由干线丙接合点出发，西北走达边境，约四百咪。（参观第二图）

兹所计划之铁路，证以"抵抗至少"之原则，实为最与理想相符合者。盖以七千余咪之路线为吾人计划所定者，皆在坦途。例如多伦诺尔至喀什噶尔之间，且由斯更进之路线，延袤三千余咪，所经均肥沃之平野，并无高山大河自然之梗阻横贯其中也。

以"地位适宜"之原则言之，则此种铁路，实居支配世界的重要位置。盖将为欧亚铁路系统之主干，而中、欧两陆人口之中心因以联结。由太平洋岸前往欧洲者，以经此路线为最近。而由伊犁发出之支线，将与未来之印度、欧洲线路（即行经伯达，以通达马斯加斯及海楼府者）①联络，成一连锁。将来由吾人所计划之港，可以直达好望角城。综观现在铁路，于世界位置上无较此重要者矣。

以"国民需要"之原则言之，此为第一需要之铁路。盖所经地方，较诸本部十八行省②尤为广阔。现以交通运输机关缺乏之故，丰富地域委为荒壤，而沿海沿江烟户稠密省分，麇聚③之贫民无所操作，其弃自然之惠泽而耗人力于无为者，果何如乎？倘有铁路与

---

① 今分别译为巴格达（伊拉克首都）、大马士革（叙利亚首都）、开罗（埃及首都）。

② 清末内地十八省被称为"中国本部"，指历史上中国的心脏地带，或相对于不断变动的中国外围之边疆地区（含亚洲内陆地带与其他地方）。内地十八行省作为汉族的法定居住区域，分别为直隶、河南、山东、山西、陕西、甘肃、湖北、湖南、广东、广西、四川、云南、贵州、江苏、江西、浙江、福建、安徽，不包括东北、蒙古、新疆、青海、西藏等地域。这一概念与范围自康熙年间至光绪年间大致维持不变。民国初年，"中国本部"包括了东北。

③ 亦作"麝聚"，似獐一样依类相聚，群集、聚集之义。

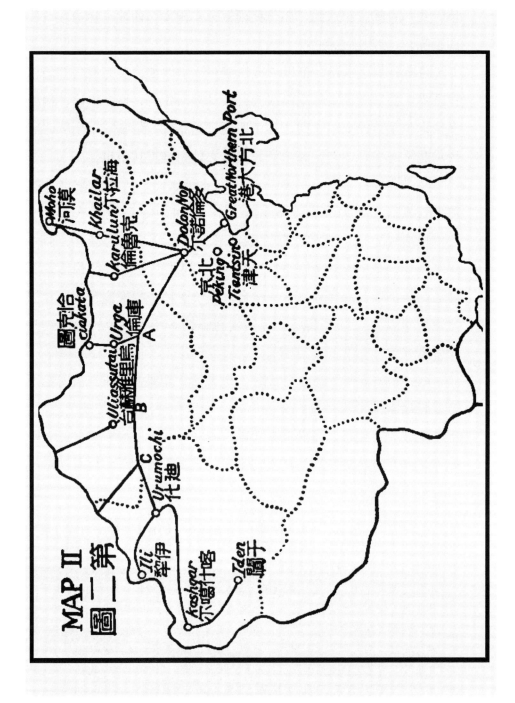

此等地方相通，则稠密省区无业之游民，可资以开发此等富足之地。此不仅有利于中国，且有以利世界商业于无穷也。故中国西北部之铁路系统，由政治上、经济上言之，皆于中国今日为必要而刻不容缓者也。

吾人所以置"必选有利之途"之第一原则而未涉及者，非遗弃之也，盖将详为论列，使读者三致意焉耳。今夫铁路之设，间于人口繁盛之区者其利大，间于民居疏散之地者其利微，此为普通资本家、铁路家所恒信；今以线路横亘于荒僻无人之境，如吾人所计划者，必将久延岁月，而后有利可图。北美合众国政府于五十年前，所以给与无垠之土地于铁路公司，诱其建筑横跨大陆干路以达太平洋岸者，职是之故。余每与外国铁路家、资本家言兴筑蒙古、新疆铁路，彼辈恒有不愿。彼将以为兹路之设，所过皆人迹稀罕，只基于政治上、军事上理由，有如西伯利亚铁路之例，而不知铁路之所布置，由人口至多以达人口至少之地者，其利较两端皆人口至多之地为大。兹之事实，盖为彼辈所未曾闻。请详言其理。夫铁路两端人口至多之所，彼此经济情况大相仿佛，不如一方人口至多、他方人口至少者彼此相差之远。在两端皆人口至多者，舍特种物产此方仰赖彼方之供给而外，两处居民大都生活于自足经济情况之中，而彼此之需要供给不大，贸迁交易不能得巨利。至于一方人口多而他方人口少者，彼此经济情况大相径庭。新开土地从事劳动之人民，除富有粮食及原料品以待人口多处之所需求而外，一切货物皆赖他方之繁盛区域供给，以故两方贸易必臻鼎盛。不特此也，筑于两端皆人口至多之铁路，对于人民之多数无大影响，所受益者惟少数富户及商人而已；其在一方人口多而他方人口少者，每筑铁路一咪开始输运，人口多处之众必随之而合群移住于新地，是则此路建筑之始，将充其量以载行客。京奉、①京汉②两路比较，其明证也。

京汉路线之延长八百有余咪，由北京直达中国商业聚中之腹地，铁路两端之所包括，皆户集人稠之所；京奉路线长仅六百咪耳，然由人口多处之京、津，开赴人口少处之满洲。③前者虽有收益，则不若后者所得之大。以较短之京奉线，方诸较长之京汉线，每年纯利所赢，其超过之数有至三四百万者矣。

故自理则上言之，从利益之点观察，人口众多之处之铁路，远胜于人口稀少者之铁路。然由人口众多之处筑至人口稀少之处之铁路，其利尤大。此为铁路经济上之原则，而铁路家、资本家所未尝发明〔见〕者也。

据此铁路经济上之新原则，而断吾人所计划之铁路，斯为有利中之最有利者。盖一方联接吾人所计划之港，以通吾国沿海沿江户口至多省分，又以现存之京汉、津浦④两路为此港暨多伦诺尔路线之给养，他方联接大逾中国本部⑤之饶富未开之地；世界地〔他〕处欲求似此广漠腴沃之地，而邻近于四万万人口之中心者，真不可得矣。

---

① 又称关内外铁路，起自北京正阳门东车站，止于奉天（沈阳）站，1898 年 10 月始建，1912 年全线通车。

② 原名卢汉铁路（卢沟桥至汉口），1898 年铺设，1906 年 4 月竣工通车，全长 1214 多公里，改称京汉铁路。

③ 此指中国东北三省（辽宁、吉林和黑龙江）。

④ 1908 年始建，1912 年全线通车。北起天津总站（今天津北站），南至南京浦口火车站，全长 1009 公里。

⑤ 又称"中国本土"，英文 China Proper，指历史上由汉族人口大量聚居、汉文化占统治地位的中国核心地带。此指清朝的内地十八行省。现在已很少提及，主要用于历史地理研究。

第三部　蒙古、新疆之殖民

殖民蒙古、新疆，实为铁路计划之补助，盖彼此互相依倚，以为发达者也。顾殖民政策除有益于铁路以外，其本身又为最有利之事业。例如北美合众国、加拿大、澳洲①及阿尔然丁②等国所行之结果，其成绩至为昭彰。至若吾人之所计划，不过取中国废弃之人力，与夫外国之机械，施于沃壤，以图利益昭著之生产。即以满州〔洲〕现时殖民言之，虽于杂乱无章之中，虚耗人工地力不知凡几，然且奇盛；假能以科学上方法行吾人之殖民政策，则其收效，将无伦比。以此之故，予议于国家机关之下，佐以外国练达之士及有军事上组织才者，用系统的方法指导其事，以特惠移民，而普利全国。

土地应由国家买收，以防专占投机之家置土地于无用，而遗毒害于社会。国家所得土地，应均为农庄，长期贷诸移民。而经始之资本、种子、器具、屋宇应由国家供给，依实在所费本钱，现款取偿，或分年摊还。而兴办此事，必当组织数大机关，行战时工场制度，以为移民运输居处衣食之备。第一年中不取现值，以信用贷借法行之。

一区之移民为数已足时，应授以自治特权。每一移民，应施以训练，俾能以民主政治的精神，经营其个人局部之事业。

假定十年之内，移民之数为一千万，由人满之省徙于西北，垦发自然之富源，其普遍于商业世界之利当极浩大。靡论所投资本庞大若何，计必能于短时期中子偿其母。③故以"有利"之原则论，

---

① 此指澳大利亚。

② 今译阿根廷。

③ 利息可以偿还其投资，意为获利多。

183

别无疑问也。

以"国民需要"之原则衡之，则移民实为今日急需中之至大者。夫中国现时应裁之兵数过百万，生齿之众需地以养，殖民政策于斯两者，固最善之解决方法也。兵之裁也，必需给以数月恩饷，综计解散经费必达一万万元之巨。此等散兵无以安之，非流为饿莩，[①]则化为盗贼，穷其结果，宁可忍言。此弊不可不防，尤不可使防之无效。移民实荒，此其至善者矣。予深望友好之外国资本家，以中国福利为怀者，对于将来中国政府请求贷款以资建设，必将坚持此诣〔旨〕，使所借款项第一先用于裁兵之途；其不然者，则所供金钱，反以致祸于中国矣。对于被裁百余万之兵，只以北方大港与多伦诺尔间辽阔之地区，已足以安置之。此地矿源富而户口少，倘有铁路由该港出发，以达多伦诺尔，则此等散兵可供利用，以为筑港、建路及开发长城以外沿线地方之先驱者，而多伦诺尔将为发展极北殖民政策之基矣。

第四部　开浚运河以联络中国北部、中部通渠及北方大港

此计划包含整理黄河及其支流、陕西之渭河、山西之汾河暨相连诸运河。黄河出口应事浚渫，以畅其流，俾能驱淤积以出洋海。以此目的故，当筑长堤，远出深海，如美国密西悉比河[②]口然。堤之两岸须成平行线，以保河辐之划一，而均河流之速度，且防积淤于河底。加以堰闸之功用，此河可供航运，以达甘肃之兰州。同

---

① 　也作"饿殍"，因饥饿而死亡的人。
② 　今译密西西比河，发源于美国西北部，纵贯南北，是北美洲流程最长、流域面积最广、水量最大的河流。

时，水力工业亦可发展。渭河、汾河亦可以同一方法处理之，使于山、陕两省中为可航之河道。诚能如是，则甘肃与山、陕两省当能循水道与所计划直隶湾中之商港联络，而前此偏僻三省之矿材物产，均得廉价之运输矣。

修理黄河费用或极浩大，以获利计，亦难动人。顾防止水灾，斯为全国至重大之一事。黄河之水，实中国数千年愁苦之所寄。水决堤溃，数百万生灵、数十万万财货为之破弃净尽。旷古以来，中国政治家靡不引为深患者。以故一劳永逸之策不可不立，用费虽巨，亦何所惜，此全国人民应有之担负也。浚渫河口，整理堤防，建筑石坝，仅防灾工事之半而已；他半工事，则植林于全河流域倾斜之地，以防河流之漂卸土壤是也。

千百年来，为中国南北交通枢纽之古大运河，其一部分现在改筑中者，应由首至尾全体整理，使北方、长江间之内地航运得以复通。此河之改筑整理，实为大利所在。盖由天津至杭州，运河所经皆富庶之区也。

另应筑一新运河，由吾人所计划之港直达天津，以为内地诸河及新港之连锁。此河必深而且广，约与白河相类，俾供国内沿岸及浅水航船之用，如今日冬期以外之所利赖于白河者也。河之两岸应备地以建工厂，则生利者不止运输一事，而土地价格之所得，亦其一端也。

至于建筑之计划预算，斯则专门家之责，兹付阙如。

第五部　开发直隶、山西煤铁矿源，设立制铁炼钢工厂

本计划所举诸业，如筑北方大港，建铁路统系由北方大港以达

中国西北极端，殖民蒙古、新疆，与夫开浚运河、改良水道以联络北方大港，之四者所需物料当极浩大。夫煤铁矿源，在各实业国中累岁锐减，而各国亟思所以保存天惠，以遗子孙。如使为开发中国故，凡夫物料所需取给各国，则将竭彼自为之富源，贻彼后代患。且以欧洲战后，各国再造所费，于实业界能供给之煤铁，行将吸收以尽。故开发新富源以应中国之特别需求者，势则然也。

直隶、山西无尽藏之煤铁，应以大规模采取之。今假以五万万或十万万元资本，投诸此事业。当中国一般的开发计划进行之始，钢铁销场立即扩大，殊非现时实业界所能供给。试思铁路、都市、商港等之建筑，与夫各种机械器具之应用，所需果当何若？质而言之，则中国开发，即所以起〔启〕各种物品之新需要，而同时不得不就附近原料，谋相当之供给。故制铁、炼钢工厂者实国家之急需，亦厚利之实业也。

此第一计划，皆依据前此所述之四原则而成。果如世论所云，"一需要即以发生更新之需要，一利益即以增进较多之利益"，则此第一计划可视为其他更大发展中国计划之先导，后当继续论之。

第二计划

东方大港之为第二计划中心，犹之北方大港之为第一计划中心也。故第二计划亦定为五部，即：

（一）东方大港。

（二）整治扬子江水路及河岸。

（三）建设内河商埠。

（四）改良扬子江之现存水路及运河。

（五）创建大士敏土厂。

第一部　东方大港

上海现在虽已成为全中国最大之商港，而苟长此不变，则无以适合于将来为世界商港之需用与要求。故今日在华外国商人有一运动，欲于上海建一世界商港。现经有种种计划提出，即如将现在之布置更加改良，堵塞黄浦江口及上游以建一泊①船坞，于黄浦口外、扬子江右岸建一锁口商港，于上海东方凿一船池，并浚一运河

---

① 船靠岸，停船。

到杭州湾；而预算欲使上海成为一头等商港，必须费去洋银一万万元以上然后可。据第一计划中吾所举之四原则，则上海之为中国东方世界商港也，实不可谓居于理想的位置。在〔而〕此种商港最良之位置，当在杭州湾中乍浦正南之地。依上述四原则以为观察，论其为东方商港，则此地位远胜上海。是以吾等于下文将呼之为计划港，以别于现在中国东方已成之商港即上海也。

甲　计划港

计划港当位于乍浦岬与澉浦岬之间，此两点相距约十五英里。应自此岬至彼岬建一海堤，而于乍浦一端离山① 数百尺之处开一缺口，以为港之正门。此种海堤可分为五段，每段各长三英里。因现在先筑一段，长三英里，阔一英里半，已得三四方英里之港面，足供用矣。至于商务长进，则可以逐段加筑，以应其需用。前面海堤，应以石块或士敏土坚结筑之。其横于海堤与陆地间之堤，则可用沙及柴席垒成，作为暂时建造，以备扩张港面时之移动。此港一经作成，永无须为将来浚渫之计。盖此港近旁，并无挟泥之水日后能填满此港面及其通路者也。在杭州湾中，此港正门为最深之部分，由此正门出至公海，平均低潮水深三十六尺至四十二尺，故最大之航洋船可以随时进出口，故以此计划港作为中国中部一等海港，远胜上海也。（参观第三图）

以"抵抗最少"之原则言，吾之计划乃在未开辟地规划城市、发展实业皆有绝对自由，一切公共营造及交通计划均可以最新利之方法建设之。即此一层，已为我等之商港将来必须发展至大如纽约

---

① 此指浙江省平湖市乍浦镇东南九龙山西段的灯光山。

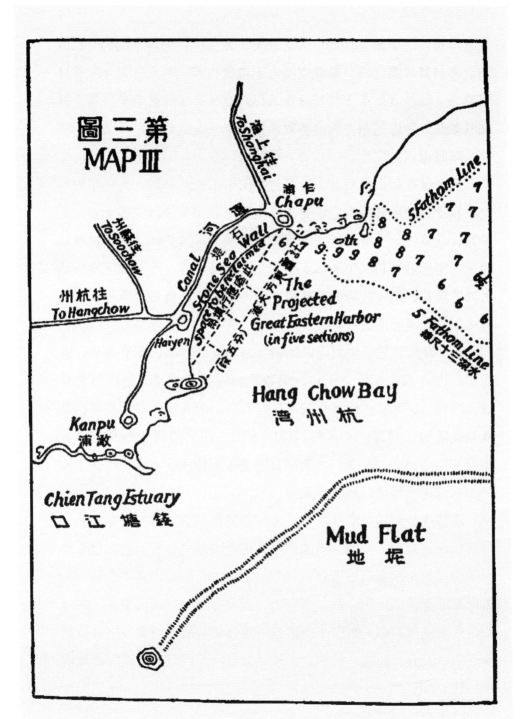

第三圖
MAP III

往上海
To Shanghai

乍浦
Chapu

往蘇州
To Soochow

Canal 河圖

Stone Sea Wall 石堤

往杭州
To Hangchow

此堤填築新海港
(保五分) 新海港填築

The Projected
Great Eastern Harbor
(in five sections)

Haiyen

5 Fathom Line

5 Fathom Line
水深三十尺線

6 6' 9th 9 9 8 8 8 7 7 7 7 7

9 8 8 7 8 7

6 6 6

Hang Chow Bay
杭州灣

Kanpu
澉浦

Chien Tang Estuary
錢塘江口

Mud Flat
坭地

第二計劃

189

者之最重要之要素矣。如使人之远见，在百年前能预察纽约今日人口之多与其周围之广，则此空费之无数金钱劳力与无远见之失误皆可避去，而恰就此市不绝长进之人口及商务，求其适合矣。吾人既知其如此，则中国东方大港务须经始于未开辟之地，以保其每有需用，随时可以推广也。

且上海所有天然利益，如其为中国东部长江商港，为其中央市场，我之计划港亦复有之。更加以由铁路以与大江以南各大都市相交通，此港较之上海为近。抑且如将该地近旁与芜湖之间水路加以改良，则此港与长江上游水上交通亦比上海为近。而上海所有一切人为的繁荣，所以成为一大商埠，为中国此方面商务之中心者，不待多年，此港已能追及之矣。

由吾发展计划之观察点以比较上海与此计划港，则上海较此港遥劣。因其须购高价之土地，须毁除费用甚多之基址与现存之布置，即此一层所费，已足作成一良好港面，于我所计划之地矣。是以照我所提，别建一头等港供中国东部之用，而留上海作为内地市场与制造中心，如英国孟遮斯打①之于利物浦、日本大阪之于神户、东京之于横滨，最为得策也。

以其建造将较上海廉数倍，工作亦简单数倍，故此计划港将为可获厚利之规划。乍浦、澉浦间及其附近土地之价每亩当不过五十元至一百元，国家当划取数百英方里之地于其邻近，以供吾等将来市街发展之计划所用。假如划定为二百英方里，每亩价值百元，每六亩当一英亩，而六百四十英亩当一英方里，故二百英方里地价当费七千六百万元。以一计划论，此诚为巨额。但政府可以先将地价

---

① 今译曼彻斯特。

照现时之额限定，而仅买取所须用之地，其余之地则作为国有地未给价者留于原主手中，任其使用，但不许转卖耳。如此，国家但于发展计划中需用若干地，即随时取若干地，而其取之则有永远不变之定价，而其支付地价可以徐徐，国家将来即能以其所增之利益还付地价。如此，惟第一次所用地区之价须以资本金支付之，其余则可以其本身将来价值付之而已足。至港面第一段完成以后，此港发达，斯时地价急速腾贵，十年之内，在其市街界内地价将起自千元一亩至十万元一亩之高价，故土地自体已发生利益矣，而又益之以计划本来之港面及市街之利益。因其所挟卓越之地位，此港实有种种与纽约媲美之可能。而在扬子江流域，控有倍于美国之二万万人口之一地区，想当以此为唯一之深水海港也。此种都市长进之率将与实行此发展计划全部之率，为正比例。如使用战时工作之伟大规模、完密组织之方法，以助长此港面与市街之建造，则此时将有东方纽约崛起于极短时间之中。于是无须更虑其过度扩展与资本之误投，因有无限之富源与至大之人口，正待此港而用之也。

乙　以上海为东方大港

如使我之计划，惟欲以一深水港面供中国此部分将来商务之用，则必取前之计划港而舍上海无疑。任从何点观察，上海皆为殭①死之港，然而在我之中国发展计划，上海有特殊地位，由此审度之，于上海仍可求得一种救济法也。

扬子江之砂泥，每年填塞上海通路，迅速异常，此实阻上海为将来商务之世界港之罢〔恶〕神也。据黄浦江浚渫局技师长方希

———————————

① 殭，直挺挺，不灵活。

典斯担〔坦〕①君所推算，此种砂泥每年计有一万万吨，此数足以铺积满四十英方里②之地面，至十英尺之厚。必首先解决此砂泥问题，然后可视上海为能永成为一世界商港者也。幸而在吾计划中，本有整治扬子江水道及河岸一部，将有助于上海通路之解决。故常以此计划置诸心中，即可将砂泥问题作为已解决者，而将整治长江入海口一事让之次部。现在先商上海港面改良一事。

现有诸专门家提出种种计划，以图上海港面改良，如前所述，其中有欲将十二年来黄浦江浚渫局用一千一百万两所作之工程，尽行毁弃者。是以吾欲献一常人之规划，以供专门家及一般公众之研究。我之设世界港于上海之计划，即仍留存现在自黄浦江口起至江心沙上游高桥河合流点止已成之布置，如此，则浚渫局十二年来所作之工程均不虚耗。于是依我计划，当更延长浚渫局所已开成之水道，又扩张黄浦江右岸之湾〔弯〕曲部，由高桥河合流点开一新河直贯浦东，在龙华铁路接轨处上流第二转湾〔弯〕复与黄浦江正流会。如此，则由此点直到斜对杨树浦之一点，江流直几如绳，由此更以缓曲线达于吴淞。③此新河将约三十英方里之地圈入，作为市宅中心，且作成一新黄浦滩；而现在上海前面缭绕潆洄之黄浦江，则填塞之以作广马路及商店地也。此所填塞之地，当然为国家所有，固不待言；且由此线以迄新开河中间之地暨其附近，亦均当由国家收用，而授诸国际开发之机关所支配。如此，然后上海可以追及前述之计划港，其建造能为经济的，可以引致外国资本也。

---

① 今译冯·海顿斯坦。

② 平方英里。

③ 此指吴淞江，原为长江入海前最后一条支流，在上海市区外白渡桥附近注入黄浦江，长江入海口也被称作"吴淞口"。

关于改良上海以为将来世界商港（参观第四图），在杨树浦下游，吾主张建一泊船坞。此坞应就现在黄浦江左岸自杨树浦角起，至江心沙上流转湾〔弯〕处止，跨旧黄浦江面及新开地，而邻于新开河之左岸以建之。坞之面积应有约六英方里，并应于江心沙上游之处建一水闸以通船坞，而坞当凿至四十尺深。新开河之深，亦当以河流之冲刷，而使之至四十尺。惟此冲刷之水，非如专门家所提议于江阴设一长江、太湖间之闭锁运河而引致之，乃由我计划所定之改良此部分地方与芜湖间之水道而引致之，如此乃能得较猛之水力也。

我辈既已见及现在之黄浦江，须由龙华接轨处上面第二转湾〔弯〕起填至杨树浦角，以供市街规划，则如何处分苏州河①之问题又须解决。吾意当导此小河，沿黄浦江故道右岸直注泊船坞之上端，然后合于新开之河，于此小河与泊船坞之间，当设一水闸，所以便于由苏州及内地之水运系统直接与船坞联络也。

在我计划，以获利为第一原则，故凡所规划皆当严守之。故创造市宅中心于浦东，又沿新开河左岸建一新黄浦滩，以增加其由此计划圈入上海之新地之价值，皆须特为注意者也。盖惟如此办去，而后上海始值得建为深水海港。亦惟为此垂死之港，新造出有价值之土地，然后上海可以与计划港争胜也。

究竟救济上海之最重要要素，为解决扬子江口砂泥问题，故整治扬子江水道及河岸一事于此砂泥问题有何影响、有何意义，吾人将于次部论之。

---

① 吴淞江流经吴江、苏州、昆山、嘉定、青浦及上海市区。以北新泾为界，上游称吴淞江；北新泾以东为下游，进入上海市区后称苏州河。

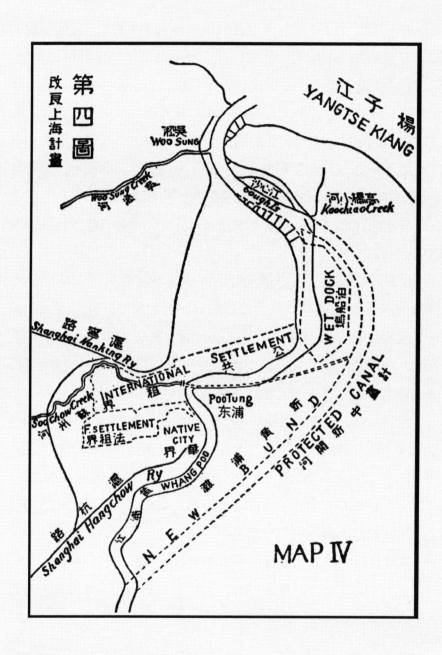

图中的"计画中新开河"英文 PROTECTED CANAL 应为 PROJECTED CANAL。——编者

第二部　整治扬子江

整治扬子江一部，当分六节：

甲　由海上深水线起至黄浦江合流点。

乙　由黄浦江合流点起至江阴。

丙　由江阴至芜湖。

丁　由芜湖至东流。

戊　由东流至武穴。①

己　由武穴至汉口。

甲　整治扬子江口自海上深水线至黄浦江合流点

凡河流航行之阻塞，必自河口始，此自然法则也。故凡改良河道以利航行，必由其河口发端，扬子江亦不能居于例外也。故吾人欲治扬子江，当先察扬子江口。扬子江入海有三口：最北为北枝〔支〕流，在左岸与崇明岛间；中间为中水道，在崇明岛与铜沙坦②之间；最南为南水道，在铜沙坦与右岸之间。故为便利计，以后当分别称之为北水道、中水道、南水道。

凡河口所以被砂泥填塞者，以河水将入海汇流，河口宽阔，湍流减其速力，而沙泥因之沉淀也。救之者，收窄其河口，令与上流无异，以保其湍流之速力；由此道，则砂泥被水裹挟，直抵深海。收窄之工程，当筑海堤以成之，或用一连之石坝。如是，其砂泥为水所混，直到深海广阔之处，未及沉淀，复遇回潮冲击，

---

①　位于长江中游北岸，大别山南麓，鄂东边缘，地扼吴头楚尾，历来为鄂、皖、赣毗连地段的"三省七县通衢"。

②　铜沙坦为长江入海口的一些沙洲小岛，演变至今成为长兴岛和横沙岛。

还填入河口两旁附近浅水之洼地，以潮长〔涨〕、潮退之动力与反动力，遂使河口常无淤积。凡疏浚一河之河口，皆以利用此天然力助成之。

欲治扬子江口，吾辈须将构成其口之三水道一一研究，又择出其一道以为入海之口。在方希典斯担〔坦〕君所提议改良上海港面通路策，列有二案：其一，闭塞北、中两水道，独留南水道，以为扬子江口；其二，独修浚南水道，而置余两水道不理。现在彼意以为用第二案已足，此或因经济上目的而然。顾惟修浚南水道，则上海通路将常见不绝提心吊胆之情形，仍如方希典斯担〔坦〕君暨其他专门家现所忧虑者；因扬子江水流之大部，随时可以改灌入他两水道，而令南水道淤塞也。故为使上海通路永久安全、一劳永逸计，必须于三水道之中闭塞其二，独留一股以为上海通路，此又整治扬子江口惟一可得实行之路也。

在我整治扬子江口之计划，本应选用北水道，而闭塞中、南二水道。因北水道为入深海最短之线，又用之以为惟一之扬子江口，则其两旁有更多之沙坦洼地，正待砂泥填堵也。故其费用为较少，而收效为较多。但此本不为上海作计故然耳。如其统筹全局，必须以一箭双雕之法行之，而采中水道以为河口，则于治河与筑港两得其便。盖专谋治扬子江口与单谋上海之通路者，各有所志，其考察自有不同也。在我治扬子江口之计划，所取者有两端：其一，则求深水道以达海洋。其二，则多收其砂泥，以填海为田。惟力所及，中水道具有三堆积场，以受砂泥而成新陆地，即海门坦、崇明坦、铜沙坦是也。此外尚有渟水①洼地千数百英方里，循现在之势

---

① 静止、不流动的水。

以往，不过十年至二十年便成陆地。以我之第一原则为获利故，每一举足，不可忘之。即令二十年不能成地，姑倍之为四十年，而所填筑者有约一千英方里之多，其于利益已不菲矣。以至贱计之，填积之地值二十元一亩，如使十年之后，五百英方里之地可备耕作之用，其所得之利已为三千八百四十万元。如使由南水道以通上海，则接受砂泥之地面只在一偏，即惟有铜沙坦在其左方，而右方则为深水之杭州湾，非数百年不能填满，在此数百年间沙泥之半数归于无用矣。夫以上海为海港，故沙泥为之罡〔恶〕神；至于低地，正欢迎砂泥，而以福星视之也。

此种企业，既有填筑上述海坦洼地为田之利，我等自可建一双石堤，自长江入海之处起，直达深海，至离岸四十英里之沙尾山①为止。以舟山列岛附近有花冈石岛，廉价之石不难运致。故筑一石堤，高六英尺至三十英尺，使刚与低潮面平，其平均所需当不过每一英里费二十万元；石堤每边长四十英里，统共八十英里，其所费约在一千六百万元左右。而在海门坦、崇明坦暨铜沙坦有二三百英方里地，转瞬之间可变为农田计之，则建地〔此〕石堤已非不值矣。况其建此石堤，实足以为上海世界港得一永久通路，又为扬子江得一深水出路也耶！（参观第五图）

右边之石堤，应从黄浦江合流点起延长其右边石坝，画一缓曲线到南水道深处，然后转向对岸，横截鸭窝沙以至中水道，又折向东方直筑至沙尾山东南水深三十尺处。左边之堤，由崇宝沙起直至崇明角，与右堤平行，两堤中间相距约两英里。此堤当在崇明之饮

① 又名佘山或蛇山，意指位于长江口外沙滩之尾，今崇明岛以东、吴淞口东侧。

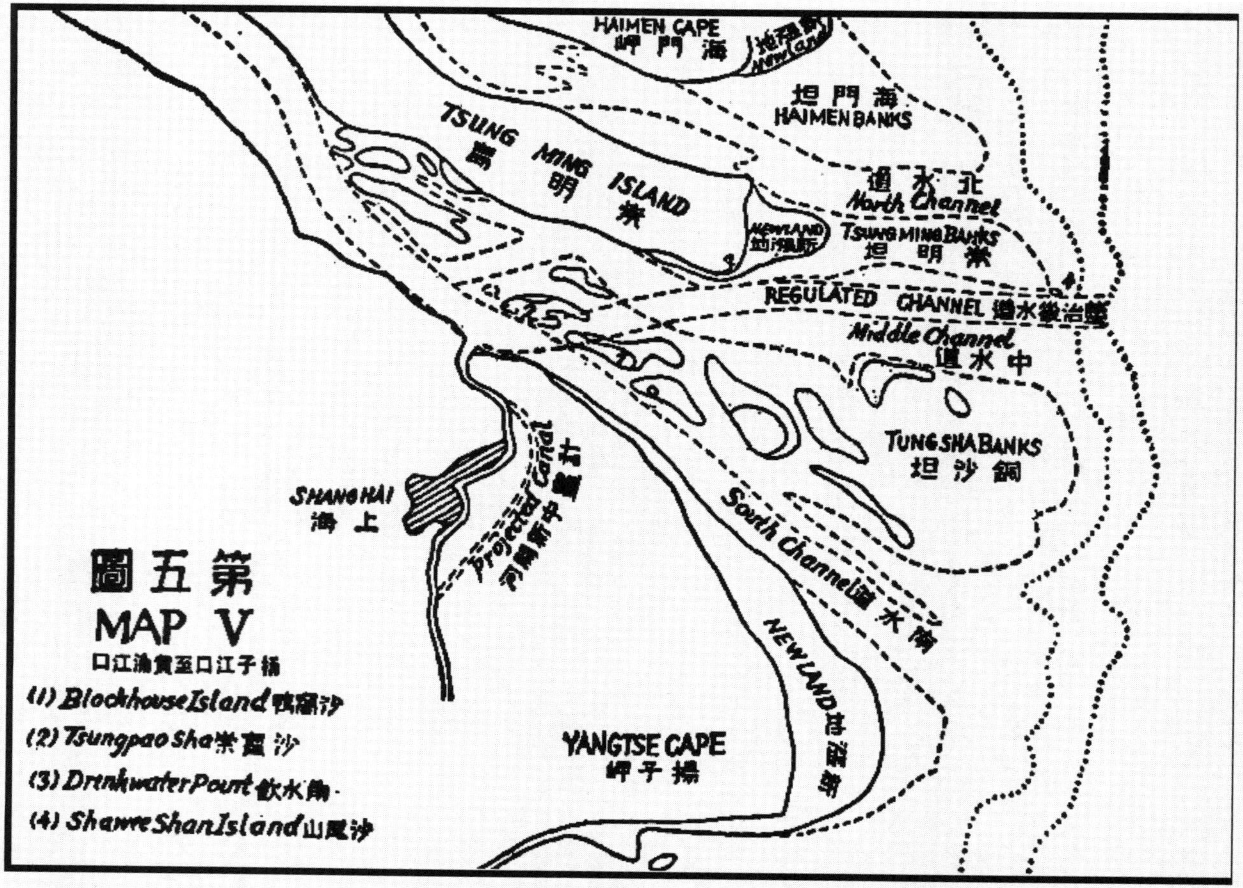

第五圖
MAP V

口口浦江至口口子橋

(1) Blockhouse Island 砲臺沙

(2) Tsungpao Sha 崇寶沙

(3) Drinkwater Point 飲水角

(4) Shaweshan Island 山尾沙

"飲水角"英文應為 Drinkwater Point;"山尾沙"應為"沙尾山"。 ——編者

198

水角附近，稍作曲线，然后直达深海三十尺深之线，恰在沙尾山南端经过。试一览附图，当知将来上海通路当何如，扬子江出路当何如矣。此一双水底石堤，断不容高过低潮面，以使潮涨时水流自由通过堤面，如此则潮涨时可将砂泥夹带回两堤之旁，于是填塞两堤旁所括之低地更迅速矣。现在南水道在黄浦江外面已有四五十英尺之深，而新水道以两平行石堤夹成，料必比南水道更深，因其聚三水道入于一流，其水流速力必较现在者为多也，而河身之深亦将较现在为确定且一律。在石堤，虽止于水深三十英尺处，而水流不于是遽停，必过此一点更突入较深之外海而后止。则上海通路常开与扬子江口无阻之两目的，可得同时俱达矣。

乙 由黄浦江合流点起至江阴

扬子江水道中，此一部分为最不规则，又最转变无常者。其江流广处在十英里以上；至其狭处才得四分英里之三，即江阴窄路是也。在此广阔之处，河深不过三十英尺至六十英尺；至于江阴窄路，实有一百二十尺之深。由江阴窄路之水深以判断之，必须有一英里半阔之河身，以缓和此地方湍流之速力，令全河流速始终如一。于是在黄浦口之二英里阔河身，在江阴应阔一英里半。（参观第六图）

此段左岸即北岸筑河堤，起自崇宝沙，与海堤相连，作一凸曲线，以至崇明岛，在崇明城西北约六英里处，接于滩边。然后沿崇明滩边直至马孙角（译音），然后转而横过北水道，离北岸约三四英里，作一平行线，直抵金山角（译音）。在此处截断近年新成之深水道，向西南以与靖江县城东北河岸相接。沿此岸再筑七八

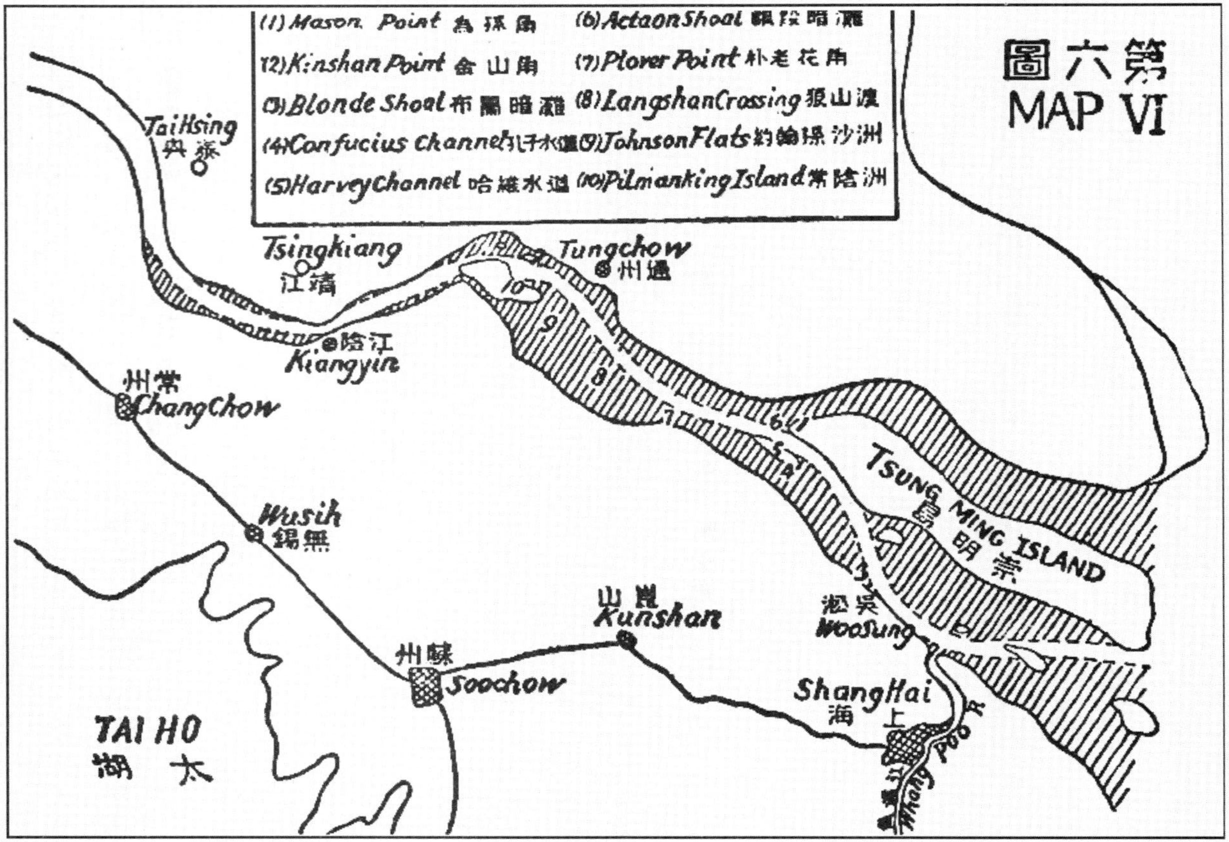

图六
MAP VI

(1) *Mason Point* 鸟鼠角   (6) *Actaon Shoal* 阿克顿浅滩
(2) *Kinshan Point* 金山角   (7) *Plover Point* 朴老花角
(3) *Blonde Shoal* 布朗暗礁   (8) *Langshan Crossing* 狼山渡
(4) *Confucius Channel* 孔子水道 (9) *Johason Flats* 约翰逊浅沙洲
(5) *Harvey Channel* 哈维水道 (10) *Pilmianting Island* 平民厅洲

Tsingkiang 江靖
Kiangyie 临江

Tsing 临青

Tsung Ming Island 崇明

Tungchow 通州

Taihsing 泰兴

Changchow 常州

Wusih 无锡

Soochow 苏州

Kunshan 昆山

Woosung 吴淞

ShangHai 上海

Whampoa Road 黄浦路

TAI HO 太湖

———— 编者

"太湖"拼为 TAI HO, 应为 TAIHU。 ———— 编者

英里，又挖开陆地以增河身之阔。令其自江阴炮台[①]脚下起算至对岸，常有一英里半之距离。此自崇宝沙至江阴对面之靖江，河堤共长约一百英里。

在崇明岛迤南，此河堤之一部及海堤，共围有浅滩约一百六十英方里，可以填为实地。其河堤之他一部，自崇明岛上头马孙角起至靖江河岸止，另围有浅滩一百三十英方里。

右边河堤，自黄浦江口石坝尽处起，循宝山岸边，过布兰暗滩，直至深处，横过"孔夫子水道"，穿入额段暗滩（译音），随哈维水道（译音）右边，沂〔泝〕流筑至朴老花角（译音）。再在狼山渡，横截深水道，穿过约翰孙沙洲（译音），与常阴洲相接续，再循此岸直筑至江阴炮台山脚下。此段河堤围有浅滩两处，一在朴老花角上游，他一则在其下游，共约有一百六十英方里。此两边河堤之所围浅滩，共约四百五十英方里，其中大部分已成陆地，亦有一部已于低潮时露出。此等地方若令不与湍流相遇，则其填塞之进行更速。所以谓二十年之内，此四百五十英方里之地当完全填成实地，可供耕作，亦非奢望也。如使此种新地每亩仅值二十元，则此新填地所生利益，已约有二千九百七十六万元矣。而此近三千万之利益，固从新地而生。此新地之利益，自起工以后则每年增长，直至其填塞完成而后已者也。

以后此二十年间可得三千万元利益而论，此种提案自可采供讨议。今先计须投资本若干，然后我填筑之全计划可以完成。将欲填此四百五十英方里之地，须筑二百英里之河堤。此所计划之河堤，

---

① 江阴黄山炮台，又称江阴要塞，是继吴淞口后的第二道江防要塞，素有"江海门户""镇航要塞"之称。炮台修筑始于清康熙年间，分列于大小石湾一带，现存水泥结构炮台12座，为明、清、民国时期古今战场胜迹。

有一部分为沿河岸线者，而大部分须在中流，更有一小部分须筑在深水道之中。沿河岸线者，惟有在凹曲线面之一部须以石建，或用士敏土坚结以保护堤面，此外无须费力。在中流者须用石叠起，至离低潮水面下不及十尺为止，适足以抵抗下层水流，令不轶出正路之外。如此则大股流水，将循此抵抗最少之线，以其自力，从其初级河堤所诱导，开一水道。此种初级河堤所费，比之海堤较廉，而海堤所费，依吾前计算为二十万元一英里而已。惟有在马孙角、北水道分流点一处，须将该水道完全闭塞，其费已经专门家估算，当在百万元以外，方能填筑此二三英里之堤。是故由新填地所生利益，必足以回复其所筑河堤所费。可知即此填新地一节，已足令自海口到江阴两段导江工程不致亏本，而又有改良扬子江航路之益也。

丙　自江阴至芜湖

此段河流，性质与江阴以下全异。其水道较为巩固，惟有三数处现出急曲线，河流蚀入凹曲线方面之陆地，因此时时于两岸另开新水道而已。此段长约一百八十英里。（参观第七图）

此处整治之工，比之江阴以下更为困难。盖其泛滥之地，应填筑者仍与长江下游景况正同。其急曲线须修之使直，旁支水道应行闭塞，中流小岛应行削去，窄隘水路应行浚广，令全河上下游一律。然而此部分原有河堤，大抵可以听其自然，惟其河岸凹曲线面，有数处应用石或士敏土坚结以保护之耳。以力求省费之故，此段水道及河堤整治工程，可以一面用人为之工作，一面助以自然之力。此一段河流工程全部所费，不能于测量未竣以前精密计出，但粗为计算，则四十万一英里之数总相去不远。故全段一百八十英

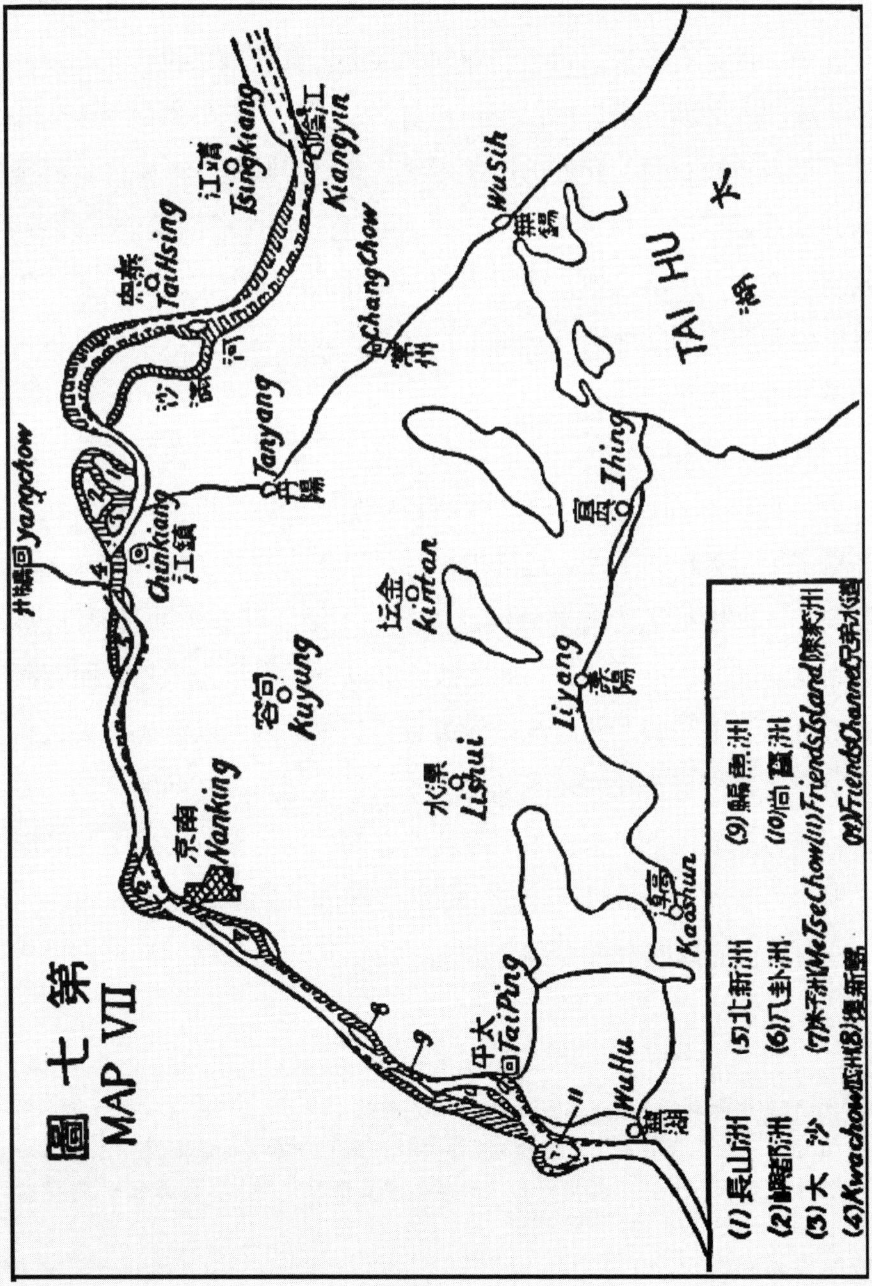

第七圖
MAP VII
南京 Nanking
鎮江 Chinkiang
Yangchow
丹陽 Tanyang
常州 ChangChow
無錫 Wusih
江陰 Kiangyin
靖江 Tsingkiang
泰興 TaiHsing
句容 Kuyung
金壇 Kintan
溧水 Lishui
溧陽 Liyang
高淳 Kaoshun
太平 TaiPing
蕪湖 WuHu
宜興 Ihing
TAI HU
太湖
(1) 長山洲
(3) 大沙

里，应费七千二百万元。此外尚有开阔南京、浦口中间河面之费未计在内，此处有多数高价之产业须全毁去，其费颇多也。

瓜洲[①] 开凿一事，所以令镇江前面及上下游三处急曲线改为一处，使河流较直也。此处沿江北岸约二英里半陆地正对镇江，必须凿开令成新水道，阔一英里有余。其旧道在镇江前面及上下游者，则须填塞之。所填之地，即成为镇江城外沿江市街，估其价值，优足以偿购取瓜洲陆地，及开凿工程之费。故此一部分，至少总可认为不亏本之提案。

浦口、下关间窄处，自此码头至彼码头仅得五分英里之三，即一千二百码[②] 而已。而此处水深最浅处为三十六英尺，最深处为一百三十二英尺。下关一边陆地，时时以水流过急、河底过深之故而崩陷，斯即显然为此部分河道太窄，不足以容长江洪流通过也。然则非易以广路不可矣。为此之故，必以下关全市为牺牲，而容河流直洗狮子山[③] 脚，然后此处河流有一英里之阔。以赔还下关之高价财产而论，须费几何，必须提交专门家详细调查，乃能决定。要之，此为整治扬子江全计划中最耗费之部分。但亦有附近下关沿岸之地，可以成为高价财产无疑，故此工程或可望得自相弥补也。

南京、浦口间窄路下游之水道，应循其最短线路，沿幕府山[④]

---

① 位于京杭大运河与长江交汇处（今江苏省扬州市邗江区），与镇江西津渡隔江相望，是历代联系大江南北的咽喉要冲。宋王安石《泊船瓜洲》诗："京口瓜洲一水间，钟山只隔数重山。春风又绿江南岸，明月何时照我还。"即指此地。

② 一码为三英尺。

③ 原名卢龙山，位于今南京鼓楼区西北。

④ 又称石灰山，位于今南京鼓楼区和栖霞区燕子矶。

脚以至乌龙山①脚。其绕过八卦洲②后面之干流应行填塞，俾水流直下无滞。

由南京至芜湖一段河流，殆成一直线，其中有泛滥三处，一处刚在南京上游，余二则在东、西梁山之上下游。其第一泛滥之米子洲③上游枝〔支〕流应行闭塞，另割该洲外面一幅，使本流河幅足用。至欲整治余二泛滥，则应循其右岸深水道作曲线向大〔太〕平府城④，而将左边水道锁闭。此曲线所经各沙洲有须全行削去者，亦有须削其一部者。而在东、西梁山上游之泛滥，须将兄弟水道完全闭塞，并将陈家洲削去一部。而芜湖下游左岸亦须稍加割削，令河流广狭上下一律。

丁　自芜湖至东流

此段大江约长一百三十英里，沿流有泛滥六处。其中最显著者，即在铜陵下之泛滥也。此泛滥两岸相距在十英里以上。每一泛滥常分为两三股水道，其间夹有新涨之沙洲。其深水道时时变迁，忽在此股，忽在彼股，有时竟至数股同时淤塞，逼令航行暂时停止，亦非希觏⑤之事也。（参观第八图）

为整治此自芜湖上游十英里至大通下游十英里一段河流，吾拟

---

① 位于南京城东北三十里的长江南岸。
② 位于南京市区北郊长江中，曾名草鞋洲。清末与七里洲合并，渐成八卦状，更今名。
③ 俗称江心洲，因四面环水而得名。又因呈梅子形，亦称"梅子洲"，位于南京城西南。
④ 位于长江下游南岸，明、清两代置太平府，辖区相当于今安徽省马鞍山市、芜湖市，1912年撤废。故治即今当涂县。
⑤ 罕见。

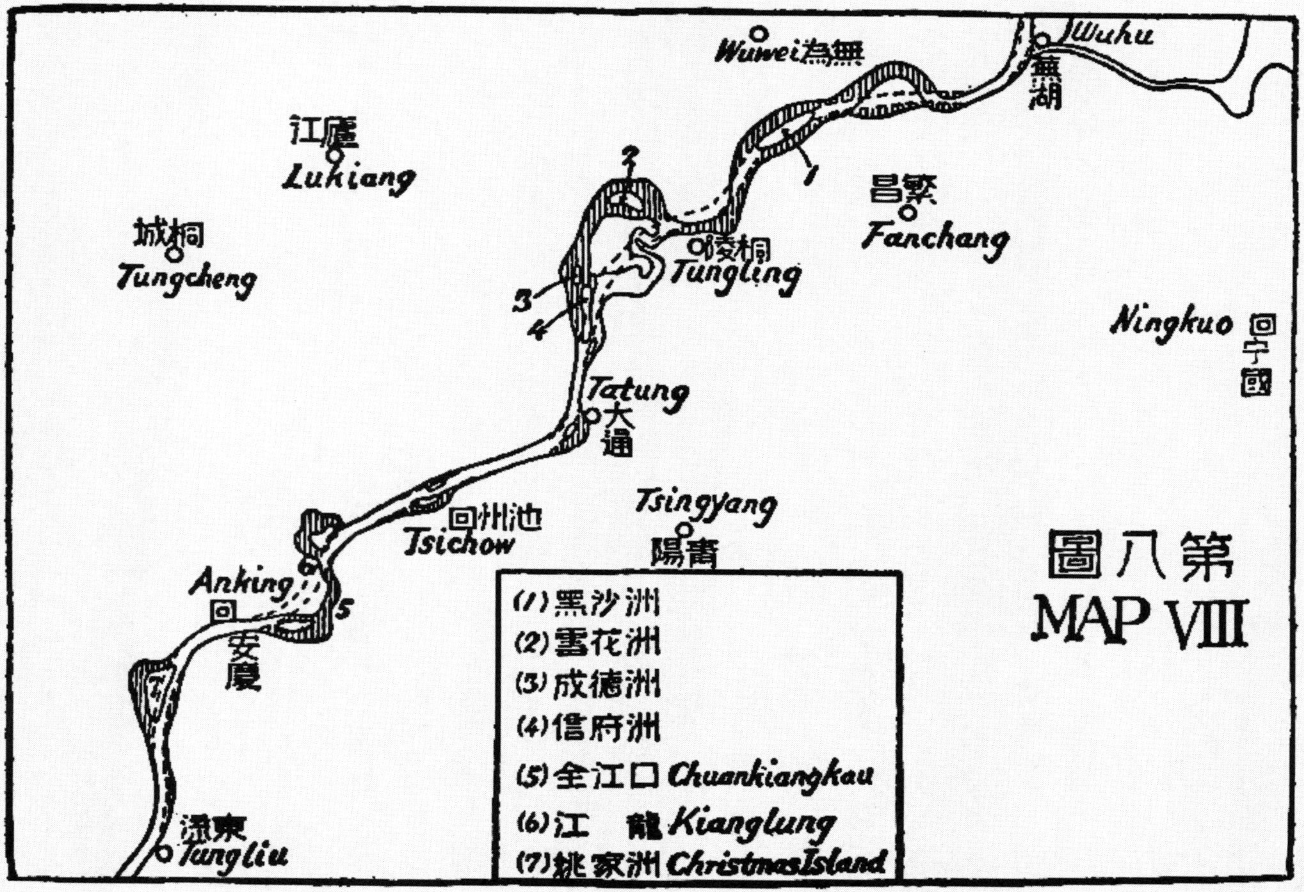

第八圖
MAP VIII

(1) 黑沙洲
(2) 雪花洲
(3) 成德洲
(4) 信府洲
(5) 全江口 Chuankiangkau
(6) 江 龍 Kianglung
(7) 桃家洲 Christmas Island

"桐陵"应为"铜陵"。 ——编者

凿此三泛滥中流之沙洲及岸边之突角，为一新水道直贯其中，使成一较短较直之河身，即附图中点线所示之路是也。此项费用，亦须详细测量之后始能算定。但若两边河堤筑定之后，则浚渫工程之大部分将以河流之自然势力行之，故开凿新河之费必较寻常大为减少。大通以上，左岸有急度弯曲两处，须行凿开。第一处即大通上游十二英里，现设塔灯水标处之左岸，此处左岸陆地有二三英里须略加刊削。次一处则应在安庆下游，凿至江龙塔灯水标，计长六英里左右。既凿此河，则免去全江口急度之转湾〔弯〕矣。此次开凿工程比之下游叠石为堤之费更多，其旁支水路，虽能填为耕地，究不能补其开凿所费。是以此一部分整治之工程不免为亏本，但以其通长江航道与保护两岸陆地，又防止将来洪水为患，则此种工程必为有益明也。

戊　自东流至武穴

此段长约八十英里，沿右岸皆山地，左岸则大抵低地也。沿流有泛滥四处，此中有三处以水流之蚀及左岸，成一支流，复至下游与正流相会，其会合处殆成直角。在此等地方，河岸殊不巩固，而此泛滥各股水道之间正在堆积，将成沙洲矣。(参观第九图)

此段整治工程，比之下游各段施工较易。此三处成半圆形时时转变之支流，应从其分枝〔支〕口施以闭塞，仍留其下游会流之口，任令洪水季节之沙泥随水泛入，自然填塞之。其他一处泛滥则须于两边筑坝，束而窄之。更有数处须行削截，而小孤山①上游及粮洲

① 俗称小姑山，亦称髻山，位于安徽宿松县东南的长江中，因秀峰独立而得名，有"长江绝独"之誉。

207

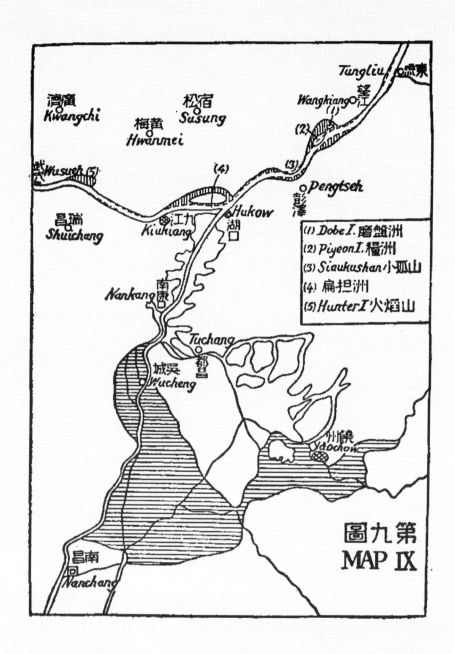

(1) Dobe I. 磨盤洲
(2) Piyeon I. 檉洲
(3) Siaukushan 小孤山
(4) 扁担洲
(5) Hunter I. 火熖山

圖九第
MAP IX

"黄梅"拼写 Hwanmei 应为 Hwangmei。——编者

两处尤为重要。江心沙洲有一部分须削去，而河幅阔处亦有须填窄者。总令水道始终一律，期于全航道常有三十六英尺以上之水深也。

己　自武穴至汉口

此段约长一百英里，自武穴而上，夹岸皆山地，河幅常为半英里内外。水深自三十尺至七十二尺，有数处尚在七十二尺以上。(参观第十图)

整理此段，须填塞其宽广之河面三数处。令水道整齐，有三四处支流须行闭塞。如此，然后冬季节俱有三十六尺至四十八尺水深之水道可得而成也。在戴家洲①一段河流，应将埃梨水道（译音）闭塞，独留冬季水道，则此岛上游下游曲线均较缓徐。在鸭蛋洲及罗霍洲②之处，其大弯曲水道及两岛间水道均应闭塞，而另开一新水道穿过罗霍洲以成为较短之曲线。在水母洲，其南水道务须闭塞，而此洲之上万八垱口曲处亦须挖成较缓徐之曲线。由此处以至汉口，则须先填右岸，收窄河身，至与右岸向西南曲处相接而止；再从对面左岸填起，直过汉口租界③面前，以至汉水口。则汉口堤岸面前，可以常得三十六英尺至四十八英尺深之水道矣。

总计自海中至汉口，治河长约六百三十英里，河堤之长当得其二倍，即一千二百六十英里也。在江口之堤，吾尝约计每英里费二十万元，两堤四十万。此项数目，自深海以讫江阴一百四十英里

---

① 位于湖北浠水河与长江交汇处，是长江中段的最大岛屿，因戴姓人家率先登洲开荒，故名。

② 鸭蛋洲、罗霍洲位于长江中游北岸的江心，地属湖北省黄冈市段。

③ 位于湖北省武汉市江岸区中山大道至沿江大道之间，从江汉路起依次为英、俄、法、德、日等五国租界。

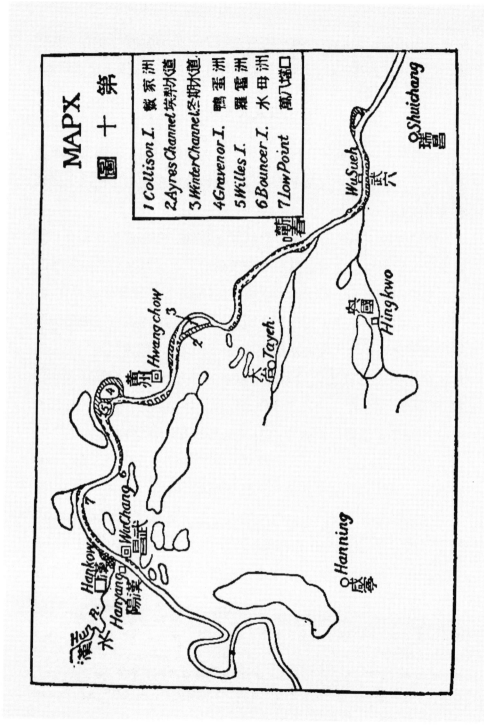

MAPX
第十图

1 Collison I. 繁东洲
2 Ayres Channel 坟茅外河道
3 Winter Channel 经期水道
4 Gravenor I. 鸭蛋洲
5 Willes I. 罗霄洲
6 Bouncer I. 水毌洲
7 Low Point 黄八塆口

"汉水"拼写为 Hun R.应为 Han R.。 ——编者

均可适用，充足有余。因此部分惟须建两堤，此堤亦惟须于水中堆石，令其坚足以约束河流，使从其所导而行，斯已足矣。此两岸列石既成之后，水道可因于自然之力以成，所以此部工程尚为单简。

　　然而在上游有数处为困难，其中有五六十英里之实地，水面上有一二十英尺之高，水面下尚有三四十英尺之深，须行削去，以使河身改直。此凿开及削去之工程，有若干须用人功〔工〕，有若干可借天然之力，仍须待专门家预算。除此不计外，工程全部每一英里所费不过四十万元，故自海面至汉口相距六百三十英里，所费当不过二万五千二百万元。今姑假定整治扬子江全盘计划并未知之部分算在其内，须费三万万元。由此计划，吾人辟一通路深入内地六百英里，容航洋巨船驶至住居二万万人口之大陆中心，而此中有一万万人住居于此最大水路通衢之两旁。以工程之利益而论，此计划比之苏彝士、① 巴拿马两河更可获利。

　　虽在江阴以上各段，吾人不能发见不亏本之方法，不如江阴下游各段可以新填之地补其所费，但在竣功之后，仍可在沿江建立商埠，由之以得利益也。此建设商埠之计划，将于次部论之。

结　论

　　当结论此二部，吾更须申言关于筑港及整治扬子江之工程数目，仅为粗略之预算，盖事势上自然如此也。

　　关于在长江出海口及诸泛滥地建筑初步河堤之预算，或者有太低之迹，但吾所据之资料以为计算根源者，在下列各层：第一、为吾所亲见，在广东河汉环吾本村筑堤填地之私人企业；第二、为廉

---

① 　今译苏伊士。

价之石，可求之于舟山列岛者；第三、为海关沿岸视察员泰罗君[1]之计算，在崇明岛上端闭塞北水道所费。该水道以此处为最狭，约计有三英里，而泰罗君谓所费约须一百万两有余，然则约五十万元一英里也。比之吾所计算已为两倍有半，此其差异可得比较而知。盖此崇明岛上端三英里之水道，平均水深二十英尺，而我所计划之海堤江堤建于水中者，平均比此段少三分之二。且闭塞北水道之工程完全与河流成为直角，则其所费较之建此初步河堤与水流成平行线者，纵使长短相同，所差亦应数倍。而五十万元可以建横截深二十尺之河，而闭塞之之一英里工程，则其五分之二之经费，亦必足以供吾所规划之工程之用矣。

当吾草此文之际，《芝加高[2]铁路批评》五月十七日所出之报，适有一论文道及此事。彼谓用钢铁骨架以筑河堤及坝于浊泥河流，如吾辈今所欲治者，比之用石及用其他材料较佳，而又较廉。然则若采此新法，吾等可以用吾前此未知之更廉材料，以建河堤矣。所以吾前所计算或者不免稍低，而仍离正确之数目不远，决不如骤见所觉之过低也。

第三部　建设内河商埠

在扬子江此一部建设内河商埠，将为此发展计划中最有利之部分，因此部分在中国为农矿产最富之区，而居民又极稠密也。以整治长江工程完成之后，水路运送所费极廉，则此水路通衢两旁定成

---

[1]　戴理尔（Tyler, William Ferdinand, 1865—1928），英国人，原供职中国海关巡工司，曾任民国政府交通部顾问，著《旅华回忆录》。

[2]　今译芝加哥。

为实业荟萃之点，而又有此两岸之廉价劳工附翼之，则即谓将来沿江两岸，转瞬之间变为两行相连之市镇，东起海边、西达汉口者，非甚奇异之事也。此际应先选最适宜者数点，以为获利的都市发展。依此目的，吾人将从下游起，泝江①逐港论之如下：

甲　镇江及其北岸。

乙　南京及浦口。

丙　芜湖。

丁　安庆及其南岸。

戊　鄱阳港。

己　武汉。

甲　镇江及其北岸②

镇江位于运河与江会之点，在汽机未用以前，为南北内地河运中心重要之地。而若将旧日内地运河浚复，且增浚新运河，则此地必能恢复其昔日之伟观，且更加重要。因镇江为挈合黄河流域与长江流域中间之联锁，而又以运河之南端直通中国最富饶之钱唐〔塘〕江流域。所以此镇江一市，将来欲不成为商业中心，亦不可得也。

依吾整治长江计划，则在镇江前面，吾人既以大幅余地在六英方里以上者加入镇江。此项大江南面新填之余地，当利用以为吾人新镇江之都市计划。而江北沿岸之地，亦当由国家收用，以再建一都市。盖以黄河流域全部，欲以水路与江通，惟恃此一口，故江

---

① 即溯江。

② 原文无"及其北岸"四字，今据英文本（原文为 Chinkiang and Northside）及以上目录增。

北此一市当然超越江南之市也。镇江、扬州之间须建船坞，以便内地船舶；又当加最新设备，以便内地船只与航洋船之间盘运货物之用。此港既用以为东海岸食盐收集之中心，同时又为其分销之中心，如此则可用新式方法，以省运输之费。江之两岸须以石或士敏土坚结筑成堤岸，而更筑应潮高下之火车渡头，以便联络南北两岸铁路客车、货车之往来。至于商业发达之后，又需建桥梁于江上，且凿地道于江下，以便两岸货物来往。街道须令宽阔，以适合现代之要求。其临江街道及其附近，应预定为工商业所用。此区之后面即为住宅，各种新式公共营造均应具备。至于此市镇计划详细之点，吾则让之专门家。

乙 南京、浦口

南京为中国古都，在北京之前，而其位置乃在一美善之地区。其地有高山，有深水，有平原，此三种天工钟毓①一处，在世界中之大都市诚难觅如此佳境也。而又恰居长江下游两岸最丰富区域之中心，虽现在已残破荒凉，人口仍有一百万之四分一以上。且曾为多种工业之原产地，其中丝绸特著，即在今日，最上等之绫及天鹅绒尚在此制出。当夫长江流域东区富源得有正当开发之时，南京将来之发达，未可限量也。

在整治扬子江计划内。吾尝提议削去下关全市，如是则南京码头当移至米子洲与南京外郭之间，而米子洲后面水道自应闭塞，如是则可以作成一泊船坞，以容航洋巨舶。此处比之下关，离南京市宅区域更近；而在此计划之泊船坞与南京城间旷地，又可以新设一

---

① 钟灵毓秀，指美好的风土诞育优秀人物。

工商业总汇之区，大于下关数倍。即在米子洲，当商业兴隆之后，亦能成为城市用地，且为商业总汇之区。此城市界内界外之土地，当照吾前在乍浦计划港所述方法，以现在价格收为国有，以备南京将来之发展。

南京对岸之浦口，将来为大计划中长江以北一切铁路之大终点。在山西、河南煤铁最富之地，以此地为与长江下游地区交通之最近商埠，即其与海交通亦然。故浦口不能不为长江与北省间铁路载货之大中心，犹之镇江不能不为一内地河运中心也。且彼横贯大陆直达海滨之干线，不论其以上海为终点，抑以我计划港为终点，总须经过浦口。所以当建市之时，同时在长江下面穿一隧道，以铁路联结此双联之市，决非燥〔躁〕急之计。如此，则上海、北京间直通之车立可见矣。

现在浦口上下游之河岸，应以石建或用士敏土坚结，成为河堤，每边各数英里。河堤之内，应划分为新式街道，以备种种目的建筑所需。江之此一岸陆地，应由国家收用，一如前法，以为此国际发展计划中公共之用。

丙　芜湖

芜湖为有居民十二万之市镇，且为长江下游米粮市易之中心，故吾择取此点为引水冲刷上海黄浦江底之接水口，而此口亦为通上海或乍浦之运河之上口。

在整治长江工程之内，青弋河①合流点上面之凹曲部分应行填

---

① 又称青弋江，源出安徽省石台县和黄山北麓，舒溪、麻溪合流后称青弋江，过芜湖入长江。

塞，而对岸突出之点则应削去。此所计划之运河，起于鲁港合流点下游约一英里之处。此运河应向北东走，至芜湖城东南角与山脚中间一点，与青弋河相合；更于濮家店，循此河之支流以行。如此，则芜湖东南循此运河左岸，得一临水之地。运河两旁应建新堤，一如长江两岸。且建船坞于运河通大江之处，以容内地来往船只，加以近代之机械，供盘运货物过船之用。自江岸起向内地，循运河之方向规划广阔之街道，其近江者留以供商业之需，其沿运河者则留为制造厂用地。芜湖居丰富铁矿区之中心，此铁矿既得相当开发之时，芜湖必能成为工业中心也。芜湖有廉价材料、廉价人工、廉价食物，且极丰裕，专待现世之学术与机器，变之以为更有价值之财物，以益人类耳。

丁　安庆及南岸

安庆者，安徽之省城，自从经太平天国战争破坏之后，昔日之盛不可复睹矣。现在人口仅有四万。其直接邻近之处，农产、矿产均富。若铁路既成，则六安大产茶区与河南省之东南角矿区，均当以安庆为其货物出入之港。在治江工程中，安庆城前面及西边之江流曲处，应行填筑，此填筑之地即为推扩安庆城建新市街之用。所有现代运输机械，均应于此处建之。

在安庆城对面上游江岸最突出之地角应行削去，使江流曲度更为和缓，而全河之广亦得一律。新市街即当在此处建造，因皖南、浙西之大产茶区将于此处指挥掌握之也。如以徽州之内地富饶市镇，[1] 又有产出极盛之乡土环绕之，则必求此地以为其载货出入

---

① 此指清代徽州府下辖的歙县、黟县、休宁、祁门、绩溪、婺源六县。

之中站明矣。以芜湖为米市中心言，则此安庆之双联市将为茶市中心，而此双联市之介在丰富煤铁矿区中心，又恰与芜湖相等，此又所以助兹港使于短期之间成为重要工业中心者也。故在长江此部建此双联市，必为大有利益之企业。

戊　鄱阳港

吾欲于长江与鄱阳湖之间，建设一鄱阳港，此港将成为江西富省之惟一商埠矣。江西省每县均有自然水路联络之，若更加以改良，则必成宏伟之水路运输系统。江西有人民三千万，矿源最富，如有一新式商埠以为之工商业中心，以发展此富源饶裕之省分，则必为吾计划中最获利之一部分矣。

此港位置应在鄱阳湖入口西端，长江右岸之处。此港应为新地之上所建之新市，其中一部之地须由填筑湖边低地成之。在鄱阳湖水道整治工程之中，应建一范堤，起自大姑塘山脚，迄于湖口石钟山对面之低沙角。此范堤之内，应建造一有闸船坞，以便内河船舶寄泊。而此港市街则应设在长江右岸、鄱阳湖左侧、庐山山麓，合成之三角地。此三角地每边约有十英里，以供市街发展，优良已极。景德镇磁[①]器工业应移建之于此地。盖以运输便利缺乏之故，景德之磁常因之大受损坏，而出口换船之际尤常使制成之磁器碰损也。此地应采用最新大规模之设备，以便一面制造最精良之磁器，一面复制廉价之用具。盖此地收集材料，比之在景德镇更为便宜也。以各种制造业集中于一便利之中心，其结果不特使我计划之港长成迅速，且于所以奉给人者亦可更佳良。但以江西一省观之，鄱

———————————

① 同"瓷"。

阳湖已必为世界商业制造之大中心；鄱阳湖非特长江中一泊船港，又为中国南北铁路之一中心。所以从经济上观之，以大规模发展此港者，全然非不合宜者也。

己　武汉

武汉者，指武昌、汉阳、汉口三市而言。此点实吾人沟通大洋计划之顶水点，中国本部铁路系统之中心，而中国最重要之商业中心也。三市居民数过百万，如其稍有改进，则二三倍之决非难事。现在汉阳已有中国最大之铁厂，[①] 而汉口亦有多数新式工业，武昌则有大纱厂；而此外汉口更为中国中部、西部之贸易中心，又为中国茶之大市场。湖北、湖南、四川、贵州四省，及河南、陕西、甘肃三省之各一部，均恃汉口以为与世界交通唯一之港。至于中国铁路既经开发之日，则武汉将更形重要，确为世界最大都市中之一矣。所以为武汉将来立计划，必须定一规模，略如纽约、伦敦之大。

在整治长江堤岸，吾人须填筑汉口前面，由汉水合流点龙王庙渡头起，迄于长江向东屈〔曲〕折之左岸一点。此所填之地，平均约阔五百码至六百码。如是，所以收窄此部分之河，全河身一律有五六链（每链为一海里十分之一）[②] 之阔，又令汉口租界得一长条之高价土地于其临江之处也。此部之价，可以偿还建市所费之一部分。汉水将入江处之急激曲折，应行改直，于是以缓徐曲线绕龙王

----

① 1890年由湖广总督张之洞主持兴建，1893年建成投产，是中国近代最早、最大的官办钢铁企业。

② 计量水程的长度单位，一链等于十分之一海里。

庙①角，且使江汉流水于其会合处向同一方面流下。汉阳河岸应密
接现在之河边，沿岸建筑毋突过于铁厂渡头之外。武昌上游广阔之
空处，当圈为有闸船坞，以供内河外洋船舶之用。武昌下游应建一
大堤，与左岸平行，则将来此市可远扩至于现在市之下面。在京汉
铁路线于长江边第一转弯处，应穿一隧道过江底，以联络两岸。更
于汉水口以桥或隧道，联络武昌、汉口、汉阳三城为一市。至将来
此市扩大，则更有数点可以建桥，或穿隧道。凡此三联市外围之
地，均当依上述大海港之办法收归国有，然后私人独占土地与土地
之投机赌博可以预防。如是则不劳而获之利，即自然之土地增价，
利可尽归之公家，而以之偿还此国际发展计划所求之外债本息也。

第四部　改良现存水路及运河

兹将现存水路运河、扬子江相联络者，列举如下：

甲　北运河。

乙　淮河。

丙　江南水路系统。

丁　鄱阳〈水路〉系统。②

戊　汉水。

己　洞庭系统。

庚　扬子江上游。

---

① 位于汉江与长江交汇处。

② 原文作"鄱阳系统"，今据英文本及下文标题增"水路"二字。

甲　北运河

北运河在镇江对岸一点与扬子江联络，北走直至天津，其长逾六百英里。在江北之一部运河，现已著〔着〕手为详细之测量，改良工事不久可以起工，此吾人所共知者也。在吾计划，吾将以淮水注江之一段，代江北一段运河之用。

乙　淮河

淮河出河南省西北隅，东南流，又折而东流，至安徽、江苏两省之北部。其通海之口近年已经淤塞，故其水郁积于洪泽湖，全恃蒸发以为消水之路，于是一入大雨期，洪水泛滥于沿湖广大区域，人民受其荼毒者以百万计。所以修浚淮河为中国今日刻不容缓之问题。近年迭经调查，屡有改良之提案。美国红十字会技师长詹美生①君曾献议为淮河开两出口，其一循黄河旧槽以达海，其一经宝应、高邮两湖以达扬子江。在此计划，吾赞成詹君通海、通江之方法，但于用黄河旧槽及其经过扬州西面一节有所商榷。在其出海之口，即淮河北枝〔支〕已达黄河旧槽之后，吾将导以横行入于盐河，循盐河而下，至其北折一处，复离盐河过河边狭地直入灌河，以取入深海最近之路，此可以大省开凿黄河旧路之烦也。其在南支在扬州入江之处，吾意当使运河经过扬州城东，以代詹君经城西入江之计划。盖如此，则淮河流水刚在镇江下面新曲线，以同一方向与大江会流矣。

淮河此两支，至少均须得二十英尺深之水流，则沿岸商船自北

---

① 今译詹姆森。

方赴长江各地，可免绕道经由江口以入，所省航程近三百英里。而两支既各有二十英尺之深，则洪泽与淮河之水流宣畅，而今日高于海面十六英尺之湖底，即时可以变作农田。则以洪泽合之其旁诸湖，依詹美生君之计算，六百万亩之地咄嗟①可致也。如此，以二十元为其一亩之价，则此纯粹地价已足一万二千万元，此政府之直接收入也。而又有一万七千英方里地向苦水潦②之灾者，今既无忧，所以昔日五年而仅两获者，今一年而可再获，是一万七千英里者，得一千零八十八万英亩（七千余万中亩），各得五倍奇收获也。假如总生产额一英亩所值为五十元，则此地所产总额原得五万四千四百万元者，今为二十七万二千万元也。其在国家，岂非超越寻常之利益乎！

丙　江南水路系统

此项系统包含南运河与黄浦江、与太湖及其与为联络之水路而言。此中吾所欲为最重要之改良，乃在浚广浚深芜湖、宜兴间之水路，以联长江与太湖，而又贯通太湖浚一深水道，以达南运河苏州、嘉兴间之一点。其在嘉兴歧为两支，一支循嘉兴、松江之运河以达黄浦江，他一支则至乍浦之计划港。

此项长江、黄浦间水路，当其未达上海之前，应先行浚令广深至其极限，使能载足流水。一面以洗涤上海港面，不容淤积；一面亦使内河船舶来往于江海之间者经此，大减其路程也。而此水路又可为挟土壤俱来之用，太湖暨其旁诸湖沿水路之各区，将来均可因

---

① 霎时。

② 因雨水过多而积在田地里的水或流于地面的水。此指遭遇洪涝灾害。

其填塞，成为耕地。故于建此水路之大目的以外，又有此种填筑计划及本地载货之利益可收，于是其获利之性质可以加倍确实。现在太湖暨其他诸湖沼地之精确测量尚无可征，则能填筑为田者当有几亩，今亦未可遽言，但以粗略算之，则填筑江南诸湖所得之地，吾意其亩数必不在江北之田以下。

丁　鄱阳水路系统

此一系统，为江西全省排水之用，每县、每城乃至每一重要市镇，均可由水路达到。全省交通惟恃水路，此乃未有铁路前，中国东南各省所同者也。

江西下游水路系统受不规则之害与长江同，皆以其为低地之故，然则其整治之工亦应与长江相同。鄱阳湖应按各水入湖之路，分为多数水道，然后逐渐汇流，卒至诸溪附近乃合而为一，度此湖狭隘之部而与长江合于湖口。此深水道两旁应各叠水底石堤为一线，使刚与湖中浅处同高，以是其水道可以于排水之外并作航行之用也。水道以外之浅处，将来于相当时间可填为耕地。于是整治鄱阳湖各水道之计划，可以其填筑而得充足之报酬矣。

戊　汉水

此水以小舟泝其正流，可达陕西东〔西〕南隅之汉中；又循其旁流可达河南西南隅之南阳及赊旗店。[①]此可航之水流，支配甚大之分水区域：自襄阳以上，皆为山国；其下以至沙洋，则为广大开豁之谷地；由沙洋以降，则流注湖北沼地之间，以达于江。

---

① 今社旗县城，位于河南省西南部的南阳盆地。

改良此水，应在襄阳上游设水闸。此一面可以利用水力，一面又使巨船可以通航于现在惟通小舟之处也。襄阳以下河身广而浅，须用木桩或叠石作为初级河堤，以约束其水道，又以自然水力填筑两岸洼地也。及至沼地一节，须将河身改直浚深。其在沙市，须新开一运河沟通江汉，使由汉口赴沙市以上各地得一捷径。此运河经过沼地之际，对于沿岸各湖，均任其通流，所以使洪水季节挟泥之水溢入渚湖，益速其填塞也。

己　洞庭系统

此项水路系统，为湖南全省及其上游排水之用。此中最重要之两支流，为湘江与沅江。湘江纵贯湖南全省，其源远在广西之东北隅，有一运河①在桂林附近，与西江系统相联络。沅江通布湖南西部，而上流则跨在贵州省之东。两江均可改良，以供大河〔船〕舶航行。其湘江、西江分水界上之运河更须改造，于此运河及湘江、西江各节，均须设新式水闸，如是则吃水十尺之巨舶，可以自由来往于长江、西江之间。洞庭湖则须照鄱阳湖例，疏为深水道，而依自然之力以填筑其浅地为田。

庚　长江上游

自汉口至宜昌一段，吾亦括之入于"长江上游"一语之中。因在汉口为航洋船之终点，而内河航运则自兹始，故说长江上游之改良，吾将发轫于汉口。现在以浅水船航行长江上游，可抵嘉定，②

---

① 指灵渠，又名湘桂运河、兴安运河，位于广西省桂林市兴安县境内，是世界上最古老的运河之一，开凿于秦代，是中国古代著名的水利工程。

② 此指四川省中部偏南的嘉定府。

此地离汉口约一千一百英里。如使改良更进，则浅水船可以直抵四川首府之成都。斯乃中华西部最富之平原之中心，在岷江之上游，离嘉定仅约六十英里耳。

改良自汉口至岳州①一段，其工程大类下游各部。当筑初步河堤，以整齐其水道。而急弯曲之凹岸，当护以石堤，或用士敏土坚结。中流洲屿均应削去。金口②上游大湾，所谓簾州〔洲〕曲者，应于簾州〔洲〕地颈开一新河以通航。至后金关之突出地角则应削除，使河形之曲折较为缓徐。

洞庭之北、长江屈曲之部，自荆河口起以至石首一节，吾意当加闭塞。由石首开新道，通洞庭湖，再由岳州水道归入本流。此所以使河身径直，抑亦缩短航程不少。自石首以至宜昌中间有泛滥处，当以木石为堤约束之，其河岸有突出点数处须行削去，而后河形之曲折可更缓也。

自宜昌而上，入峡行，约一百英里而达四川之低地，即地学家所谓"细〔红〕盆地"也。③此宜昌以上迄于江源一部分河流，两岸岩石束江，使窄且深，平均深有六寻④（三十六英尺），最深有至三十寻者。急流与滩石，沿流皆是。

改良此上游一段，当以水闸堰其水，使舟得沂流以行，而又可资其水力。其滩石应行爆开除去，于是水深十尺之航路，下起汉口，上达重庆，可得而致。而内地直通水路运输，可自重庆北走直

---

① 即今湖南省岳阳市，明清置岳州府，民国废府后改名。

② 位于长江中游南岸，以金水河入长江口得名。

③ 四川盆地又称为红色盆地或紫色盆地，因赤色的砂岩和页岩而得名，位于长江上游，囊括四川省中东部和重庆大部。

④ 古代长度单位，一寻等于八尺。

达北京，南走直至广东，乃至全国通航之港无不可达。由此之道，则在中华西部商业中心，运输之费当可减至百分之十也。其所以益人民者何等巨大，而其鼓舞商业，何等有力耶！

第五部　创建大士敏土厂

钢铁与士敏土为现代建筑之基，且为今兹物质文明之最重要分子。在吾发展计划之种种设计，所需钢铁与士敏土不可胜计，即合世界以制造著名之各国所产，犹恐不足供此所求。所以在吾第一计划，吾提议建一大炼钢厂于煤铁最富之山西、直隶。则在此第二计划，吾拟欲沿扬子江岸建无数士敏土厂。长江谷地特富于士敏土原料，自镇江而上可航之水道，夹岸皆有灰石及煤，是以即为其本地所需要，还于其地得有供给也。今日已有制士敏土之厂，在黄石港上游不远之石灰窑，其位置刚在深水码头与灰石山之间。其山既若是近，故直可由山上以锹锄起石，直移之窑中，无须转运。而在汉口、九江之间，与此相类之便利尚复多有。九江以下，马当、黄石矶以及九江、安庆间诸地，又有极多之便利相同之灰石山。其安庆以下至南京之间，多为极有利于制士敏土之地区，即如大通、获港、采石矶，均有丰裕之灰石及煤铁矿夹江相望也。

筑港、建市街、起江河堤岸诸大工程同时并举，士敏土市场既如斯巨大，则应投一二万万之资本以供给此士敏土厂矣。而此业之进行，即与全盘其他计划相为关连，徐徐俱进，则以一规划奖进其他规划，各无忧于生产过剩与资本误投，而各计划俱能自致其为一有利事业矣。

第二计划

225

第三计划

第三计划主要之点为建设一南方大港，以完成国际发展计划篇首所称中国之三头等海港。吾人之南方大港，当然为广州。广州不仅中国南部之商业中心，亦为通中国最大之都市。迄于近世，广州实太平洋岸最大都市也，亚洲之商业中心也。中国而得开发者，广州将必恢复其昔时之重要矣。吾以此都会为中心，制定第三计划如下：

（一）改良广州为一世界港。

（二）改良广州水路系统。

（三）建设中国西南铁路系统。

（四）建设沿海商埠及渔业港。

（五）创立造船厂。

第一部　改良广州为一世界港

广州之海港地位，自鸦片战争结果，香港归英领后，已为所夺。① 然香港虽有深水港面之利益，有技术之改良，又加以英国政治的优势，而广州尚自不失为中国南方商业中心也。其所以失海港之位置也，全由中国人民之无识，未尝合力以改善一地之公共利益，而又益之以满洲朝代之腐败政府及官僚耳。自民国建立以来，人民忽然觉醒，于是提议使广州成为海港之计划甚多。以此亿兆② 中国人民之觉醒，使香港政府大为警戒。该地当局用其全力以阻止一切使广州成为海港之运动；凡诸计划稍有萌芽，即摧折之。夫广州诚成为一世界港，则香港之为泊船、载货、站头之一切用处，自然均将归于无有矣。但以此既开发之广州与既繁荣之中国论，必有他途为香港之利，而比之现在仅为一退化贫穷之中国之独占海港，利必百倍可知。试征之英领哥伦比亚域多利港③ 之例，彼固尝为西坎拿大④ 与美国西北区之惟一海港矣。然而即使有独占之性质，而当时腹地贫穷，未经开发，其为利益实乃甚小。及至一方有温哥华起于同国方面，他方美国又有些路⑤ 与打金麻⑥ 并起为其竞争港，此诸港之距域多利远近恰与香港之距广州相似，而以其腹地开发之故，即使其俱为海港，竞争之切有如是，仍各繁荣非常。所以吾人知竞争海港，有如温哥华、些路、打金麻者，不惟不如短见者所尝

---

① 1842 年英国强迫清政府签订不平等的《中英南京条约》，条约规定：割让香港岛给英国；赔款 2100 万元；开放广州、厦门、福州、宁波、上海为通商口岸；准许英国在五处通商口岸派驻领事；英商进出口货物缴纳的税款由两国商定。

② 言其数量之多。

③ 今译维多利亚。

④ 今译加拿大。

⑤ 今译西雅图。

⑥ 今译塔科马。

推测，以域多利埠置之死地，且又使之繁荣有加于昔。然则何疑于既开发之广东、既繁荣之中国，不能以与此相同之结果与香港耶！实则此本自然之结果而已，不必有虑于广东之开发、中国之繁荣，伤及香港之为自由港矣。如是，香港当局正当以其全力，鼓励此改良广州以为海港一事，不应复如向日以其全力阻止之矣。抑且广州与中国南方之发展，在于商业上所以益英国全体者，不止百倍于香港今日所以益之者。即使此直辖殖民地之地方当局，无此远见以实行之，吾信今日寰球最强之帝国之各大政治家、各实业首领必能见及于此。吾既怀此信念，故吾以为以我国际共同发展广州以为中国南方世界大港之计划，布之公众，绝无碍也。

广州位于广州河汊之顶，此河汊由西江、北江、东江[①]三河流会合而成，全面积有三千英方里，而为在中国最肥饶之冲积土壤。此地每年有三次收获，二次为米作，一次为杂粮，如马铃薯或甜菜之类。其在蚕丝，每年有八次之收成。此河汊又产最美味之果实多种。在中国，此为住民最密之区域，广东全省人口过半住于此河汊及其附近。此所以纵有河汊沃壤所产出巨额产物，犹须求多数之食料于邻近之地与外国也。在机器时代以前，广州以东亚实业中心著名者几百年矣。其人民之工作手艺，至今在世界中仍有多处不能与匹。若在吾国际共同发展实业计划之下，使用机器，助其工业，则广州不久必复其昔日为大制造中心之繁盛都会矣。

以世界海港论，广州实居于最利便之地位。既已位于此可容航行之三江会流一点，又在海洋航运之起点，所以既为中国南方内河水运之中轴，又为海洋交通之枢纽也。如使西南铁路系统完

---

① 　西江、北江、东江，均为珠江水系干流之一。

成，则以其运输便利论，广州之重要将与中国北方、东方两大港相侔[①]矣。

广州通大洋之水路大概甚深，惟有二处较浅，而此二处又甚易范之以堤，且浚渫之，使现代航海最大之船可以随时出入无碍也。海洋深水线直到零丁岛[②]边，该处水深自八寻至十寻。自零丁以上水道稍浅（其深约三四寻），以达于虎门，凡十五英里。自虎门起，水乃复深，自六寻至十寻。直至莲花山脚之第二闩洲，其长二十英里；在第二闩洲处，仅有数百码水深自十八英尺至二十英尺而已。过第二闩洲后，其水又深，平均得三十英尺者约十英里，以至于第一闩洲，此即吾人所欲定为将来广州港面水界之处也。

将改良此通广州之通海路，吾意须在广东河口零丁岛上游左边建两水底范堤：其一，由海岸筑至东新坦头，他一则由该坦尾起筑至零丁坦顶上。此第一范堤之顶，应在水面下三四英尺，约与该坦同高。第二范堤一端低于水面四英尺，一端低十六英尺，各按所联之坦之高低（参照第十一图之1及3），此堤须横断两坦间深二十四英尺之水道。合此两堤与此四英尺高之东新坦，将成为一连续海堤之功用，可以导引现在冲过左边海岸与零丁岛之间之下层水流，入于河口当中一部。于是可以在零丁横沙与同名之坦中间开一新水道，而与零丁岛右边深水相接。在广东河口右边须建一范堤，自万顷沙外面沙坦下面起向东南行，横断二十四英尺深之水道，直穿过零丁横沙至其东头尽处为止（参照第十一图之2）。如是，以此河口两边各水底堤，限制下层水流，使趋中央一路，则可得一甚

---

① 亦作"相牟"，相等，同样。

② 也作伶仃岛，位于珠江口，域内有内、外伶仃岛。

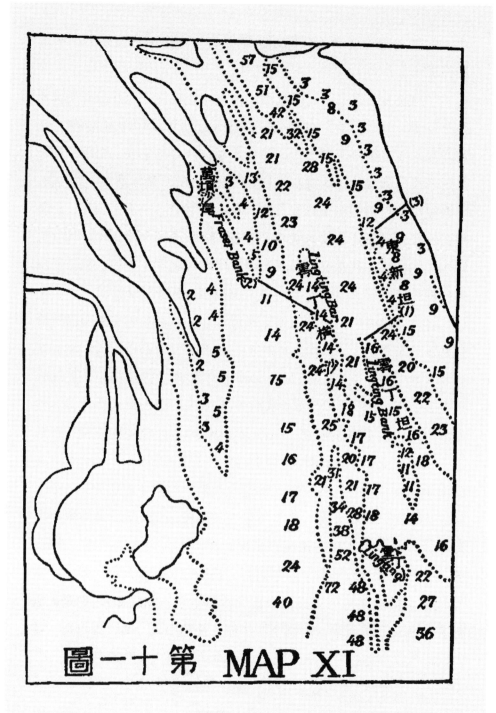

深之水道。自虎门起直通零丁口，约五十英尺深。于是可得创造一自深海直达珠江之第二门洲之通路矣。

合此各水底堤计之，其长约八英里，而其高只须离海底六英尺至十二英尺而已。其所费者应不甚多，而其使自然填筑进行加速之力则甚大，故因此诸堤两岸新成之地，必能偿还筑此诸堤之工程所费，且大有余裕也。

整治此广州通海之路，自虎门至黄浦〔埔〕一段珠江，吾意须使东江出口集中于一支，即用其最上之水道，于鹿步墟岛下游一点与珠江合流者。其他在第二门洲以下与珠江会流各支，概须筑与寻常水面同高之堰，以截塞之，至入雨期则仍以供宣泄洪水之水道之用。此集会东江全流于第二门洲上面，可以得更强之水，以冲洗珠江上部也。

此一段范水工程，吾意须筑多数之坝如下：第一，自江鸥沙之A点筑一坝，至撇沙岛低端对面加里吉打滩边。此坝所以堵截江鸥沙与加里吉打滩中间之水流，而转之入于现在三十六英尺深之水道，以其自然之力浚使更深。第二，于此河右岸，由海心沙之B点起另筑一坝，至中流第二门洲下端为终点。第三，于此河左岸，自漳澎尾沙下头C点筑一坝至中流，亦以第二门洲下端为终点。以是借此两坝所束集中水流之力，可以刷去第二门洲，其两坝上面浅处，则可浚之至得所求之深为止。若发现河底有岩石，则应炸而去之，然后全部通路可得一律之水深也。第四，在此河右岸与海心沙中间之水道，须堵塞之于D点（即瑞成围头）。第五，在漳澎常安围上游之E点起筑一坝，至第二门洲坦之上端中流。如是，则此河左边水流截断，而中央水道之流速可以增加也。第六，在右岸长洲岛与第二门洲之间适中之处F点起筑一坝，至中流滩之顶上，以截断此河右边之水流。第七，于鹿步墟岛下端 G 点起筑一坝，至中流，与前述之 F 坝相对。此 E[F]G 两坝所以集中珠江上段水流，而 G 坝同时又导引东江，使其流向与珠江同一也。（参照第十二图）

以此七坝，自黄埔以迄虎门之水流可得有条理，而冲刷河底可致四十英尺以上之深，如是则为航洋巨舶开一通路，自公海直通至广州城矣。合此诸坝，其长当不过五英里，而又大半建于浅水处。自建坝以后，水道两旁各坝之间，以其自然之力，新填地出现必极速。单以所填之地而论，必足以偿还筑坝所费。况又有整治珠江与为海洋运输开一深水道之两大目的，可由此而实现乎！

吾人既为广州通海水路作计，则可次及改良广州城以为世界商港一事矣。广州港面水界应至第一门洲为止，由此处起，港面应循甘布列治水道（乌涌与大吉沙之间），经长洲、黄浦〔埔〕两岛之间，以入亚美利根水道（深井与仑头之间）。于是凿土华、小洲之间，开一新路，以达于河南岛[①]之南端，复循依里阿水道（沥滘、[②]下滘之间），以至大尾岛（三山对面）。于是循佛山旧水道，更凿一新水道，直向西南方，与潭洲水道会流。如是，由第一门洲起以达潭洲水道，成一新水路矣，其长当有二十五英里。此水路将为北江之主要出口，又以与西江相通连；一面又作为广州港面，以北江水量全部及西江水量一部，经此水路以注于海。故其水流之强，将必足以刷洗此港面，令有四十英尺以上之深也。（参观第十三图）

新建之广州市，应跨有黄埔与佛山，而界之以车卖炮台及沙面

---

① 指广州的珠江南岸地区，即今海珠区。
② 读音 jiào，方言，指水相通处，多用于水名、地名。

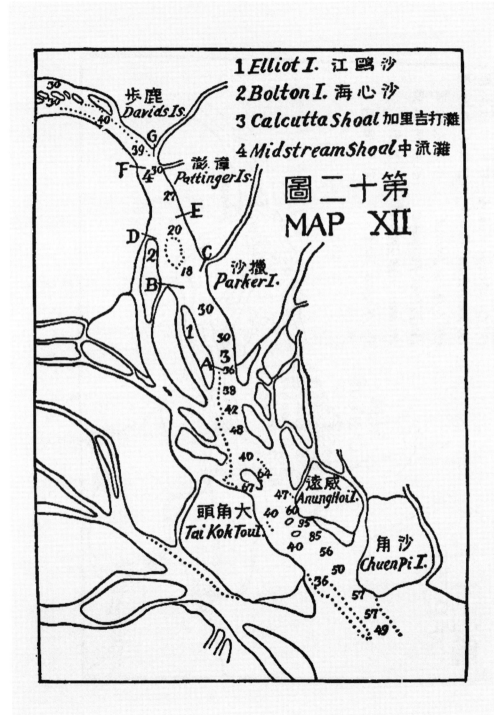

1 *Elliot I.* 江鷗沙
2 *Bolton I.* 海心沙
3 *Calcutta Shoal* 加里吉打灘
4 *Midstream Shoal* 中流灘

第十二圖
MAP XII

步鹿
Davids Is.

澎潯
Pattinger Is.

沙攤
Parker I.

遠威
Anung Hoi I.

頭角大
Tai Kok Tou I.

角沙
Chuen Pi I.

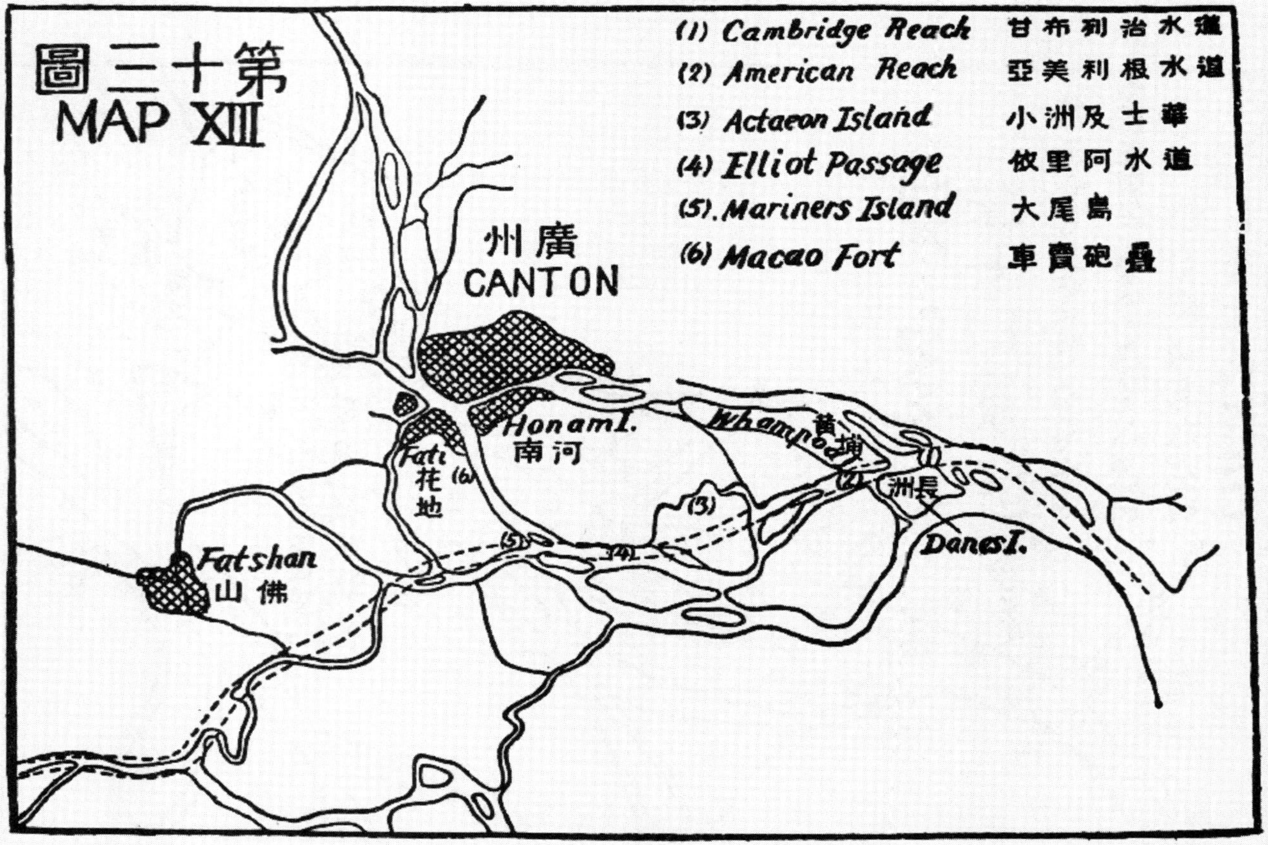

图三十第
MAP XII

广州
CANTON

(1) Cambridge Reach　甘布利治水道
(2) American Reach　亞美利根水道
(3) Actaeon Island　小洲及土華
(4) Elliot Passage　故里阿水道
(5) Mariners Island　大尾島
(6) Macao Fort　車貫砲壘

Honam I.
南河

Fati
花地

Fatshan
山佛

Whampoa
黃埔

Dane I.

長洲

"小洲及土华"应为"小洲及土华"。——编者水路。此水以东一段地方，应发展之以为商业地段；其西一段，则以为工厂地段。此工厂一区，又应开小运河以与花地及佛山水道通连，则每一工厂均可得有廉价运送之便利也。在商业地段，应副之以应潮高下之码头，与现代设备及仓库，而筑一堤岸。自第一闸洲起，沿新水路北边及河南岛西边，与沙面堤岸联为一起。又另自花地上游起筑一堤岸，沿花地岛东边，至大尾乃转向西南，沿新水路左岸筑之。其现在省城与河南岛中间之水道，所谓"省河"者，应行填塞。自河南头填起，直至黄埔岛，以供市街之用。从利益问题论之，开发广州以为一世界商港，实为此国际共同发展计划内三大港中最有利润之企业。所以然者，广州占商业中枢之首要地位，又握有利之条件，恰称为中国南方制造中心，更加以此部地方之要求新式住宅地甚大也。此河汉内之殷富商民与华人在外国经商致富暮年退隐者，无不切盼归乡，度其余年；但坐缺乏新式之便宜与享乐之故，彼等不免踌躇，仍留外国。然则建一新市街于广州，加以新式设备，专供住居之用，必能获非常之利矣。广州城附近之地，今日每亩约值二百元，如使划定以为将来广州市用之地，即应用前此所述方法收用之，则划定街道加以改良之后，地价立可升高至原价之十倍至五十倍矣。

广州附近景物，特为美丽动人，若以建一花园都市，加以悦目之林囿，真可谓理想之位置也。广州城之地势恰似南京，而其伟观与美景抑又过之。夫自然之原素有三：深水、高山与广大之平地也。此所以利便其为工商业中心，又以供给美景以娱居人也。珠江北岸美丽之陵谷，可以经营之以为理想的避寒地，而高岭之巅又可利用之以为避暑地也。

在西北隅市街界内，已经发现一丰富之煤矿。若开采之，而加以新式设计，以产出电力及煤气供给市中，则可资其廉价之电力、煤气以为制造、为运输，又使居民得光、得热、得以炊爨①也。如是则今日耗费至多之运输，与烦费之用薪炊爨制造，行于此人烟稠密之市中者，可以悉免矣。是此种改良，可得经济上之奇效也。现在广州居民一百万，若行吾计划，则于极短时期之中将见有飞跃之进步，其人口将进至超过一切都市，而吾人企业之利益，亦比例而与之俱增矣。

第二部　改良广州水路系统

中国南部最重要之水路系统，为广州系统。除此以外皆不甚重要，将于论各商埠时附述之。论广州水路系统，吾将分之为下四项：

甲　广州河汊。

乙　西江。

丙　北江。

丁　东江。

甲　广州河汊②

吾人论广州河汊之改良，须从三观察点以立议：第一，防止水灾问题；第二，航行问题；第三，填筑新地问题。每一问题皆能加影响于他二者，故解决其一，即亦有裨于其他也。

---

① 读音 cuán，烧火煮饭。

② 大河旁出的小河。

第一　防止水灾问题。

近年水灾频频发生，于广州附近人民实为巨害，其丧失生命以千计，财产以百万计。受害最甚者，为广州与芦包〔苞〕① 间，其地恰在广州河汊之直北。吾以为此不幸之点，实因西南下游北江正流之淤塞而成。以此之故，北江须经由三水之短河道以入西江，藉为出路。同时又经由两小溪流，一自西南，一自芦包〔苞〕，以得出路。此二溪者，一向东南行，一向东北行，而再合流于官窑。自官窑起复东北流，至于金利，又折而东南流，经过广州之西关。自北江在西南下游淤塞之后，其淤塞点之上游一段，亦逐年变浅；现在三水县城上游之处，亦仅深四五英尺。当北江水涨之时，常借冈根河（即思贤滘）以泄其水于西江。但若西江同时水涨，则北江之水无从得其出路，惟有停积，至高过芦包〔苞〕上下游之基围② 而后已。如是，自然基围有数处被水冲决，水即横流，而基围所护之地域全区均受水灾矣。欲治北江，须重开西南下面之北江正流，而将自清远至海一段一律浚深。幸而吾人改良广州河汊之航行时，亦正有事于此项浚深，故一举而可两得也。

救治西江，须于其入海处横琴与三灶两岛之间两岸各筑一堤，左长右短以范之。如是，则将水流集中以割此河床，使成深二十英尺以上之水道；如是，则水深之齐一可得而致。盖自磨刀门以上通沿广州河汊之一段，西江平均有二十英尺至三十英尺之深也。如有全段一律之水深，以达于海，则下层水流将愈速，而洪水时泄去其水更速矣。除此浚深之工程以外，两岸务须改归齐整，令全河得一

---

① 今广东省佛山市三水区芦苞镇，北江河穿镇而过。

② 广东省近海田地为防水患，在周围修筑的堤围。

律之河阔，中流之暗礁及沙洲，均应除去。

东江流域之受水灾不如西、北二江之深重，则整治此河以供航行，即可得其救治，留俟该项论之。

第二　航行问题。

广州河汊之航行问题与三江相连，论此问题须自西江始。往日西江流域与广州间往来载货，常经由三水与佛山，此路全长三十五英里。但自佛山水道由西南下游起淤塞之后，载货船只须为大迂回：沿珠江而下以至虎门，转向西北以入沙湾水道，又转向东南入于潭洲水道，西入于大良水路，又南入于黄色水道（自合成围至莺哥嘴）及马宁水路，于此始入西江。西北泝江以至三水西、北江合流之处，此路全长九十五英里，比之旧路多六十英里。而广州与西江流域之来往船只其数甚多，现在广州与近县来往之小火轮有数千艘，其中有大半为载货往来西江者。夫使广州、三水间水道得其改良，则今之每船一往复须行九十五英里者，忽减而为三十五英里也，其所益之大，为何如哉！

在吾改良广州通海路及港面之计划，吾曾提议浚一深水道，自海至于黄埔，又由黄埔以至潭洲水道。今吾人更须将此水道延长，自潭洲水道合流点起，以至三水与西江合流之处。此水道至少须有二十英尺水深，以与西江在三水上游深水处相接。而北江自身亦须保有与此同一之水深，至于三水上游若干里之处，所以便于该河上流既经改良之后大舶之航行也。为广州河汊之航行以改良东江，吾人应将其出口之水流，集中于鹿步墟岛上面之处与珠江合流之最右之一水道。此所以使水道加深，又使异日上流既经改良之日，广州与东江地区路程更短也。

为航行计，广州河汊更须有一改良，即开一直运河于广州与江门之间，此所以使省城与四邑①间之运输得一捷径也。此运河应先将陈村小河改直，达于紫泥，于是横过潭洲水道，以入于顺德小河。循此小河，以直角入于顺德支流。由此处须凿新运河一段，直至大良水道近容奇曲处（竹林）。又循此水道，通过黄水道，至汇流路（南沙、小榄之间起莺哥嘴至冈美之福〔对〕岸）为止。于此处须更凿一段新运河，以通海洲小河，循古镇水道以达西江正流，横过之以入于江门支流。此即为广州、江门间直达之运河矣。欲更清晰了解广州河汊之改良，可观附图第十四、第十五。

第三　填筑新地问题。

在广州河汊，最有利之企业为填筑新地。此项进行已兆始②于数百年前，于是其所增新地供农作之用者，岁逾百十顷。但前此所有填筑，仅由私人尽力经营，非有矩矱。③于是有时私人经营有阻塞航路、诱致洪水等等事情，危及公安；如在磨刀岛上游之填筑工事，闭塞西江正流水路过半，其最著者也。论整治西江，吾意须将此新坦削去。为保护公安计，此河汊之填筑工作必须归之国家。而其利益，则须以偿因航行及防水灾而改良此水路系统之所费。

现在可徐徐填筑之地区，面积极广。在广州河口左岸，可用之地有四十英方里，其右岸有一百四十英方里；在西江河口，东起澳门，西至铜鼓洲，可用之地约二百英方里。此三百八十英方里之中，四分一可于十年之内填筑成为新坦，即十年之内有九十五英方里之地可以填筑，变为耕地也。以一英方里当六百四十英亩、而一英亩当六亩计，九十五英方里将等于三十六万四千八百亩。而中国

---

① 此指广东省新会、开平、台山、恩平四县。

② 开始。

③ 原指画直角或方形的曲尺，比喻规矩法度。

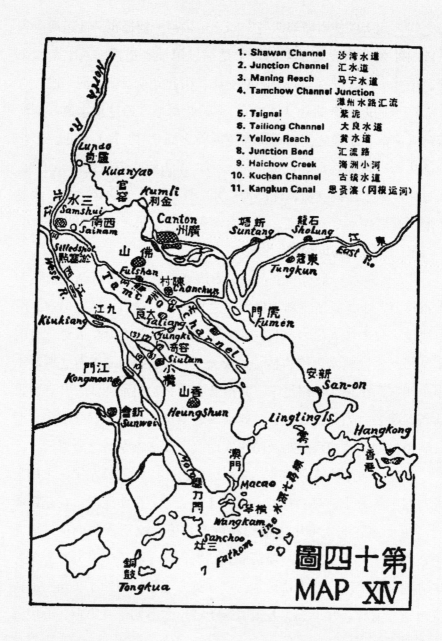

1. Shawan Channel　沙湾水道
2. Junction Channel　汇水道
3. Maning Reach　马宁水道
4. Tamchow Channel Junction
　　　　潭州水路汇流
5. Tsignai　紫泥
6. Tailiong Channel　大良水道
7. Yellow Reach　黄水道
8. Junction Bend　汇流路
9. Haichow Creek　海洲小河
10. Kuchan Channel　古镇水道
11. Kangkun Canal　思贤滘（冈根运河）

图四十第
MAP XIV

　　"佛山"拼写 Futshan 疑为 Fatshan 之误；"香山"拼写 Heungshun 疑为 Heungshan 之误；"香港"拼写 Hangkong 应为 Hongkong；"潭州水路"应为"潭洲水路"。——编者

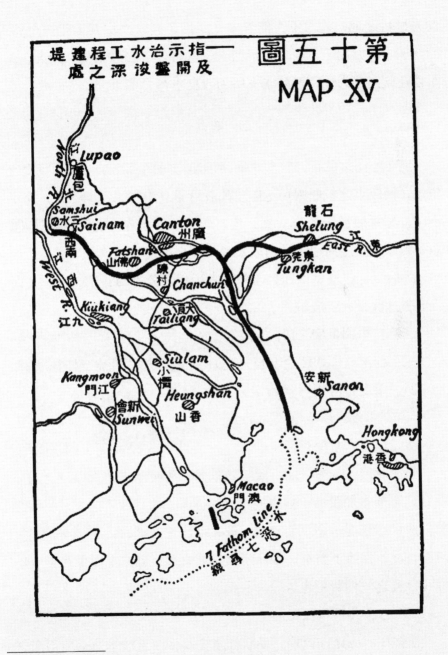

一指示治水工程建堤
及開鑿淩深之處

第十五圖
MAP XV

"东莞"拼写 Tungkan 疑为 Tungkun 之误；"江门"拼写 Kangmoon 疑为 Kongmoon 之误；"新安"拼写 Sanon 应为 San-on。——编者

此方可耕之地，通常不止值五十元一亩，假以平均五十元一亩算，则此三十六万四千八百亩，已值一千八百二十四万元矣。此大有助于偿还此河汊为航行及防水灾所为改良水路之费也。

乙　西江

现在西江之航行，较大之航河汽船可至距广州二百二十英里之梧州，而较小之汽船则可达距广州五百里之南宁，无间冬夏。至于小船，则可通航于各枝〔支〕流，西至云南边界，北至贵州边界，东北则以兴安运河通于湖南以及长江流域。

为航行计，改良西江，吾将以其工程细分为四：

一、自三水至梧州。

二、自梧州至柳江口。

三、桂江（即西江之北枝〔支〕）由梧州起，沂流至桂林以上。

四、南支自浔州①至南宁。

一、自三水至梧州。

西江此段，水道常深，除三数处外，为吃水十英尺以下之船航行计，不须多加改良。其中流岩石须行爆去，其沙质之岸及泛滥之部分应以水底堤范之，使水深一律，而流速亦随之。于是有一确实航路，终年保持不替矣。西江所运货载之多，固尽足以偿还吾今所提议改良之一切费用也。

二、自梧州至柳江口。

在柳江口应建一商埠，以联红水江及柳江之浅水航运与通海之

---

①　唐代至明清置浔州府，府治在今广西省桂平县区东南，1913 年废府。

航运。此两江实渗入广西之西北部与贵州之东南部丰富之矿产地区者也。此商埠应设于离浔州五十英里之处，浔州即此江与南宁一枝〔支〕合流处也。是故，在此项改良所须着力之处只有五十英里，因梧州至浔州一段为南宁商埠计划所包括也。为使吃水十英尺以上之船可以航行，必须筑堰，且设水闸于此一部分。而此所设之堰，又同时可借以发生水电也。

三、桂江（即西江之北支）由梧州起，泝流至桂林以上。

桂江较小较浅，而沿江水流又较速，故其改良比之其他水路更觉困难。然而，此实南方水路规划中极有利益之案。因此江不特足供此富饶地区运输之目的而已也，又以供扬子江流域与西江流域载货来往孔道之用。此项改良应自梧州分歧点起，以迄桂林，由此再泝流至兴安运河，顺流至湘江，因之以达长江。于此当建多数之堰及水闸，使船得升至分水界之运河；他方又须建多数之堰闸，以便其降下。此建堰闸所须之费，非经详细调查不能为预算也。然而吾有所确信者，则此计划为不亏本之计划也。

四、由浔州至南宁。

此右江一部分，上至南宁，可通小轮船。南宁者，广西南部之商业中心也。自南宁起，由右江用小船可通至云南东界，由左江可通至越南东京之北界。如使改良水道以迄南宁，则南宁将为中国西南隅——云南全省、贵州大半省、广西半省矿产丰富之全地区之最近深水商埠矣。南宁之直接附近又多产锑、锡、煤、铁等矿物，而同时亦富于农产，则经营南宁以为深水交通系统之顶点，必不失为有利之计划也。改良迄南宁之水道，沿河稍须设堰及水闸，使吃水十英尺之船可以通航，并资之以生电力。此项工程所费，亦非经详细测量不能预算，但比之改良自梧州至兴安运河一节桂江所费，当必大减矣。

丙　北江

北江自三水至韶州，约长一百四十英里，全河中有大部分为山地所夹。但自出清远峡^①以后，河流入于广豁之区，其地与广州平原相联，此处危险之水灾常见。自西南下游水道淤塞之后，自峡至西南一段河身逐年变浅，左岸靠平原之基围时时崩决，致广州以上之平原大受水灾。所以整治一部分河流，有二事须加考察：第一，防止洪水；第二，航运改良。

关于第一事，无有逾于浚深河身一法者。在改良广州通海路及港面并广州河汊时，吾人应开一深水水路，从深海起，直达西南。在改良北江下时〔段〕段〔时〕，吾人只须将此工程加长，沂流直至清远峡，拟使有水深自十五尺至二十尺之深水道。其浚此水道，或用人工，或兼用自然之力。既已浚深此河底矣，则即以今日基围之高言，亦足以防卫此平原不使其遭水患矣。

论及此第二事，则既为防止水灾，将西南至清远峡一节之北江浚深，即航行问题同时解决矣。然则今所须商及者，只此上段一部而已。吾欲提议将此北江韶州以下一段改良，令可航行。韶州者，广东省北部之商业中心也，又其煤铁矿之中心也。欲改良此峡上一部令可航行，则须先建堰与水闸于一二处，然后十英尺吃水之船可以航行无碍，直至韶州。虽此江与粤汉铁路平行，然而若此地矿山得有相当开发之后，此等煤铁重货仍须有廉值之运输以达之于海，即此水路为不可缺矣。然则于此河中设堰以生水电，设水闸以利航行，固不失为一

---

① 　位于广东清远县和三水县之间，北江流经至此，向南出海。

有利之企业也，况又为发展此一部分地方之必要条件也。

丁　东江

东江以浅水船航行可达于老龙市，①此地离黄埔附近鹿步墟岛东江总出口处约一百七十英里。沿此江上段，所在皆有煤铁矿田。铁矿之开采于此地也，实在于久远之往昔，记忆所不及之年代。在今日全省所用各种铁器之中，实有一大部分为用此地所出之铁制造之者。是故浚一可航行之深水道，直上至于煤铁矿区中心者，必非无利之业也。

改良此东江，一面以防止其水害，一面又便利其航行。吾意欲从鹿步墟岛下游之处着手，于前论广州通海路已述之矣。由此点起，须浚一深水道，上至新塘。自新塘上游约一英里之处，应凿一新水道直达东莞城，而以此悉联东江左边在东莞与新塘间之各支流为一。以此新水道为界，所有自此新水道左岸以迄珠江，中间上述各支流之旧路，悉行闭塞。其闭塞处之高，须约与通常水平相同，而以此已涸之河身，供异日雨期洪水宣流之用。如是，东江之他出口已被一律封闭，则所有之水将汇成强力之水流，此水流即能浚河身使加深，又使全河水深，能保其恒久不变也。河身须沿流加以改削，令有一律之河幅，上至潮水能达之处；自此处起，则应按河流之量多寡，以定河身之广狭。如是，则东江将以其自力浚深惠州城以下一段矣。石龙镇南边之铁路桥，应改建为开合铁桥，使大轮船可以往来于其间。东江有急激转弯数处，应改以为缓徐曲线，并将中流沙洲除去。惠州以上一部江流，应加堰与水闸，令吃水十尺之

---

① 今广东省龙川县老隆镇，位于东江上游。

船，可以上泝至极近于此东江流域煤铁矿田而后已。

第三部　建设中国西南铁路系统

中国西南一部，所包含者：四川，中国本部最大且最富之省分也；云南，次大之省也；广西、贵州，皆矿产最丰之地也；而又有广东、湖南两省之一部。此区面积有六十万英方里，人口过一万万。除由老街至云南府约二百九十英里法国所经营之窄轨铁路外，中国广地众民之此一部，殆全不与铁路相接触也。

于此一地区，大有开发铁路之机会。应由广州起向各重要城市、矿产地引铁路线，成为扇形之铁路网，使各与南方大港相联结。在中国此部建设铁路者，非特为发展广州所必要，抑亦于西南各省全部之繁荣为最有用者也。以建设此项铁路之故，种种丰富之矿产可以开发，而城镇亦可于沿途建之。其既开之地，价尚甚廉，至于未开地及含有矿产之区，虽非现归国有，其价之贱，去不费一钱可得者亦仅一间耳。所以若将来市街用地及矿产地，预由政府收用，然后开始建筑铁路，则其获利必极丰厚。然则不论建筑铁路投资多至若干，可保其偿还本息，必充足有余矣。又况开发广州以为世界大港，亦全赖此铁路系统，如使缺此纵横联属西南广袤之一部之铁路网，则广州亦不能有如吾人所预期之发达矣。

西南地方，除广州及成都两平原地各有三四千英方里之面积外，地皆险峻。此诸地者，非山即谷，其间处处留有多少之隙地。在此区东部，山岳之高鲜逾三千英尺；至其西部与西藏交界之处，平均高至一万英尺以上。故建此诸铁路之工程上困难，比之西北平原铁路系统，乃至数倍。多数之隧道与凿山路，须行开凿，故建筑之费，此诸路当为中国各路之冠。

吾提议以广州为此铁路系统终点，以建下列之七路：

甲　广州—重庆线，经由湖南。

乙　广州—重庆线，经由湖南、贵州。

丙　广州—成都线，经由桂林、沪〔泸〕州。

丁　广州—成都线，经由梧州、叙府。①

戊　广州—云南②大理—腾越③线，至缅甸边界为止。

己　广州—思茅线。

庚　广州—钦州线，至安南界东兴为止。

甲　广州—重庆线，经由湖南

此线应由广州出发，与粤汉线同方向，直至连江与北江会流之处。自此点起，本路折向连江流域，循连江岸上至连州以上，于此横过连江与道江之分水界，进至湖南之道州。于是随道江以至永州、宝庆、新化、辰州，④沿酉水过川、湘之界入于酉阳，由酉阳横过山脉而至南川，从南川渡扬子江而至重庆。⑤此路全长有九百英里，经过富饶之矿区与农区。在广东之北连州之地，已发见丰富之煤矿、铁矿、锑矿、钨矿；于湖南之西南隅，则有锡、锑、煤、铁、铜、银；于四川之酉阳，则有锑与水银。其在沿线之农产物，

---

① 今四川省宜宾市。

② 此指昆明。

③ 今云南省腾冲县，县城驻地腾越镇。

④ 今湖南省怀化市沅陵县。

⑤ "入于酉阳"之后，原作"又循乌江流域至扬子江边之涪州，循扬子江右岸上至重庆"。孙中山亲笔将其涂去，另改为以上文字。但第十六图中并未作相应修改。

则吾可举砂糖、花生、大麻、桐油、茶叶、棉花、烟叶、生丝、谷物等等；又复多有竹材、木材及其他一切森林产物。

乙　广州—重庆线，经由湖南、贵州

此线约长八百英里。但自广州至道州一段即走于甲线之上，凡二百五十英里，故只有五百五十英里计入此线。所以实际从湖南道州起筑，横过广西省东北突出一段，于全州再入湖南西南境，过城步及靖州。于是入贵州界，经三江及清江两地，横过山脉，以至镇远。此线由镇远须横过沅江、乌江之分水界，以至遵义。由遵义则循商人通路直至綦江，以达重庆。此铁路所经，皆为产出木材、矿物极富之区域。

丙　广州—成都线，经由桂林、泸州

此线长约一千英里。由广东〔州〕西行，直至三水在此处之绥江口地点，渡过北江。循绥江流域，经过四会、广宁，次于怀集入广西。经过贺县及平乐，由此处循桂江水流上达桂林。于是广东、广西两省省城之间，各煤铁矿田可得而开凿矣。自桂林起，路转而西至于永宁，又循柳江流域上至贵州边界。越界至古州，由古州过都江及八寨，仍循此河谷而上，逾一段连山至平越。由平越横渡沅江分水界，于瓮安及岳四城，入乌江流域。自岳四城循商人通路逾雷边山至仁怀、赤水、纳溪。于是渡扬子江，以至泸州。自泸州起，经过隆昌、内江、资州、资阳、简州，以达成都。此路最后之一段，横过所谓"四川省之红盆地"，有名富庶之区也。其在桂林、泸州之间，此路中段则富于矿产，为将来开发希望最大者。此路将为其两端人口最密之区，开一土旷人稀之域，

以收容之者也。

丁　广州—成都线，经由梧州与叙府

此线长约一千二百英里。自丙线渡北江之三水铁路桥之西端起，循西江之左岸以入于肇庆峡，至肇庆城。即循此岸，上至德庆、梧州、大湟。在大湟，河身转而走西南，路转而走西北至象州，渡柳江至柳州及庆远。于是进至思恩，过桂、黔边界入贵州，至独山及都匀。自都匀起，此路再折偏西走，至贵州省城之贵阳，次进至黔西及大定。[①] 离贵州界于毕节，于镇雄入云南界。北转而至乐新渡，过四川界，入叙府。自叙府起，循岷江而上至嘉定。[②] 渡江入于成都平原，以至成都。此路起自富庶之区域，迄于富庶之区域，中间经过宽幅之旷土未经开发、人口极稀之地，沿线富有煤、铁矿田，又有银、锡、锑等等贵金属矿。

戊　广州—云南大理—腾越线

此线长约一千三百英里。起自广州，迄于云南、缅甸边界之腾越。其首段三百英里，自广州至大湟，与丁线相同。自大湟江口分支至武宣，循红水江常道，经迁江及东兰。于是经兴义县，横过贵州省之西南隅，入云南省至罗平，从陆凉一路以至云南省城。自省城经过楚雄，以至大理。于是折而西南至永昌，遂至腾越，终于缅甸边界。

在广西之东兰、近贵州边界处，此路应引一支线，约长四百英里。此线应循北盘江流域，上至可渡河与威宁，于昭通入云南。在

---

① 今贵州省大方县。

② 今四川省乐山市。

河口过扬子江，即于此处入四川，横截大凉山至于宁远。[①] 此路所以开昭通、宁远间有名铜矿地之障碍，此项铜矿为中国全国最丰之矿区也。

此路本线自东至西，贯通桂、滇两省，将来在国际上必见重要。因在此线缅甸界上，当与缅甸铁路系统之仰光—八莫一线相接，将来此即自印度至中国最捷之路也。以此路故，此两人口稠密之大邦，必比现在更为接近。今日由海路，此两地交通须数礼拜者，异时由此新路，则数日而足矣。

己　广州—思茅线

此线至缅甸界止，约长一千一百英里。起自广州市西南隅，经佛山、官山，由太平墟渡过西江，至对岸之三洲墟，于是进入高明、新兴、罗定。既过罗定，入广西界至平河，进至容县。于是西向，渡左江至于贵县，即循左江之北岸以达南宁。在南宁应设一支线，约长一百二十英里，循上左江水路以至龙州，折而南至镇南关、安南东京界上止，与法国铁路相接。其本线由南宁循上右江而上，至于百色。于是过省界入云南至剥隘，经巴门、高甘、东都、普子塘一路至阿迷州，[②] 截老街、云南铁路而过。由阿迷州进至临安府、[③] 石屏、元江。于是渡过元江，通过他郎、普洱及思茅，至缅甸边界近澜沧江处为止。此线穿入云南、广西之南部锡、银、锑三种矿产最富之地，同时沿线又有煤、铁矿田至多，复有多地产出金、铜、水银、铅；论其农产，则米与花生均极丰饶，加以樟脑、

① 今四川省西昌市。
② 今云南省开远市。
③ 今云南省建水县，县城驻地临安镇。

桂油、蔗糖、烟叶、各种果类。

庚　广州—钦州线

此线从西江铁路桥西首起算，约长四百英里。自广州起，西行至于太平墟之西江铁路，与己线同轨。过江始分支，向开平、恩平，经阳春，至高州及化州。于化州须引一支线，至遂溪、雷州，达于琼州海峡之海安，约长一百英里，于海安再以渡船与琼州岛①联络。其本线仍自化州西行，过石城、②廉州、钦州，达于与安南交界之东兴为止。东兴对面芒街至海防之间，将来有法国铁路可与相接。此线全在广东省范围之内，经过人口多、物产富之区域，线路两旁皆有煤铁矿，有数处产金及锑，农产则有蔗糖、生丝、樟脑、苎麻、靛青、花生及种种果类。

此系统内各线，如上所述，约六千七百英里。此外须加以联络成都、重庆之两线。又须另设一线，起自乙线遵义之东，向南行至瓮安与丙线接；又一线自丙线之平越起，至丁线之都匀；又一线由丁线贵州界上一点，经南丹、那地以至戊线之东兰，再经泗城以至己线之百色。此联络各线全长约六百英里，故总计应有七千三百英里。

此系统将于下文所举三线经济上大有关系：

（一）法国经营之老街—云南府已成线，及云南府—重庆计划线。此线与己线交于阿迷州，与戊线交于威宁，与丁线交于叙府，与丙线交于泸州，而与甲、乙两线会于重庆。

（二）英国经营之沙市—兴义计划线。此线与甲线交于辰州，

---

① 今海南岛。

② 今广东省廉江市。

与乙线交于镇远，与丙线交于平越，与丁线交于贵阳，而与戊线之枝〔支〕线交于永定西方之一点。

（三）美国经营之株州〔洲〕—钦州计划线。此线与甲线交于永州，乙线交于全州，丙线交于桂林，丁线交于柳州，戊线交于迁江，己线交于南宁，而与庚线会于钦州。

所以此法、英、美三线与本系统各线一律完成之后，中国西南各省之铁道交通可无缺乏矣。

此诸线皆经过广大且长之矿产地，其地有世界上有用且高价之多种金属。世界中无有如此地含有丰富之稀有金属者，如钨、如锡、如锑、如银、如金、如白金等等；同时又有虽甚普通而尤有用之金属，如铜、如铁、如铅。抑且每一区之中，均有丰裕之煤。南方俗语有云："无煤不立城。"盖谓预计城被围时，能于地中取炭，不事薪采，此可见其随在有煤产出也。四川省又有石油矿及自然煤气（火井），极为丰裕。

是故吾人得知，以西南铁路系统开发西南山地之矿产利源，正与以西北铁路系统开发蒙古、新疆大平原之农产利源，同其重要。此两铁路系统于中国人民为最必要，而于外国投资者又为最有利之事业也。论两系统之长短，大略相同，约七千英里。此西南系统，每英里所费平均须在彼系统两倍以上，但以其开发矿产利源之利益言，又视开发农产利源之利益更多数倍也。（参照第十六图）

第四部　建设沿海商埠及渔业港

既于中国海岸为此三世界大港之计划，今则已至进而说及发展二三等海港及渔业港于沿中国全海岸，以完成中国之海港系统之机

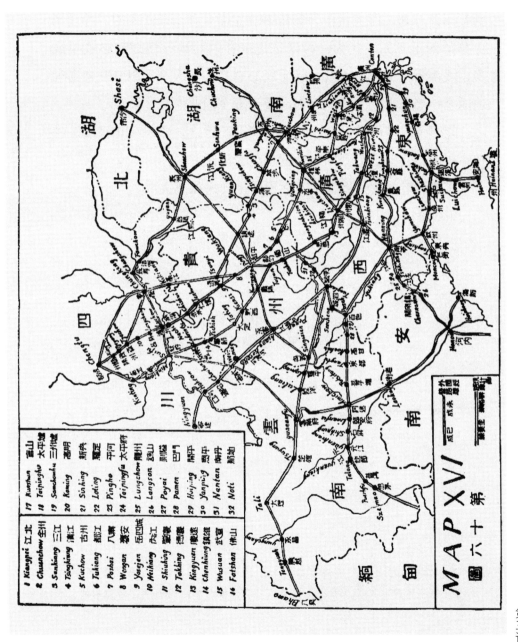

会矣。近日以吾北方大港计划为直隶省人民所热心容纳，于是省议

会赞同此计划，而决定作为省营事业立即举办，以此目的，经已票决募债四千万元。此为一种猛进之征兆，而其他规划亦必或早或晚，或由省营，或由国营，随于民心感其必要次第采用。吾意则须建四个二等海港、九个三等海港及十五个渔业港。

此四个二等海港，应以下列之情形配置之，即一在北极端，一在南极端，其他之港则间在此三世界大港之间。

此项港口，按其将来重要之程度排列之如下：

甲　营口。

乙　海州。①

丙　福州。

丁　钦州。

甲　营口

营口位于辽东湾之顶上，昔者尝为东三省之惟一海港矣。②自改建大连为一海港③以后，营口商业大减，昔日之事业殆失其半。以海港论，营口之不利有二：一为其由海入口之通路较浅，二为冬期冰锢至数月之久。而其胜于大连惟一之点，则为位置在辽河之口，拥有内地交通遍及于南满④辽河流域之内。其所以仍保有昔时

---

① 今江苏省连云港市。

② 地处辽东半岛中枢，渤海东岸，为辽河入海口。1858 年中英《天津条约》增设牛庄为通商口岸，后在牛庄管辖的没沟营开埠。1866 年后清政府将"没沟营口岸"简称为"营口"。

③ 大连港位于黄海北部，辽东半岛南端，始建于 1899 年，港阔水深，终年不冻。

④ "南满"指当时中长路沈阳至大连线以东的庄河、安东（今丹东）、通化、临江、清原和沈阳西南的辽中等地区。满洲以今吉林省长春市为中心划出东、西、南、北。

贸易之半与大连抗者，全以其内地水路之便也。欲使营口将来再能凌驾大连而肩随①于前言三世界大港之后，吾人必须一面改良内地水路交通，一面浚深其达海之通路。关于通路改良之工程，当取与改良广州通海路相同之法，既设一水深约二十英尺之深水道，而又同时行填筑之工程。盖以辽东湾头广而浅之沼地，可以转为种稻之田，借之可得甚丰之利润也。至于内地水路交通，则不独辽河一系，即松花江、黑龙江两系统亦应一并改良。其最重要之工程，则为凿一运河联此各系统，此则吾当继此有所讨论。

辽河与松花江间之运河，于将来营口之繁荣，实为最要分子。惟有由此运河，此港始能成为中国二等海港中最重要者。而在将来此北满之伟大森林地及处女壤土丰富矿源，可以以水路交通与营口相衔接也。所以为营口计，此运河为最重要；使其缺此，则营口之为一海港也，最多不过保其现在之位置，人口六七万，全年贸易三四千万元极矣，无由再占中国二等海港首位之位置矣。

此运河可凿之于怀德以南，范家屯与四童山之间，与南满铁路②平行，其长不及十英里；亦可凿之于怀德以北，青山堡与靠山屯之间，其长约十五英里。在前一线，所凿者短，而以全水路计则长；在后一线，运河之长几倍前者，而计此两江系统间之全水路则较短。两线均无不可逾越之物质的障碍，二者俱在平原，但其中一线高出海面上之度或较他一线为多，则将来择用于二者间惟一之取决点也。若此运河既经开竣〔浚〕，则吉林、黑龙江两富省及外蒙古之一部，皆将因此与中国本部可以水路交通相接，然则此运河不

---

① 比肩追随，跟得上。
② 原属1897—1903年由沙俄所筑中东铁路南下支线（哈尔滨至旅顺）的长春至旅顺段。

特营口之为海港大有需要焉也，又与中国全国国民政治上经济上亦大有关系。辽河、松花江运河完成以后，营口将为全满洲与东北、蒙古、内地水路系统之大终点。而通海之路既经浚深以后，彼又将为重要仅亚于三大港之海港矣。

乙　海州

海州位于中国中部平原东陲，此平原者，世界中最广大肥沃之地区之一也。海州以为海港，则刚在北方大港与东方大港二大世界港之间，今已定为东西横贯中国中部大干线海兰铁路之终点。海州又有内地水运交通之利便，如使改良大运河其他水路系统已毕，则将北通黄河流域，南通西江流域，中通扬子江流域。海州之通海深水路，可称较善。在沿江北境二百五十英里海岸之中，只此一点，可以容航洋巨舶逼近岸边数英里内而已。欲使海州成为吃水二十英尺之船之海港，须先浚深其通路至离河口数英里外，然后可得四寻深之水。海州之比营口，少去结冰，大为优越；然仍不能不甘居营口之下者，以其所控腹地不如营口宏之〔之宏〕大，亦不如彼在内地水运上有独占之位置也。

丙　福州

福建省城在吾二等海港中居第三位。福州今日已为一大城市，其人口近一百万，位于闽江之下游，离海约三十英里。此港之腹地以闽江流域为范围，面积约三万方英里。至于此流域以外之地区，将归他内河商埠或他海港所管，故此港所管地区又狭于海州。所以以顺位言，二等海港之中，此港应居第三位。福州通海之路，自外闽洲以至金牌口，水甚浅；自金牌口而上，两岸高山夹之，既窄且深，直至于罗星塔下。

吾拟建此新港于南台岛之下游一部，以此地地价较贱，而施最新改良之余地甚多也。容船舶之锁口水塘，应建设于南台岛下端，近罗星塔处。闽江左边一支，在福州城上游处应行闭塞，以集中水流，为冲刷南台岛南边港面之用。其所闭故道，绕南台岛北边者，应留待自然填塞，或遇有必要改作蓄潮水塘（收容潮涨时之水，俟潮退时放出，以助冲洗港内浮沙），以冲洗罗星塔以下一节水道。闽江上段应加改良，人力所能至之处为止，以供内地水运之用。其下一段自罗星塔以至于海，必须范围整治之，以求一深三十英尺以上之水道达于公海。于是福州可为两世界大港间航洋汽船之一寄港地矣。

丁　钦州

钦州位于东京湾之顶，中国海岸之最南端。此城在广州即南方大港之西四百英里。凡在钦州以西之地，将择此港以出于海，则比经广州可减四百英里。通常皆知海运比之铁路运价廉二十倍，然则节省四百英里者，在四川、贵州、云南及广西之一部言之，其经济上受益为不小矣。虽其北亦有南宁以为内河商埠，比之钦州更近腹地，然不能有海港之用。所以直接输出入贸易，仍以钦州为最省俭之积载〔集散〕地也。

改良钦州以为海港，须先整治龙门江，以得一深水道直达钦州城。其河口当浚深之，且范之以堤，令此港得一良好通路。此港已选定为通过湘、桂入粤之株钦铁路之终点。虽其腹地较之福州为大，而吾尚置之次位者，以其所管地区，同时又为广州世界港、南宁内河港所管，所以一切国内贸易及间接输出入贸易皆将为他二港所占，惟有直接贸易始利用钦州耳。是以腹地虽广，于将来二等港中欲凌福州而上，恐或不可能也。

此三个世界大港、四个二等港之外，吾拟于中国沿海，建九个三等港，自北至南如下：

甲　葫芦岛。

乙　黄河埠〔港〕。

丙　芝罘。①

丁　宁波。

戊　温州。

己　厦门。

庚　汕头。

辛　电白。

壬　海口。

甲　葫芦岛

此岛为不冻深水港，位于辽东湾顶西侧，离营口约六十英里。论东三省之冬期港，此港位置远胜大连，以其到海所经铁路较彼短二百英里，又在丰富煤田之边沿也。当此煤田及其附近矿产既开发之际，葫芦岛将为三等港中之首出者，为热河及东蒙古之良好出路。此港又可计划之以为东蒙古及满洲全部之商港，以代营口，但须建一运河以与辽河相连耳。将来之营口②惟有由内地水路交通可以成一满洲③重要商港，而葫芦岛恰亦与之相同，所以葫芦岛若得内地水路交通，自然可代营口而兴。如使确知于此凿长距离运河以通葫芦岛

---

① 　今山东省烟台市。

② 　此处英文本有 YinKow，故增"之营口"三字。

③ 　此处英文本有 Manchuria，故增"满洲"二字。

于辽河，比之建一深水港面于营口，经济上更为廉价，则葫芦岛港面应置之于此半岛之西北边，不如今之计划置之半岛之西南。盖今日之位置，不足以多容船舶碇泊，除非建一广大之防波堤直入深海中，此工程所费又甚多也。且此狭隘之半岛，又不足以容都市规划，若其在他一边，则市街可建于本陆，有无限之空隙容其发展也。

吾意须自连山湾之北角起，筑一海堤至于葫芦岛之北端，以闭塞连山湾，使成为锁口港面。在葫芦岛之颈部开一口，向南方深水处；此闭塞港口〔面〕，应有十英方里之广，但此中现在只有一部分须浚至所求之深。在此港面北方须另留一出口，介于海堤、海岸之间，以通其邻近海湾。并须另建一防波堤，横过第二海湾。由该处起应建一运河，或凿之于海岸线内，或建一海堤与海岸线平行，至与易凿之低地连接为止，再由该地开凿运河与辽河相连。如能为葫芦岛凿此运河，则此岛立能取营口而代之，居二等港首位矣。

乙　黄河港

此港将位于黄河河口北直隶湾之南边，离吾人之北方大港约八十英里。当整治黄河工程已完成之日，此河口将得为航洋汽船所经由，自然有一海港萌芽于是。以是所管北方平原在直隶、山东、河南各省有相当之部分，而又益以内地水运交通，所以此港欲不成为重要三等海港，亦不可得矣。

丙　芝罘

芝罘为老条约港，[①] 位于山东半岛之北侧，尝为全中国北部之

---

① 指1840年鸦片战争起，由西方列强与清政府签订不平等条约而开放的通商口岸。

惟一不冻港矣。自其北方有大连开发，南方又有青岛兴起，其贸易遂与之俱减。以海港论，如使山东半岛之铁路得其开发，而筑港之工程又已完毕，则此港自有其所长。

丁　宁波

宁波亦一老条约港也，位于浙江省之东方，甬江一小河之口。此地有极良通海路，深水直达此河之口。此港极易改良，只须范之以堤，改直其沿流两曲处，直抵城边。宁波所管腹地极小，然而极富；其人善企业，其以工作手工知名，肩随于广州。中国之于实业上得发展者，宁波固当为一制造之城市也。但以东方大港过近之故，宁波与外国直接之出入口贸易未必能多，此种贸易多数归东方大港。故以宁波计，有一相当港面以为本地及沿岸载货之用，亦已足矣。

戊　温州

温州在浙江省之南，瓯江①之口。此港比之宁波，其腹地较广，其周围之地区皆为生产甚富者，如使铁路发展，必管有相当之地方贸易无疑。现在港面极浅，中等沿岸商船已不能进出。吾意须于盘石卫即温州岛之北（温州岛者，瓯江口之小岛，非温州城）建筑新港。由此目的，须建一堰于北岸与温州岛北端之间，使此岛北之河流完全闭塞，单留一闭锁之入口。至于瓯江，应引之循南水道经温州岛，使其填塞附近浅地之大区，而又以范上段水流也。其自

---

①　浙江省第二大河流，是列长江口、黄河口、珠江口、钱塘江口后的主要河口。

虎头岛南边以至此港之通路，应行浚深。在此通路右，应于温州岛与尾妖岛之间浅处，及尾妖岛与三盘岛各浅处之间建堤。于是成一连堤，可以防瓯江沙泥不令侵入此通路。如此，然后温州新港可以得一恒常深水道也。

己　厦门

此亦一老条约港也，在于思明岛。厦门有深广且良好之港面，管有相当之腹地，跨福建、江西两省之南部，富于煤铁矿产。此港经营对马来群岛及南亚细亚半岛之频繁贸易，所有南洋诸岛、安南、缅甸、暹罗、马来各邦之华侨大抵来自厦门附近，故厦门与南洋之间载客之业极盛。如使铁路已经发展，穿入腹地煤铁矿区，则厦门必开发而为比现在更大之海港。吾意须于此港面之西方建新式商埠，以为江西、福建南部丰富矿区之一出口。此港应施以新式设备，使能联陆海两面之运输以为一气。

庚　汕头

汕头在韩江①口，广东省极东之处。以移民海外之关系，汕头与厦门极相类似，以其亦供大量之移民于东南亚细亚及马来群岛也。故其与南洋来往船客之频繁，亦不亚厦门。以海港论，汕头大不如厦门，以其入口通路之浅也。然以内地水运论，则汕头为较胜，以用浅水船则韩江可航行者数百英里也。围汕头之地，农产极盛，在南方海岸能追随广州河汉者，独此地耳。韩江上一段，煤铁矿极富。汕头通海之路，只须少加范围浚渫之功，易成为一地方良港也。

---

① 广东省境内第二大河流。

辛　电　白

此港在广东省海岸、西江河口与海南岛间当中之点。其周围地区富于农产、矿田，则此地必须有一商港，以供船运之用矣。如使以堤全围绕电白湾之西边，另于湾之东南半岛颈地开一新出入口以达深海，则电白可成一佳港面，而良好通路亦可获得矣。港面本甚宽阔，但有一部须加浚渫，以容巨船，其余空隙则留供渔船及其他浅水船之用。

壬　海　口

此港位于海南岛之北端，琼州海峡之边，与雷州半岛之海安相对。海口与厦门、汕头俱为条约港，巨额之移民赴南洋者，皆由此出。而海南固又甚富而未开发之地也。已耕作者仅有沿海一带地方，其中央犹为茂密之森林，黎人所居，其藏矿最富。如使全岛悉已开发，则海口一港将为出入口货辐辏①之区。海口港面极浅，即作〔行〕小船，犹须下锚于数英里外之泊船地，此于载客、载货均大不便。所以海口港面必须改良。况此港面，又以供异日本陆及此岛铁路完成之后，两地往来接驳②货儎③之联络船码头之用也。

于渔业港一层，吾前所述之头二三等海港均须兼为便利适合渔业之设备，即三个头等港、四个二等港、九个三等港皆同时为渔业港也。然除此十六港以外，中国沿岸仍有多建渔业港之余地，抑且有其必要。故吾意在北方奉天、直隶、山东三省海岸，应设五渔业

---

① 比喻人或物聚集像车辐集中于车毂一样。

② 无缝连接。

③ 同"载"，指货物运载。

港如下：

（1）安东[①]：在高丽交界之鸭绿江。

（2）海洋岛：在鸭绿湾辽东半岛之南。

（3）秦皇岛：在直隶海岸辽东湾与直隶湾之间，现在直隶省之独一不冻港也。

（4）龙口：在山东半岛之西北方。

（5）石岛湾：在山东半岛之东南角。

东部江苏、浙江、福建三省之海岸，应建六渔业港如下：

（6）新洋港：在江苏省东陲，旧黄河口南方。

（7）吕四港：在扬子江口北边一点。

（8）长涂港：在舟山列岛之中央。

（9）石浦：浙江之东，三门湾之北。

（10）福宁：在福建之东，介于福州与温州之间。

（11）湄州港：福州与厦门之间，湄州岛之北方。

南部广东省及海南岛海岸，应建四渔业港如下：

（12）汕尾：在广东之东海岸，香港、汕头之间。

（13）西江口：此港应建于横琴岛之北侧。西江口既经整治以后，横琴岛将藉海堤以与本陆相连，而有一良好港面地区出现矣。

（14）海安：此港位于雷州半岛之末端，隔琼州海峡与海南岛之海口相对。

（15）榆林港：海南岛南端之一良好天然港面也。

以此十五渔业港，合之前述各较大之港，总三十有一。可以连合中国全海岸线，起于高丽界之安东，止于近越南界之钦州。平均

---

①　辽宁省丹东市的旧称。

每海岸线百英里而得一港。吾之中国海港及渔业港计划于是始完。

瞥见之下，当有致疑于一国而须如是之多海港与渔业港者。然读者须记此中国一国之大与欧洲等，其人则较欧洲为多。如使吾人取西欧海岸线与中国等长之一节计之，则知欧洲海港之多远过中国。欧洲海岸线之长过中国数倍，而以每百英里计，尚不止有一与此相当型式之港。例如荷兰，其全地域不较大于吾人三等港中汕头一港之腹地，而尚有安斯得坦与洛得坦①两头等海港，又有多数之小渔业港附随之。又使与北美合众国较其海港，美国人口仅得中国四分之一，而单就其大西洋沿岸海港而论，已数倍于吾计划中所举之数。所以此项海港之数，不过仅敷中国将来必要之用而已。且吾亦仅择其自始有利可图者言之，以坚守第一计划中所标定之"必选有利之途"一原理〔则〕也。（参照第十七图）

第五部　创立造船厂

当中国既经按吾计划发展无缺之际，其急要者，当有一航行海外之商船队，亦要多数沿岸及内地之浅水运船，并须有无数之渔船。当此次世界大战未开之际，全世界海船吨数为四千五百万吨；使中国在实业上，按其人口比例，有相等之发达，则至少须有航行海外及沿岸商船一千万吨，然后可敷运输之用。建造此项商船，必须在吾发展实业计划中占一位置。以中国有廉价之劳工与材料，固当比外国为吾人所建所费较廉。且除航海船队以外，吾人尚须建造大队内河浅水船及渔船，以船载此等小船远涉重洋，实际不易，故

---

① 今分别译作阿姆斯特丹、鹿特丹。

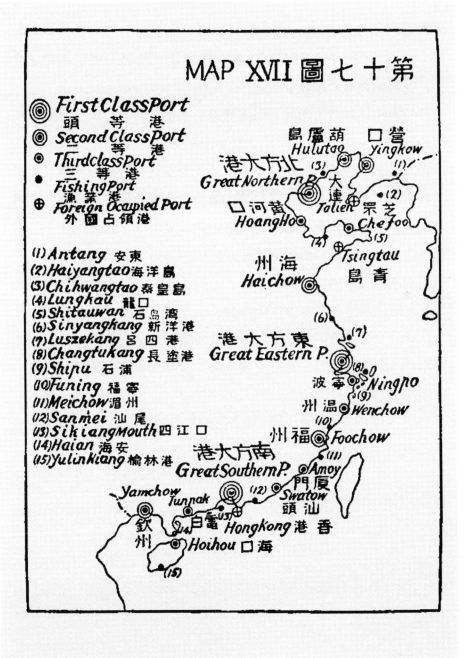

MAP XVII 圖七十第

First Class Port
頭　等　港
Second Class Port
二　等　港
Third class Port
三　等　港
Fishing Port
漁　業　港
Foreign Ocupied Port
外　國　占領港

(1) Antang 安東
(2) Haiyangtao 海洋島
(3) Chihwangtao 秦皇島
(4) Lungkau 龍口
(5) Shitauwan 石島灣
(6) Sinyangkang 新洋港
(7) Luszekang 呂四港
(8) Changtukang 長塗港
(9) Shipu 石浦
(10) Funing 福寧
(11) Meichow 湄州
(12) Sanmei 汕尾
(13) Sikiang Mouth 四江口
(14) Haian 海安
(15) Yulinkiang 榆林港

葫廬島　營口
Hulutao　Yingkow
北方大港 (3)
Great Northern P.　大連
Talien
黃河口　(2)
HoangHo　芝罘
Chefoo
(4)　(5)
青島
Tsingtau
海州
Haichow
(6)
(7)
東方大港
Great Eastern P.
(8)
寧波
(9)　Ningpo
温州
Wenchow
(10)
福州
Foochow
南方大港　(11)
Great Southern P.　廈門
Amoy
(12)　汕頭
Swatow
Yamchow
Tunpak
白電
(13)
欽州　Hongkong 香港
海口
Hoihou
(15)

第三计划

"安东"拼写 Antang 应为 Antung。——编者

265

外国船厂不能为吾建造此等船只，则中国于此际必须自设其船厂，自建其浅水船、渔船船队矣。然则建立造船厂者，必要之企业，又自始为有利之企业也。

此造船厂应建于内河及海岸商埠，便于得材料、人工之处。所有船厂应归一处管理，而投大资本于此计划，至年可造各种船只二百万吨之限为止。一切船舶当以其设计及其设备定有基准，所有旧式内河浅水船及渔船，当以新式效力大之设计代之。内河浅水船当以一定之吃水基准为基础设计之，如二英尺级、五英尺级、十英尺级之类。鱼拖船（船旁拖网者）应以行一日、行五日、行十日分级为基准。沿海船可分为二千吨级、四千吨级、六千吨级。而驶赴海外之船，则当设定一万二千吨级、二万四千吨级、三万六千吨级为基准。于是今日以万计之内河船及渔艇来往中国各江、各湖、各海岸者，将为基准划一，可使费少功多、较新较廉之船只所代矣。

第四计划

在吾第一、第三两计划，吾已详写吾西南铁路系统、西北铁路系统两规划矣。前者以移民于蒙古、新疆之广大无人境地，消纳长江及沿海充盈之人口为目的，而又以开发北方大港；后者则所以开中国西南部之矿产富源，又以开发广州之南方大港也。此外仍须有铁路多条，以使全国得相当之开发。故于此第四计划，吾将于《国际共同发展计划》绪论中所拟十万英里之铁路细加说明，其目如下：

（一）中央铁路系统。

（二）东南铁路系统。

（三）东北铁路系统。

（四）扩张西北铁路系统。

（五）高原铁路系统。

（六）创立机关车、客货车制造厂。

第一部 中央铁路系统

此系统将为中国铁路系统中最重要者，其效能所及之地区，遍包长江以北之中国本部，及蒙古、新疆之一部。论此广大地域之经济的性质，则其东南一部人口甚密，西北则疏；东南大有矿产之富，而西北则有潜在地中之农业富源。所以此系统中每一线，皆能保其能有利如京奉路也。

以此北方、东方两大港为此系统诸路之终点故，吾拟除本区现存〔有〕及已计划各线之外，建筑下列各线，合而成为中央铁路系统：

天　① 东方大港—塔城线。

地　东方大港—库伦线。

玄　东方大港—乌里雅苏台线。

黄　南京—洛阳线。

宇　南京—汉口线。

宙　西安—大同线。

洪　西安—宁夏线。

荒　西安—汉口线。

日　西安—重庆线。

月　兰州—重庆线。

盈　安西州—于阗线。

昃　婼羌②—库尔勒线。

辰　北方大港—哈密线。

宿　北方大港—西安线。

列　北方大港—汉口线。

张　黄河港—汉口线。

寒　芝罘—汉口线。

---

① 以下用《千字文》作为序号，此为一种中国传统中常用排序方法。

② 今新疆维吾尔自治区若羌县。

来　海州—济南线。

暑　海州—汉口线。

往　海州—南京线。

秋　新洋港—南京线①。

收　吕四港—南京线。

冬　海岸线。

藏　霍山—嘉兴线。

天　东方大港—塔城线

此线起自东方大港之海边，向西北直走，至俄国交界之塔城为止，全长约三千英里。如使以上海为东方大港，则沪宁铁路即成为此路之首一段。但若择用乍浦，则此线应沿太湖之西南岸，经湖州、长兴、漂〔溧〕阳以至南京。于是在南京之南渡长江，至全椒及定远。此时线转而西，经寿州及颍〔颍〕上，于新蔡入河南界。在确山横截京汉线后，过泌阳、唐县、邓州，转而西北至浙〔淅〕川及荆紫关，入陕西界。溯丹江谷地而上，通过龙驹寨及商州，度蓝关至蓝田及西安。西安者，陕西之省城，中国之古都也。由西安循渭河而西行，过鳌屋、郿县、宝鸡，于三坌入甘肃界，进向秦州、②巩昌、狄道，及于甘肃省城之兰州。自兰州从昔日通路，以至凉州、③甘州、④肃州、⑤玉门及安西州。由此西北行，横绝沙漠以

---

①　据后文，"南京线"疑应作"汉口线"。

②　此指甘肃省天水县。

③　今甘肃省武威市。

④　今甘肃省张掖市。

⑤　今甘肃省酒泉市。

至哈密，自哈密转而西达土鲁番。① 在土鲁番与西北铁路系统之线会，即用其线路轨，以至迪化及绥来，② 自绥来与该线分离，直向边界上之塔城，途中切断齐尔山而过。此线自中国之一端至于他一端，全长三千英里，仅经过四山脉，而此四山脉皆非不可逾越者，由其自未有历史以前已成为亚洲贸易通路一事，可以知之矣。

地　东方大港—库伦线

此线自东方大港起，即用天线路轨迄于定远。定远即在南京渡江后第二城也。自定远起，始自建其路轨，进向西北，达于淮河上之怀远。于是历蒙城、涡阳及亳州，更转迤北过安徽界，入河南，经归德又出河南界，入山东界。于是经曹县、定陶、曹州，③ 渡黄河入直隶界。通过开州④ 再入河南，至于彰德。⑤ 自彰德循清漳河谷地西北走，出河南界入山西界。于是本线通过山西省大煤铁矿田之东北隅矣。既入山西，仍遵此谷地至辽州⑥ 及仪城，越分水界，入洞涡水谷地，至榆次及太原。自太原西北进，入山西省之别一煤铁矿区，至于岢岚。又转而西，至保德，于此渡黄河至府谷，陕西省之东北隅也。此线自府谷北行，截开万里长城，入绥远区，⑦ 再渡黄河，至萨拉齐。由萨拉齐起西北行，截过此大平原，至西北干路之甲接合点。在此处与多伦诺尔、库伦间之公线合，以暨〔至〕

----

① 今新疆维吾尔自治区吐鲁番市。

② 今新疆维吾尔自治区玛纳斯县。

③ 今山东省菏泽市。

④ 今河南省濮阳市。

⑤ 今河南省安阳市。

⑥ 今山西省左权县。

⑦ 今内蒙古自治区呼和浩特市。

库伦。此线自中国中部人口最密之地，通至中部蒙古土沃人稀之广大地域。其自定远至甲接合点之间约长一千三百英里。

玄　东方大港—乌里雅苏台线

自东方大港，因用大〔天〕线路轨至于定远；再用地线路轨，至于亳州。由亳州起，分支自筑路轨，西向行越安徽省界，至河南之鹿邑。自此处转向西北，逾太康、通许以及中牟，在中牟与海兰线相会，并行至于郑州、荥阳、汜水。在汜水渡过黄河，至温县。又在怀庆出河南界，入山西界。于是乃过阳城、沁水、浮山，以至平阳。在平阳渡汾水，至蒲县、大宁。转而西至省界，再渡黄河，入陕西境。于是进至延长，遵延水流域以至于延安、小关、靖边，然后循长城之南边，以入甘肃，又渡黄河至宁夏。自宁夏而西北，过贺兰山脉，至沙漠缘端之定远营。于此取一直线向西北走，直至西北铁路系统之乙接合点，与此系统合一线以至乌里雅苏台。此线所经沙漠及草地之部分，均可以以灌溉工事改善之，其自亳州至乙接合点之距离，为一千八百英里。

黄　南京—洛阳线

此线走于中国两古都之间，通过烟户① 极稠、地质极肥之乡落，又于洛阳一端触及极丰富之矿田。此线自南京起，走于天、地两线公共路轨之上，自怀远起始分支西行，至太和。既过太和，乃逾安徽界，入河南界。又沿大沙河之左岸至周家口，此一大商业市镇也。自周家口进至于临颖〔颍〕，与京汉线交，更进至襄城、禹

---

① 清查各族人口，每年上报户部，称为"烟户"。

第四计划

271

州，则河南省大煤矿田所在地也。自禹州而往，过嵩山分水界以逮洛阳，与自东徂西之海兰线相会。此线自怀远至洛阳，凡三百英里。

宇　南京—汉口线

此线应循扬子江岸而行，以一支线与九江联络。自南京对岸起西南行，至和州、无为州及安庆。安庆者，安徽省城也。自安庆起，仍循同一方向至宿松、黄梅。自黄梅别开一支线，至小池口，渡扬子江，以达九江。本线则自黄梅转而西至广济，又转而西北至蕲水，卒西向以至汉口，距离约三百五十英里，而所走之路平坦较多。

宙　西安—大同线

此线自西安起，北行至于三原、耀州、同官、宜君、中部、甘泉，以至延安，与东方大港—乌里雅苏台线相会。自延安起转而东北，至于绥德、米脂及黄河右岸之葭州，即循此岸而行，至蔚汾河与黄河汇流处（在对岸）。渡黄河至蔚汾河谷地，循之以至兴县、岢岚，在岢岚与东方大港—库伦线相交。过岢岚，至五寨及羊房。在羊房截长城而过，至朔州，乃至大同与京绥线相会。此线约长六百英里，经过陕西有名之煤油矿，又过山西西北煤田之北境，其在终点大同与京绥线合。借大同至张家口一段之助，可与将来西北系统中联络张家口与多伦诺尔之一线相属。

洪　西安—宁夏线

此线应自西安起，西北向行，至泾阳县、淳化、三水（今改称枸邑[①]）。过三水后，出陕西界，入甘肃界，于正宁转而西至宁州。自宁州始入环河谷地，循其左岸上至庆阳府及环县，乃离河岸，经清平、平远后与环河相会。仍循该谷地上至分水界。过分水界后，至灵州，[②] 渡黄河至宁夏。此线长约四百英里，经过矿产及石油最富之地区。

荒　西安—汉口线

此线联络黄河流域最富饶一部与中部长江流域最富饶一部之一重要线路。此线自西安起，用天线路轨过秦岭，进至丹江谷地，直至浙〔淅〕川始分线南行，过省界至湖北。循汉水左岸经老河口，以至襄阳对岸之樊城。由樊城，仍循此岸以至安陆，由此以一直线东南至汉川及汉口。全线约长三百英里。

日　西安—重庆线

此线自西安起，直向南行度秦岭，入汉水谷地。经宁陕、石泉、紫阳，进入任河谷地，逾陕西之南界，于大竹河入四川线。于是逾大巴山之分水界，以入太平河谷地，循此谷地而下至绥定及渠县，乃转入此谷地之左边至于邻水，又循商路以至江北及重庆。此线全长约四百五十英里，经由极多产物之地区及富于材木之地。

月　兰州—重庆线

此线从兰州起西南行，用天线之线路，直至狄道为止。由此分

---

① 今陕西省旬邑县。

② 今宁夏回族自治区灵武市。

枝〔支〕进入洮河谷地，过岷山分水界，入黑水谷地沿之而下，至于阶州①及碧口。自碧口而降，出甘肃界，入四川界，进逮昭化，黑水河即在昭化与嘉陵江合。自昭化起，即顺嘉陵江，降至保宁、顺庆、合州②以及重庆。此线约长六百英里，经过物产极多、矿山极富之地区。

盈　安西州—于阗线

此线贯通于戈壁沙漠与阿勒腾塔格岭中间一带肥沃之地。虽此一带地方本为无数山间小河所灌溉，润泽无缺，而人口尚极萧条，则交通方法缺乏之所致也。此线完全〔成〕之后，此一带地方必为中国殖民最有价值之处。此线起自安西州，西行至敦煌，循罗布泊沼地之南缘端以至婼羌。自婼羌仍用同一方向，经车城，③以至于阗，与西北系统线之终点相接。借此系统之助，得一东方大港与中国极西端之喀什噶尔直接相通之线。自安西州以至于阗，长约八百英里。

昃　婼羌—库尔勒线

此线沿塔里木河之下游，截过沙漠，其线路两旁之地给水丰足，铁路一旦完成，即为殖民上最有价值之地。本线长约二百五十英里，与走于沙漠北缘端之线相联属。沙漠两边肥饶土地之间，此为捷径。

---

① 今甘肃省陇南市武都区。

② 今重庆市合川市。

③ 车尔臣（Qarqan）的音译，因新疆巴音郭楞蒙古自治州境内的车尔臣河而得名，此指且末县。

辰　北方大港—哈密线

此线自北方大港西北行，经宝坻、香河以至北京。由北京起即用京张路轨以至张家口，由此以进入蒙古高原。于是循用商队通路向西北行，以至陈台、布鲁台、哲斯、托里布拉克。自托里布拉克向西取一直线，横度〔渡〕内外蒙古之平原及沙漠以至哈密，以与东方大港—塔城线相联络，而该线则直通于西方新疆首府之迪化。故此线，即为迪化城与北京及北方大港之直通线。此线长约一千五百英里，其中有大部分走于可耕地之上，然则其完成之后，必为殖民上最有价值之铁路矣。

宿　北方大港—西安线

此线自北方大港西行，至于天津。由该处西行，经过静海、大城以至河间。由河间更偏西行，至于深泽、无极，又与京汉线交于正定，即于此处与正太线相接。自正定起，即用正太线路，但该线之窄轨应重新建筑，改为标准轨阔〔阔轨〕，此所以便于太原以往之通车也。自太原起，此线向西南行，经交城、文水、汾州、①隰州以至大宁。由大宁转而西行，渡黄河，又西南行至宜川、洛川、中部，在中部与西安—大同线相会，即用其路线以达西安。此线长约七百英里，其所经者则农产物极多之地区，又煤、铁、石油丰富广大之矿田也。

列　北方大港—汉口线

此线自北方大港起，循海岸而行至北塘、大沽、岐口，又至盐

---

① 今山西省汾阳市。

山，出直隶界，入山东界于乐陵。自乐陵而往，经德平、临邑，至禹城与津浦线相交，进至东昌、范县，于是渡黄河，至曹州。既过曹州，出山东界，入河南界与海兰线相交，至睢州。由此进至太康与玄线相交，经陈州及周家口与黄线相交，又至项城、新蔡、光州及光山。既过光山，逾分界岭入湖北境，经黄安至汉口。此线长约七百英里，自北方大港以至中国中部之商业中心。

张　黄河港—汉口线

此线自黄河港起，西南行至于博兴、新城、长山，乃与胶济线相交，至博山。上至分水界，入于汶河谷地，至泰安与津浦线相交，又至宁阳及济宁。自济宁而进，以一直线向西南，至安徽之亳州、河南之新蔡。自新蔡起与北方大港—汉口线合，以至汉口。自黄河港至新蔡，约四百英里。

寒　芝罘—汉口线

此线起于山东半岛北边之芝罘，即横断此半岛，经过莱阳、金家口以至于其南边之即墨。由即墨起，向西南过胶州湾顶之洼泥地，作一直线，至于诸城。既过诸城，越分水界以入沭河谷地，至莒州及沂州，[①] 进至徐州与津浦—海兰线相会。自徐州起，即用津浦路轨直至安徽之宿州，乃分路至蒙城、颍〔颖〕州，[②] 过省界入河南光州，即于此处与北方大港—汉口线相会，由之以至汉口。此线自芝罘至光州，长约五百五十英里。

---

① 今山东省临沂市兰山区。
② 今安徽省阜阳市。

来　海州—济南线

此线发海州，循临洪河至欢墩埠，转西向至临沂。由临沂始转北向，次西北向，经蒙阴、新泰至泰安。在泰安与津浦线会合，取同一轨道而至济南。此线自海州至泰安，长约一百一十英里，经过山东南部之煤铁矿场。

暑　海州—汉口线

此线自海州出发，西南行至沭阳与宿迁，或与现在海兰线之预定线路相同。自宿迁而往，经泗州、怀远，与东方大港—库伦线及乌里雅苏台线相交。既过怀远，乃向寿州及正阳关，即循同一方向，横过河南省之东南角及湖北之分界岭，过麻城，至汉口。长约四百英里。

往　海州—南京线

此线从海州向南至安东，稍南至淮安。既过淮安，渡宝应湖（此湖应按第二计划第四部整治淮河施以填筑），经天长、六合，以至南京。全长一百八十英里。

秋　新洋港—汉口线

此线自新洋港而起，至于盐城，过大纵湖（此亦应填筑）至淮安。自淮安转向西南，渡过洪泽湖之东南角（此湖仍应填筑）至安徽之盱眙。[①] 既过盱眙，在明光附近与津浦线相交，又至定远，与

---

① 今属江苏。

地、玄两线相会。过定远后，进至六安、霍山，逾湖北之分界岭过罗田，以至汉口。全长约四百二十英里。

收 吕四港—南京线

此线由吕四港而起。吕四港者，将来于扬子江口北端尽处应建之渔业港也。自吕四港起西行至于通州，转西北行至如皋，又西行至泰州、扬州、六合、南京。全长约二百英里。

冬 海岸线

此线自北方大港起，循北方大港—汉口线，至于岐口。始自开线路，密接海岸以行，过直隶界至山东之黄河港，进至于莱州。自莱州离海岸，画一直线至招远及芝罘，以避烟潍铁路之计划线。由芝罘转而东南，经过宁海及文登。自文登引一支线至荣城，又一线至石岛，其本线转而西南，至海阳及金家口与芝罘—汉口线合。循之直至于胶州湾之西端，折而南至灵山卫。自灵山卫转而西南，循海岸至日照，过山东界入江苏省，经赣榆至海州。于是向西南进至盐城、东台、通州、海门，以达于崇明岛。此岛以扬子江之治水堤之故，将与大陆联为一气矣。其自崇明赴上海，可用渡船载列车而过。此自岐口迄崇明之线，约长一千英里。

藏 霍山—芜湖—苏州—嘉兴线

此线自霍山起，至舒城及无为，乃过扬子江至芜湖。又过高淳、溧阳、宜兴，过太湖之北端（将来填筑）至苏州，与沪宁线会。过苏州后，转而南至沪杭线上之嘉兴。此线走过皖、苏两省富庶之区，长三百英里，将成为上海、汉口间之直接路线之大部分。

中央铁路系统各线，全长统共约一万六千六百英里。

第二部　东南铁路系统

本系统纵横布列于一不规则三角形之上。此三角形以东方大港与广州间之海岸线为底，以扬子江重庆至上海一段为一边，更以经由湖南之广州—重庆甲线为第二边，而以重庆为之顶点。此三角形全包有浙江、福建、江西三省，并及江苏、安徽、湖北、湖南、广东之各一部。此地富有农矿物产，而煤铁尤多，随在有之，且全区人口甚密，故其建铁路必获大利。

以东方大港、南方大港及其间之二三等港为此铁路之终点，可建筑下列之各线：

天　东方大港—重庆线。

地　东方大港—广州线。

玄　福州—镇江线。

黄　福州—武昌线。

宇　福州—桂林线。

宙　温州—辰州线。

洪　厦门—建昌①线。

荒　厦门—广州线。

日　汕头—常德线。

月　南京—韶州线。

---

① 今江西省九江市永修县。

盈　南京—嘉应^①线。

戾　东方、南方两大港间海岸线。

辰　建昌—沅州^②线。

天　东方大港—重庆线

此线越扬子江以南，殆以一直线联结中国西方商业中心之重庆与东方大港。此线起于东方大港，至杭州，经临安、昌化以至安徽省之徽州（歙县），由徽州进至休宁、祁门。于是越省界入江西境，过湖口，至九江。自九江起，循扬子江右岸越湖北界至兴国州，^③又进至通山、崇阳，在崇阳逾界至湖南岳州。自岳州起，取一直线，贯洞庭湖（此湖将来进行填塞）至于常德，由常德溯溇水谷地而上，过慈利，再逾省界入湖北之鹤峰，于是及于施南与利川。在施南应开一支线向东北界走至宜昌，在利川应另开一支线，西北行至万县，此宜昌、万县两地均在长江左岸。自利川而后入四川界，过石砫至涪州，^④〔与广州—重庆甲线会于涪州〕。遂过乌江，循扬子江右岸而上，至与广州—重庆乙线会而后已。此后以同一之桥渡江，至对岸之重庆。连支线长约一千二百英里。

地　东方大港—广州线

此线由一头等海港，以一直线至他头等海港。自东方大港起，

---

①　今广东省梅州市。

②　今湖南省怀化市芷江县。

③　今湖北省阳新县，县城驻地兴国镇。

④　今重庆市涪陵区。

至杭州折而西南行，遵钱塘江左岸过富阳、桐卢，至严州①及衢州，更进过浙、赣省界至广信（上饶）。由广信起，经上清、金溪，至建昌，然后进至南丰、广昌、宁都。由宁都而往，至雩都、信丰、龙南，过赣、粤界岭至长宁（新丰），于是经从化以至广州。长约九百英里。

玄　福州—镇江线

此线起自福州，经罗源、宁德，以至福安。于是进而逾闽、浙边界，以至泰顺、景宁、云和、处州。②于是进经武义、义乌、诸暨，以达杭州。杭州以后经德清及湖州，逾浙江省界以入江苏，循宜兴、金坛、丹阳之路而进，以至镇江。此线长五百五十英里。

黄　福州—武昌线

此线自福州起，沿闽江左岸过水口及延平，至于邵武。邵武以后过浙江〔福建〕界，入于江西，经建昌及抚州以至省城南昌。由南昌而入湖北之兴国，过之，以至湖北省城武昌。全长约五百五十英里。

宇　福州—桂林线

此线自福州起，渡过闽江，进而取永福（永泰）、大田、宁洋、连城一路，以至汀州（长汀）。于是过闽、赣省界入于瑞金，由瑞金进至雩都、赣州，又进至上犹及崇义。崇义以后，过赣、湘边

----

① 今浙江省建德市。

② 今浙江省丽水市。

界，至桂阳〔东〕县（汝城）及彬〔郴〕州，与粤汉线交于郴州，遂至桂阳州。又进至于新田、宁远、道州，与广州—重庆甲、乙两线相遇。道州以后，转而南，循道江谷地而上至广西边界，过界直至桂林。此线长约七百五十英里。

宙　温州—辰州线

此线由温州新港起，循瓯江左岸而上，至于青田。由青田进向处州及宣平，转而西出浙江省界，入江西之玉山。自玉山经过德兴、乐平，乃沿鄱阳湖之南岸，经余干至于南昌。由南昌经过瑞州（高安）、上高、万载，逾江西省界入湖南之浏阳，遂至长沙。由长沙经宁乡、安化以至辰州，与广州—重庆甲线及沙市—兴义线会合。长约八百五十英里。

洪　厦门—建昌线

此线自厦门新港起，至长泰。沂九龙江而上，至漳平、宁洋、清流及建宁县。自建宁以后，过省界至江西之建昌，与东方大港—广州线、福州—武昌线、建昌—沅州线相会。此线长约二百五十英里。

荒　厦门—广州线

此线自厦门新港起，进至漳州、南靖、下洋，于此出福建界，至广东之大埔。由大埔过松口、嘉应、兴宁、五华，于五华过韩江及东江之分水界，至龙川。乃遵东江而下，至河源。又过一分水界至于龙门、增城，以至广州。长约四百英里。

日　汕头—常德线

此线自汕头起，进至潮州、嘉应，出广东界至江西之长宁（寻邬）。自长宁越分水界，入贡江谷地，循之以下，至于会昌、赣州。由赣州以至龙泉（遂川）、永宁（宁冈）、莲花。在莲花逾江西界入湖南，于是进至洙〔株〕洲及长沙。由长沙经过宁乡、益阳，终于常德，与东方大港—重庆线及沙市—兴义线相会。此线长约六百五十英里。

月　南京—韶州线

此线自南京起，循扬子江右岸而上，至于太平、芜湖、铜陵、池州、东流。东流以后出安徽界，入江西之彭泽，遂至湖口。在湖口与东方大港—重庆线会，即用该线之桥以至鄱阳港。于是沿鄱阳湖之西岸，经过南康（星子）、吴城，[①] 以至南昌，与温州—辰州线及福州—武昌线，会于南昌。由南昌泝赣江谷地而上，由临江[②]（江渡）至吉安，与建昌—沅州之计划线交于吉安。由吉安至于赣州，复与福州—桂林线交焉。于是进向南康县及南安，[③] 南安以后，过大庚岭分界处，入广东于〔之〕南雄。于是经始兴至韶州，与粤汉线会。此线长约八百英里。

盈　南京—嘉应线

此线自南京起，进至溧水、高淳。于是出江苏界入安徽之宣

① 今隶属江西省南昌市新建县。

② 今江西省樟树市。

③ 今江西省赣州市大余县市，县城驻地南安镇。

城，自宣城进至宁国及徽州（歙县）。徽州以后，出安徽界入浙〔浙〕江界，经开化、常山及江山。出浙江界入福建之浦城。自浦城由建宁（建瓯）以至延平，^①与福州—武昌线交，更过沙县、永安以至宁洋，与福州—桂林线及厦门—建昌线会。自宁洋复进至龙岩、永定，至松口与厦门—广州线合，迄嘉应而止。所经之路约七百五十英里。

戊　东方、南方两大港间海岸线

此线自南方大港广州起，与广九铁路^②采同一方向行至石龙，^③乃自择路线，取东江沿岸一路以至惠州。由惠州经三多祝、^④海丰、陆丰，转东北行至揭阳及潮州。潮州以后，经饶平出广东界，入福建之诏安。自诏安经云霄、漳浦、漳州以及厦门，由厦门历泉州、兴化而至福州省城。自福州以后，用与福州—镇江线同一之方向抵福安，乃转而东至福宁，^⑤又转而北至福鼎。过福鼎后，出福建界入浙〔浙〕江界，经平阳至温州。于温州渡瓯江进至乐清、黄岩、台州，又进历宁海，至于宁波以为终点。即用杭甬铁路^⑥经杭州以与东方大港相接。此线自广州至宁波，长约一千一百英里。

---

① 今福建省南平市。

② 广九铁路即英国殖民者所称的九广铁路，西起广州东到香港九龙。铁路按地域分中英两段，分别由中、英两国负责兴建，1907 年开工，1910 年正式启用。

③ 今隶属广东省东莞市。

④ 今广东省惠州市惠东县多祝镇。

⑤ 今福建省宁德市霞浦县。

⑥ 又称萧甬铁路，原为沪杭甬铁路南段，西起杭州东到宁波，始建于 1906—1914 年、1936—1937 年。

辰　建昌—沅州线

此线自建昌起，行经宜黄、乐安、永丰、吉水以至吉安，即于该地与南京—韶州线相交。由吉安进而及永新、莲花，与汕头—常德线会。于是出江西界，入湖南于〔之〕茶陵，乃经安仁至衡州，①遇粤汉线。于是由衡州更进至宝庆，则与广州—重庆甲线交焉。由是西行，至于终点沅州（芷江），与沙市—兴义线相遇。此线长约五百五十英里。

东南铁路系统各线，全长统共约九千英里。

第三部　东北铁路系统

此系统包括满洲之全部，与蒙古及直隶省之各一部分，占有面积约五十万英方里，人口约二千五百万。其地域三面为山所围绕，独于南部则开放，直达至辽东海湾。在此三山脉②之中，低落成为一广浩肥美之平原，并为三河流所贯注，嫩江位于北，松花江位于东北，辽河位于南。此之境界，中国前时视之，等于荒漠，但自中东铁路③成立后，始知其为中国最肥沃之地。此地能以其所产大豆，供给日本全国与中国一部分为食料之用。此种大豆为奇美物品，在植物中含有最富蛋白质之物，早为中国人所发明，经用以代

---

① 今湖南省衡阳市。
② 指大兴安岭、小兴安岭、长白山。
③ "中国东方铁路"的简称，亦作"东清铁路""东省铁路"，19 世纪末 20 世纪初沙俄为攫取中国东北资源，称霸远东地区而修建的一条"丁"字形铁路。1897 年开工，1901 年通车。

肉品，不下数千年。由此种大豆可以提出一种豆浆，其质等于牛奶，复由此种豆奶制成各种食品，此种食品为近代化学家所证明，其涵肉质比肉类尤为丰富；而中国人与日本人用之以当肉与奶用者，已不知其始自何时矣。近来欧美各国政府之粮食管理官，对于此项用以代肉之物品甚为注意，所以此种大豆之输出于欧美者亦日见增加。由此观之，满洲平原确可称为世界供给大豆之产地。除此大豆以外，此平原并产各种谷类极多，就麦一类言之，已足供西伯利亚东部需用。至于满洲之山岭，森林、矿产素称最富，金矿之发见于各地者亦称最旺。

敷设铁路于此境域，经已证明其为最有利益之事业。现已成立之铁路贯通于此富饶区域者，已有三干线，如京奉线，为在中国之最旺铁路，日本之南满铁路亦为获利最厚路线，中东铁路又为西伯利亚系统之最旺部分。除此以外，尚有数线为日本人所计划经营。如欲依次发展此之富庶区域，即应敷设一网式铁路，乃足敷用也。

在未论及此网式铁路之各支线以前，吾意以为当先设立一铁路中区，犹蜘蛛巢之于蜘蛛网也。吾且名此铁路中区曰"东镇"。此东镇当设立于嫩江与松花江合流处之西南，约距哈尔滨之西南偏一百英里，将来必成为一最有利益之位置。此之新镇，不独可为铁路系统之中心，至当辽河、松花江间之运河成立后，且可成为水陆交通之要地。

既以此计划之新市镇"东镇"为中区，吾拟建筑如下之各线：

天　东镇—葫芦岛线。

地　东镇—北方大港线。

玄　东镇—多伦线。

黄　东镇—克鲁伦线。

宇　东镇—漠河线。

宙　东镇—科尔芬①线。

洪　东镇—饶河②线。

荒　东镇—延吉线。

日　东镇—长白线。

月　葫芦岛—热河—北京线。

盈　葫芦岛—克鲁伦线。

昃　葫芦岛—呼伦线。

辰　葫芦岛—安东线。

宿　漠河—绥远线。

列　呼玛—室韦线。

张　乌苏里—图们—鸭绿沿海线。

寒　临江—多伦线。

来　节克多博③—依兰线。

暑　依兰④—吉林⑤线。

往　吉林—多伦线。

天　东镇—葫芦岛线

此是由计划中之满洲铁路中区分出之第一线。比较其他直达辽东半岛之不冰口岸之二线为短，路线与南满铁路平行。在两线之北

---

① 鄂伦春语，黑龙江省逊克县境内有科尔芬河，今名库尔滨河。

② 今隶属黑龙江省双鸭山市，地处黑龙江省东北边陲，乌苏里江中下游，与俄罗斯隔江相望。

③ 地处黑龙江上游。

④ 原名三姓，满语"依兰哈喇"的汉译，今隶属黑龙江省哈尔滨市。

⑤ 吉林省吉林县，后改永吉县，今属吉林市管辖。

部末尾，相距约八十英里。依据与俄前政府所订原约，不能在南满铁路百里以内建筑并行路线，但当施行国际发展计划，为共同利益起见，此等约束必须废除。此线起自东镇，向南延进，经过满洲大平原，由长岭、双山、辽源、康平而至新民，成为一直线，约有二百七十英里之长。过新民后，即与京奉铁路合轨，约行一百三十英里之长，即至葫芦岛。

地　东镇—北方大港线

此是由铁路中区直达不冰之深水港之第二线。起自东镇，向西南方延进，经过广安于东镇与西辽河间之中道。在未到西辽河以前，先须经过无数小村落。当经过辽河之后，即进入热河区域之多山境界，经过一谷地至阜新县城，再经过分水界，进入大凌河谷地。当经过大凌河谷地之后，此线即由此河之支流，再经一分水界而入于滦河谷地。然后通过万里长城，取道永平①与乐亭而至北方大港。此线共长约五百五十英里，前半截所经过者是平地，后半截所经过者是山区。

玄　东镇—多伦线

此是由铁路中区分出之第三线。向西方直走，经过平原至洮南，由此横过日本之计划瑷珲—热河线，并与长春—洮南及郑家屯②—洮南两计划路线之终点相合。经过洮南后，此线即沿大兴安岭山脉东南方之山脚转向南走，在此一带山脉，发见有最丰盛之森

---

① 今河北省卢龙县，隶属秦皇岛市。
② 位于吉林省双辽市西南，吉林、辽宁、内蒙古三省（区）交界点，东、西辽河汇流处。

林与富饶之矿产。然后经过上辽河谷地，此谷地即由在北之大兴安岭与在南之热河山所成。再通过林西与经棚等市镇至多伦，于是由此处与西北铁路系统之干线相合。此线长约有四百八十英里，大半皆在平地。

黄　东镇—克鲁伦线

此由东镇铁路中区分出之第四线。向西北方走，几与中东路之哈尔滨—满洲里线平行，两线相隔之距离由一百英里至一百三十英里不等。此线由嫩江与松花江合流处之东镇北部起，复向西渡嫩江至大赉，[①] 转西北向横过平原，进入奎勒河之北支流谷地。当进入此谷地后，即沿此河流直上至河源处，然后横过大兴安岭分水界，进入蒙古平原。于是从哈尔哈河[②]之右岸至贝尔池[③]北之末端，由彼处转向西走至克鲁伦河，即循克鲁伦河南岸至克鲁伦。此线约共长六百三十英里。

宇　东镇—漠河线

此是由铁路中区发出之第五线。起自嫩江与松花江合流处之北部，向西北行，横过满洲平原之北端至齐齐哈尔。在齐齐哈尔与计划之锦瑷线相会，同向西北方，沿嫩江左岸走，至嫩江而后彼此分路。于是再向西北走，进入嫩江上流谷地，至发源处再横过大兴安

---

① 今属吉林省大安市。

② "哈拉哈"，蒙语，"屏障"之意。又名"哈勒欣河"，是内蒙古与外蒙古的界河。

③ 贝尔湖，又称嘎顺诺尔，位于呼伦贝尔草原西南，民国时属兴安省所辖，目前为中蒙两国共有湖泊。

岭山脉之北部末尾处至漠河，在漠河与多伦—漠河线之末站相会。此线约长六百英里。全线首之四分一行经平原，其次之四分一沿嫩江下流走，第三之四分一行经上流谷地，第四之四分一截经山岭，是为金矿产地，但天然险阻亦意中事也。

宙　东镇—科尔芬线

此是由铁路中区分出之第六线。起至嫩江与松花江合流处之北边，向平原前行，经肇东、青冈等城镇。到青冈后，渡通肯河至海伦。然后上通肯河谷地，横过小兴安岭分水界，由此即向下进入科尔芬谷地，经车陆前行至科尔芬，即黑龙江之右岸也。此线共长约三百五十英里，三分二为平地，三分一为山地。此为由东镇至黑龙江之最短线，黑龙江之对岸即俄境也。

洪　东镇—饶河线

此是由铁路中区分出之第七线。起自嫩江、松花江合流处之北边，经肇州，绕松花江左岸行经平原，而后再横过中东铁路，渡呼兰河而至呼兰。过呼兰后，向巴彦、木兰、通河等地方前进，再渡松花江至三姓，即今名依兰地方也。于是向前进入倭肯河谷地，过分水界，经七星碣子与大锅盖等地方，进入饶河谷地。于是沿此河边经过无数村落市镇，始至饶河县，以饶河与乌苏里江合流处为终点。此线之距离约有五百英里，所经之处皆为肥美土地。

荒　东镇—延吉线

此是第八线，由铁路中区分出。起自嫩江、松花江会流处之东边，循松花江右岸向东南方前行，至扶余（又名伯都讷），并经过此江边之镇甚多。至横过哈尔滨—大连铁路后，即转向东行至榆树与五常等地方。到五常后，此线转偏南行，向丰德栈前进，而后依同一方向至额穆。于是由额穆渡牡丹江，然后向凉水泉与石头河前行，至此即与日本会宁—吉林线合轨，直达于延吉。此线约共长三百三十英里，经过各农产与矿产极丰富之地方。

日　东镇—长白线

此是由铁路中区分出之第九线。起自嫩江、松花江相会处之南部，向东南方走，横过平原至农安。渡伊通河，相继向同一方进行，经过此河之各支流至九台站。复由此与长春—吉林线合轨，直行至吉林。迨至吉林后，则由其本路循松花江右岸，向东南行至拉法河合流处。即沿松花江河岸转南行，至桦甸。即再由此溯流而上，至头道沟直达抚松。即转东南行，进入松香河①谷地。再溯流前行，经长白山分水界，绕天池②湖边南部，然后转向循暖江至长白，即近高丽边界地方也。此线之距离约共三百三十英里。最后之一部分，当经过长白分水界时，须历许多困难崎岖之地。

月　葫芦岛—热河—北京线

由此吾将从而另为计划东北铁路系统之一新组，此组以辽东半岛之不冰口岸葫芦岛为总站。此第一线起自葫芦岛，向西方走进沙河谷地，至新台边门。于是行过海亭、犇牛营子、三十家子

---

①　又称松江河，因两岸产松香（达子香）而得名，位于吉林省抚松县境内，注入松花江。

②　又称长白山天池，位于吉林省东南部，中国最大的火山湖，也是世界海拔最高、积水最深的高山湖泊，现为中朝两国的界湖。

之多山境界至平泉，复依同一方向直达热河（又名承德）。到热河后，由旧官路至滦平，然后转西南向至古北口，通过万里长城，由彼处循通路经密云与顺义，至北京。此线之距离约有二百七十英里。

盈　葫芦岛—克鲁伦线

此是由葫芦岛分出之第二线。起自葫芦岛口岸，向北直走，经建平与赤峰。行过热河之多山地域后，此线循通道而行，过辽河谷地上部，至间场、西图、大金沟与林西等地方。到林西即进至陆家窝谷地，即由甘珠庙、右府迹，经过大兴安岭极南之分水界。然后再进至巴原布拉克、乌尼克特及欢布库列，由此即与多伦—克鲁伦线合轨，直达克鲁伦。此线以达至欢布库列计之，约长四百五十英里，经过丰富之矿产、木材、农业等地方。

昃　葫芦岛—呼伦线

此是由葫芦岛分出之第三线。取道锦州，循大凌河右边直走至义州，由此渡大凌河，至清河边门与阜新。到阜新后，此线即向北直行至绥东，由此渡西辽河至开鲁，再由大鱼湖与小鱼湖之间直达合板与突泉。然后横过大兴安岭，进入阿满谷地，沿河流直达呼伦。此线长约六百英里，所经过地方皆富于矿产与农业，并有未开发之森林。

辰　葫芦岛—安东线

此第四线，自葫芦岛起向东北方走，循计划中之辽河、葫芦岛、运河边直上，而后转东南行至牛庄与海城，由此再转东南行至析木城，于是与安东奉天线合轨，直达近高丽境界之安东。此线约长二百二十英里。此线与葫芦岛—热河—北京线连合，则成为一由安东以外之高丽至北京之至直捷之线矣。

宿　漠河—绥远线

此是别一组铁路系统中之第一线，吾且进而论之。此等为环形线，以东镇中区为轴，成二半圆形，一内一外。此之漠河—绥远线，起自漠河，沿黑龙江边前进至乌苏里、额木尔苹果、奎库堪、安罗、倭西门等地。过彼处后，此后转折南流，故此线亦循之至安干、察哈颜、望安达、呼玛等处。于是再由呼玛前行，至锡尔根奇、奇拉、满洲屯、黑河、瑷珲，在瑷珲乃与锦瑷线之终点相会。过瑷珲后，此线即渐转而东向，直达霍尔木勒津、奇克勒与科尔芬等处，在科尔芬与东镇—科尔芬线相会。然后由彼处再进至乌云、佛山与萝北，由萝北直至同江，此即黑龙江与松花江会流之点也。此线即由此处渡松花江，抵同江。再由此向街津口、额图前行至绥远，即黑龙江与乌苏里河之合流处也。此线长约有九百英里，至所经之地方，皆系金矿产地。

列　呼玛—室韦线

此本是漠河—绥远线之支线。起自呼玛，循库玛尔河，[①]经过大砬子与瓦巴拉沟等金矿。然后溯库玛尔而上向西行，又西南偏至此河之北源。遂由彼处过分水界，进入哈拉尔谷地，于是由此谷地上达室苇。此线约长三百二十英里，经过极丰富之金矿地方。

---

① 又称呼玛河，位于黑龙江省西北部，清代称"呼玛尔河"。

张 乌苏里—图们—鸭绿沿海线

此是外半圆形之第二线。由绥远起与第一线相续，沿乌苏里江前行，经过高兰、富有、民康等处，至饶河，于是此线与东镇饶河线之末站相会。由饶河起南行，则与在乌苏里江东边之俄乌铁路成平行线，直达虎林而止。到虎林后即离俄罗斯线转向西方，循穆陵河至兴凯湖之西北角之密山县。由此再至平安镇，转南向循国界在小绥芬车站横过哈尔滨—海参威〔崴〕线，直至东宁。到东宁后相继南向，循国界而行，至五道沟与四道沟间之交点。然后转而西行至珲春，再西北走至延吉，于是与日本之会宁—吉林线相会。由延吉循日本线至和龙，离日本线由图们江左岸向西南走，经过分水界进入鸭录〔绿〕谷地，即在此处与东镇—长白线相会。过长白后即转西向，又西北偏沿鸭录〔绿〕江右岸至临江。彼时又复西南偏，仍沿鸭绿江右岸前行至辑安县。再相继依同一方向，沿鸭绿江右岸直达安东，由此即与安东—奉天铁路相会。过安东后，向鸭绿江口之大东沟前走，循此海岸线至大孤山与庄河等处，然后转而西向，经平西屯、房店，至吴家屯，与南满铁路相会。此线之距离约有一千一百英里，自头至尾皆依满州〔洲〕东南之国界而行也。

寒 临江—多伦线

此是东镇铁路中区外半圆之第三线与在中区南部分出之支线相接。此线起自临江，即鸭绿江之西南转弯处也。由此处向多山地域前进，经过通化、兴京与抚顺等地方，至奉天，横过南满铁路，于是此线由奉天与京奉线合轨，直达新民。由此横过东镇—葫芦岛线，转向西北走，经过新立屯至阜新。过阜新后，此线进入辽河谷地上部之山地，直向赤峰前行，经过无数小村落与帐幕地，皆大牧场也。此线由赤峰再前行，经三座店、公主陵、大辗〔碾〕子等处，通过银河谷地至发木谷，然后循吐根河至多伦诺尔。此线长五百英里。

来　节克多博—依兰线

此是内半圆形之第一线。与东镇铁路中区之东北方所分出之各支线相连。起自黑龙江上游之节克多博，向东前行，又东南偏，经过大兴安岭山脉之谷地、山地数处，即至嫩江。过嫩江后，渐转南向至克山，由彼处再至海伦，然后渡松花江至三姓即依兰也。此线长约七百英里，经过农业与金矿地方。

署　依兰—吉林线

此是内半圆之第二线。起自依兰，向西南方沿牡丹江右岸前行，经过头站、二站、三站、四站至城子，即由此处横过哈尔滨—海参威〔崴〕线。于是由牡丹江右岸渡至左岸，直往宁古塔。过宁古塔后，复向西方前行，经过瓮城、蓝旗站、搭拉站与凤凰店至额穆。于此与日本之会宁—吉林线相合，向西前行至吉林。此线所行之长度约二百英里，经过牡丹江之肥美谷地。

往　吉林—多伦线

此是在东镇铁路系统中内半圆形之第三线。起自吉林，循旧通路西行至长春，于是在此与中东铁路北来之线及日本南满铁路南来之线之两末站相会。过长春后，即横过平原，至双山，又在此与东镇—葫芦岛〈线〉及日本之四平街—郑家屯—洮南线相会。再由双山渡辽河至辽源，复由彼处行经一大平原，经过东镇—北方大港线，直达绥东，与葫芦岛—呼伦线相会。过绥东后，循辽河谷地上行，先横过葫芦岛、克鲁伦线，然后过分水界至多伦，是为终站。此线所经之远度约有五百英里。

由以上所举，方能完成吾计划中东北铁路之蜘蛛网系统。就全系统路线之长言之，其总数约有九千英里。

第四部　扩张西北铁路系统

西北铁路系统包有蒙古、新疆与甘肃一部分之地域，面积约有一百七十万英方里。此幅土地，大于阿根廷共和国约六十万英方里。阿根廷为供给世界肉类之最大出产地，而蒙古牧场尚未开发，以运输之不便利也。以阿根廷既可代美国而以肉类供给世界，如蒙古地方能得铁路利便，又能以科学之方法改良畜牧，将来必可取阿根廷之地位而代之。此所以在此最大食物之生产地方建筑铁路为最要之图，亦可以救济世界食物之竭乏也。在国际共同发展中国之第一计划中，吾曾提议须敷设七千英里铁路于此境域，以为建筑北方大港之目的，而复可以将中国东南部过密之人民逐渐迁移。但此七千英里之铁路不过为一开拓者，如欲从实际上发展此丰富之境域，铁路必须增筑。故在此扩张西北铁路系统之计划中，吾提议建筑下列之各线：

天　多伦—恰克图线。

地　张家口—库伦—乌梁海线。

玄　绥远—乌里雅苏台—科布多线。

黄　靖边—乌梁海线。

宇　肃州—科布多线。

宙　西北边界线。

洪　迪化—乌兰固穆线。

荒　戞什温—乌梁海线。

日　乌里雅苏台—恰克图线。

月　镇西—库伦线。

盈　肃州—库伦线。

昃　沙漠联站—克鲁伦线。

辰　格合—克鲁伦—节克多博线。

宿　五源〔原〕—洮南线。

列　五源〔原〕—多伦线。

张　焉耆—伊犁线。

寒　伊犁—和阗线。

来　镇西—喀什噶尔线与其支线。①

天　多伦—恰克图线

此线起自多伦，向西北方前行，循驿路横过大牧场，至喀特尔呼、阔多、苏叠图等处。过苏叠图后，此线即横过界线至外蒙古，依同一路线至霍申屯、鲁库车鲁、杨图等地方。由彼处渡克鲁伦河，至额都根、霍勒阔，进入山地。于是即横过克鲁伦河分水界与赤奎河分水界，克鲁伦分水界之水则流入黑龙江而至太平洋，赤奎河分水界之水则流入贝加尔湖，再由彼处至北冰洋。过克奎河分水界后，此路即循赤奎河之支派，至恰克图。其线长约八百英里。

----

① 原文无"与其支线"四字，编者据英文本增。

第四计划

地　张家口—库伦—乌梁海线

此线起自万里长城之张家口，向西北前进高原，横过山脉，进入蒙古大草场，走向明安、博罗里治、乌得与格合，即横过多伦—迪化干线。过格合后，此线前行经过穆布伦之广大肥沃牧场，然后依直线再前行，经穆克图、那赖哈、库伦。由库伦此线即进入山地，横过色楞格谷地至一地点，在库苏古尔泊南部末端之对面。然后再转北向，横过山脉，从库苏古尔之南岸之哈特呼尔。过哈特呼尔后，此线绕库苏古尔泊边走约一短距离，即再转西北向，又西偏循乌鲁克穆河岸至近国界之出口点，复转西南向直上克穆赤克谷地，至其发源处，通过巴阔洼直达中俄国境交界处而止。此线之距离约有一千七百英里。

玄　绥远—乌里雅苏台—科布多线

此线起自绥远，近于山西省之西北角地方。向西北方前进，经过山地进入蒙古牧场托里布拉克，于是横过北方大港—哈密线与北方大港—库伦线。过托里布拉克后，此线由同一方向依直线前行，通过匝们苏治至土谢图省会。由彼处仍依直线向西北走，至霍勒特，再循商路至郭里得果勒。此线即转西向，再西北向前行，通过河流、谷地数处与小市镇，即至乌里雅苏台，于是在乌里雅苏台横过北方大港与乌鲁木齐线之第二联站边界支线。过乌里雅苏台后，此线即依商路向西方前行，通过呼都克卒尔、巴尔淖尔与匝哈布鲁等处，至科布多。彼时此线转西北向至欢戛喀图与列盖等处，即复西走至别留，以国界为终点。此线约长一千五百英里。

黄　靖边—乌梁海线

此线起自靖边，即在陕西北界与万里长城相接地方也。此线向鄂尔多斯乡落前行，经波罗波勒格孙、鄂托、臣浊等处，然后过黄河至三道河。由三道河再前行，过哈那那林、乌拉岭，即进入在西北方之蒙古大草场直至古尔斑、昔哈特，在此即经过北京—哈密线。然后至乌尼格图、恩京，由恩京即经过北方大港—乌鲁木齐线。过恩京后，此线进入谷地与分水界地，向北前行至西库伦。于是再转西北行，经过色楞格河流域之各枝〔支〕流与谷地，即抵沙布克台与粗里庙等处。至粗里庙后，再向同一方向前行，渡色楞格河，沿其支流帖里吉尔穆连河至发源处，经过流入帖里淖尔湖之分水界。然后沿此湖之出口至乌鲁克穆河，即与张家口—库伦—乌梁海线相合，此即终点也。此线之长约有一千二百英里。

宇　肃州—科布多线

此线起自肃州，向西北方走，在尖牛贯通万里长城向煤矿地方前行，即离肃州二百五十里地方也。由彼处即往哈毕尔罕布鲁克与伊哈托里。离伊哈托里不远，此线即经过北京—哈密线，然后前行至伯勒台。过此处后，经过一小块沙漠，即至底门赤鲁。当进此多山与下隰[①]之乡落，再前行至夏什温，即横过北方大港—乌鲁木齐干线。过夏什温向倭伦呼都克、塔巴腾与塔普图，即由塔普图与古城科布多通道相合。于是循此路经伯多滚台、苏台，前行至科布多，即此线之末站。约共长七百英里。

---

① 读音 xí，指低湿的地方，语出《诗·邶风·简兮》："山有榛，隰有苓。"

宙　西北边界线

比〔此〕线起自伊犁，循乌鲁木齐—伊黎〔犁〕线至三台，即赛里木湖之东边也。此线由此处向东北自行，沿艾比湖西方，至土斯赛。过土斯赛后，向托里前行，横过中央干线，即北方大港—塔城线也。由彼处，此线即往纳木果台与斯托罗盖台，经过最大之森林与最富之煤矿地方。再由斯托罗盖台依通道前行至承化寺，[①] 是阿尔泰省之省会。于是由彼处横过山脉，经乌尔霍盖图山口入至科布多谷地，循科布多河河源至别留，由此与绥远—科布多线直达乌列盖。由乌列盖依其本路取道乌松阔勒与乌兰固穆，行至塔布图，于是与他线再合，同行至在唐努乌梁海境内之乌鲁克穆河。然后转东向沿河流而上，至别开穆与乌鲁河之合流处即再前行，沿前流依东北方溯源直上至境界，是为终点。此线所经之距离约九百英里。

洪　迪化（又名乌鲁木齐）—乌兰固穆线

此线起自迪化，依多伦—迪化干线至阜康。然后循其本路向北前进，经自辟川至霍尔楚台。由此转东北走，经过山地至开车，然后至土尔扈特，于是横过北大港—乌鲁木齐线之支线第三交点。过土尔扈特后，转北行，经巴戛宁格力谷地至斯和硕特。然后过帖列克特山口，由彼处即转东北向前行，经过一新耕种地方，即至科布多。再前行经过一肥沃草场，渡数河流，沿经数湖，即至乌兰固穆，在此即与西北边界线相会。此线长约五百五十英里。

---

① 今阿勒泰县。

荒　戛什温—乌梁海线

此线起自戛什温，向东北前行，横过多山与隰地境界，经哈同呼图克与达兰趣律、博尔努鲁。经博尔努鲁后，此线通过匜盆谷地，经呼志尔图与博尔霍至乌里雅苏台，在此与绥远—科布多线及北方大港—乌里雅苏台线相会。于是此线向北方前行于一新境地，先经过色楞格河之正源，然后经过帖斯河之正源，当在帖斯河谷地中，此线经过一极大未辟之森林。过此森林后，即转向西北走，经过分水界，进入在唐努乌梁海地方之乌鲁克穆谷地，与西北边界线相会，是为末站。此线共长六百五十英里。

日　乌里雅苏台—恰克图线

此线起自乌里雅苏台，依戛什温—乌梁海线前行，至色楞格河支流之鄂叠尔河止。然后转而东向，由其本线循鄂叠尔河流域前行而下，横过靖边—乌梁海线，至鄂叠尔河与色楞格河合流处而止。于是与张家口—库伦—乌梁海线合轨，向东方前行颇远，待至彼线转东南向而止。当此线转东北向时，即循色楞格河下至恰克图。此线包有之距离约五百五十英里，经过一肥美谷地。

月　镇西—库伦线

此线起自镇西，向东北前行，横过一种植地域，道经图塔古至苓尔格斜特。于是由乌尔格科特行过肃州—科布多线，然后行经戈壁沙漠北边之大草场，至苏治与达阑图鲁。由彼处再向北走，横过北方大港—乌里雅苏台〈线〉与多伦诺尔—乌里雅苏台线，至塔顺呼图克。过此处后，此线即在鄂罗盖地方横过绥远—乌里雅苏台线，前行过分水界，进入色楞格河谷地。于是在沙布克台行过靖边—乌梁海线，从此即转东向，经过一多山水之境域至库伦。此线所经之距离约八百英里。

盈　肃州—库伦线

此线起自肃州，前行经金塔至毛目。于是随道河（又名额济纳河）而行，此河可以之灌注沙漠中之沃地。然后乃沿河流域而至一湖，复由彼处行经戈壁沙漠，即与北京—哈密线及北方大港—乌里雅苏台线之相交处相会，成为一共同联站。过此以后，此线向沙漠与草场前行，经过别一铁路交点，此铁路之交点即由绥远—科布多线与靖边—乌梁海线所成，于是此线在此处亦成为共同联站。由彼处前行，进入一大草地，经过哈藤与图里克至三音达赖，于此即横过多伦诺尔—乌鲁木齐线。过三音达赖后，此线前行经乌兰和硕与许多市镇营寨，即至库伦。此线包有之距离约七百英里，三分一路经过沙漠，其余三分之二经过低湿草地。

昃　沙漠联站—克鲁伦线

此线起自沙漠联站，向东方前行至一大草地，于是在鄂兰淖尔湖南方横过靖边—乌梁海线，由彼处前行至土谢图汗都会，于此经过绥远—科布多线。过土谢图汗都会后，行经大草场，至第一联站。由第一联站即前行至乌兰呼图克与尖顶车，然后横过张家口—乌梁海线至车臣汗。由车臣汗，此线向东北循河流域而下，直达克鲁伦城，于此即横过多伦—克鲁伦线并与克鲁伦—东镇线相会。此线长约八百英里。

辰　格合—克鲁伦—节克多博线

此线起自格合，此即多伦诺尔—乌鲁木齐与张家口—库伦—乌梁海二线之交点也。由彼处向东北前行，经过大草场至霍申屯，于是横过多伦—恰克图线。过霍申屯后，依同一方向前行，又经过一大草场至克鲁伦，即由此横过呼伦—克鲁伦线。然后依克鲁伦河右岸前行，再渡左岸，经过呼伦池之西北边。过呼伦池后，此线横过中东铁路渡额尔古纳河。然后沿此河右岸直达节克多博，于是与多伦诺尔—漠河与节克多博—依兰二线相会，此即此线之末站也。此线包有之距离约六百英里，上半截经过旱地，下半经过湿地。

宿　五原—洮南线

此线起自黄河西北边之五原地方，向东北前行，横过晒田、乌拉山与大草地，即抵托里布拉克，于是与北京—哈密线、绥远—科布多线及北方大港—库伦线之三路交点相会。由托里布拉克，此线再向同一方向前行，经过草地场至格合，在此即与多伦—乌鲁木齐与北京—库伦二线相会，亦即格合—克鲁伦线之首站也。过格合后，此线渐转东向，横过多伦—恰克图〈线〉之中部至欢布库里，于是在此横过多伦—克鲁伦与葫芦岛—克鲁伦之二线。由欢布库里，此线行经界线之南，即循之行至达克木苏马，于是与多伦—漠河线相会。由彼处行向东方，横过兴安岭至突泉，然后转东南向至洮南，此即终站也。此线长约九百英里。

列　五原—多伦线

此线起自五原，向东北前行，横过晒田、乌拉岭至茂名安旗，即在此经过北方大港—库伦线。然后向一大草场前行，经过绥远—科布多线至邦博图，经过北京—哈密线。过邦博图后，此线转而东向前行，经过张家口—库伦—乌梁海线，然后至多伦，与多伦—奉天—临江线相合为终站。此线由黄河上流〔游〕谷地，成一直接路线至肥美之辽河谷地，包有距离约五百英里。

张　焉耆—伊犁线

此线起自焉耆（又名喀喇沙），向西北前行，横过山岭进入伊犁谷地。然后循崆吉斯河向西下行，绕极肥美谷地至伊宁与绥定（即伊犁城）等，此皆在伊犁地方、近俄罗斯边境之主要城镇也。于是在伊犁与伊犁—乌鲁木齐线相合。此线长约四百英里。

寒　伊犁—和阗线

此线起自伊犁，向南前行渡伊犁河，然后东向沿此河左岸而行，初向东南，继向南行至博尔台。由此即转西南向，进入帖克斯谷地。然后溯帖克斯河而上，至天桥，再上山道。过此山道后，此线转东南向行，绕过一极大煤矿地方，然后再转西南至札木台，于此即经过吐鲁番—喀什噶尔线。由札木台即转南向，行过塔里木谷地北边之最肥美区域，至巴斯团搭格拉克，再向西南行至和阗。此路经过无数小部落，皆在和阗河之肥沃区域中，此河即流入沙漠。此线在和阗与喀什噶尔—于阗线相会。过和阗后，即向此城南方上行至高原，以国界为终站。此线包有距离约七百英里。

来　镇西—喀什噶尔线与其支线

此线起自镇西，向西南行，循天山草场，经延安堡、薛家陇与陶赖子至七个井。然后循天山森林，经过桐窝西盐池与阿朗至鄯善，由此即经过中央干线。过鄯善后，即循塔里木沙漠北边而行，经鲁克沁与石泉至河拉，于此横过车城—库尔勒线。由河拉前行，循塔里木河流域，经过无数新村落肥美地方与未开发之森林，即至巴斯团塔格拉克，在此横过伊犁—和阗线。行经巴楚至喀什噶尔，在此与乌鲁木齐—于阗线相会。过喀什噶尔后，此线即向西北前行至国界，是为终站。至与此线有连续关系者，约有二支线：第一支线由河拉西南方前行，经沙漠中沃地数处至车城；第二支线，则由巴西楚南方循叶尔羌河至莎车，然后西南至蒲犁，即近国界地方也。此线与其各支线合计之，约共长一千六百英里。如就此系统全部言之，约共长一万六千英里。

第五部　高原铁路系统

此是吾铁路计划之最后部分，其工程极为烦〔繁〕难，其费用亦甚巨大，而以之比较其他在中国之一切铁路事业，其报酬亦为至微。故此铁路之工程，当他部分铁路未完全成立后，不能兴筑。但待至他部分铁路完全成立，然后兴筑此高原境域之铁路，即使其工程浩大，亦当有良好报酬也。

此之高原境域包括西藏、青海、新疆之一部，与甘肃、四川、云南等地方，面积约一百万英方里。附近之土地，皆有最富之农产与最美之牧场。但此伟大之境域，外国多有未之知者。而中国人则目西藏为西方宝藏，盖因除金产丰富外，尚有他种金属，黄铜尤其特产，故以宝藏之名加于此世人罕知之境域，洵①确当也。当世界贵金属行将用尽时，吾等可于此广大之矿域中求之。故为开矿而建设铁路，为必要之图。吾拟下之各线：

天　拉萨—兰州线。

地　拉萨—成都线。

玄　拉萨—大理—车里线。

黄　拉萨—提郎宗②线。

宇　拉萨—亚东线。

宙　拉萨—来吉雅令及其支线。

洪　拉萨—诺和线。

荒　拉萨—于阗线。

日　兰州—婼羌线。

月　成都—宗札萨克线。

盈　宁远—车〈尔〉城线。

昃　成都—门公线。

辰　成都—沅江线。

宿　叙府—大理线。

列　叙府—孟定线。

张　于阗—噶尔渡线。

天　拉萨—兰州线

此线与西藏都会相连，为彼境域之中央干线，足称为此系统中

---

① 诚然，实在。

② 今称德让宗，位于西藏山南市错那县，喜马拉雅山脉东南。

之重要路线。沿此线之起点与终点，现已有少数居民，将来可成为一大殖民地，故即当开办之始，或可成为一有价值之路线也。此线起自拉萨，循旧官路向北前行，经达隆至雅尔，即腾格里池之东南方也。过雅尔后，此线暂转东向，由藏布谷地过分水界，经双竹山口至潞江①谷地。然后转而东向渡潞江正源，经过数处谷地、河流及山岭，而至扬子江。于是渡扬子江上流正源之金沙江，过苦苦赛尔桥，过此桥后转东南向，又东向通过扬子江谷地，进入黄河谷地。于是由此经过数小村落与帐幕地，进至札陵湖与鄂陵湖间之星宿海②。然后东北向，过柴塔木③之东南谷地，再转入黄河谷地，即前进经过喀拉普及数小市镇，至丹噶尔④（今名湟源，界于甘肃与青海之间）。过丹噶尔后，此线即转东南，循西宁河流之肥美谷地下行，经过西宁、碾伯与数百小市镇、小村落至兰州。此线行经之距离约一千一百英里。

地　拉萨—成都线

此线起自拉萨，东北向，依旧官路前行，经德庆、南摩，至墨竹工卡。然后转东南向，又东北向至江达。于是由江达转北向，又转东北向前行，经过托拉山至拉里。过拉里后，此线向东行，经边坝硕督与数小市镇至洛龙宗。然后由嘉裕桥渡潞江，即转东北向至恩达与察木多。过察木多后，此线不循东南之官路至

---

① 别称怒江，我国西南地区的大河之一。

② 位于黄河源头，东与扎陵湖相邻，西与黄河源流玛曲相接，形是狭长盆地，因湖泊星罗棋布而得名。

③ 即柴达木盆地，位于青海省境内。

④ 青海省湟源县，黄土高原与青藏高原的交汇处，素有"海藏咽喉""茶马商都"之称。

巴塘，乃向东北而循别一商路前行，至四川省西北角之巴戎，由此前行过桥渡金沙江，即札武三土司附近地方也。于是此线转东南向，进入依杵谷地，沿鸦龙江下行至甘孜，再前进经长葛、英沟至大金川之倍田，并至小金川之望安。过望安后，此线即横过斑烂山至灌县，进入成都平原，即由郫县至成都。此线行经之距离约一千英里。

玄　拉萨—大理—车里线

此线起自拉萨，与拉萨—成都线同轨，直行至江达。于是由江达循其本路路轨西南向，沿藏布江[①]支流至油鲁，即其河支流与正流会合之点也。过油鲁后，即沿藏布江口左岸，经公布什噶城至底穆昭。由底穆昭离藏布江向东前行，至底穆宗城、遗贡、巴谷、刷宗城。过刷宗城后，此线转东南行至力马，再东行至潞江之门公。[②] 于是由门公转南向前行，沿潞江右岸，经菖蒲桶至丹邬。然后渡潞江，由崖瓦村谷地过分水界至澜沧江（又名美江），乃渡江至小维西。过小维西后，即沿河边至诚心铜厂。然后离河前行，经河西、洱源、邓州、上关至大理。由大理南行至下关、凤仪、蒙化，再行至保甸与澜沧江再会。于是南行沿江之左岸至车里，为此线之终点。其路线之长约九百英里。

黄　拉萨—提郎宗线

此线起自拉萨，向南行，道经德庆，[③] 至藏布江。再由藏布江

---

①　今雅鲁藏布江。

②　今西藏自治区芒康县。

③　今隶属西藏自治区拉萨市东南的达孜县，县城驻地德庆镇。

转东向，沿河之左岸至札噶尔总。渡藏布江至泽当，即南向前行，经吹夹坡郎、满楚纳、塔旺至提郎宗。再接续前行，至印度之亚三①边界。此线长约二百英里。

宇　拉萨—亚东线

此线起自拉萨，西南向，由札什循旧官路经僵里至曲水。由曲水过末力桥，渡藏布江南之查戛木，然后至塔马隆、白地、达布隆与浪噶子等地方。过浪噶子后，此线转西向至翁古、拉萨、沙加等地。于是由沙加离官路再转向西南行，道经孤拉至亚东，是哲孟雄②边界。此线约长二百五十英里。

宙　拉萨—来吉雅令及其支线

此线起自拉萨，向西北行，由札什循旧官路前行至小德庆。③再西行至桑驼骆池，转西南行至那马陵与当多汛，即在拉古地方渡藏布江。过拉古后，此线即转西向至日喀则城，是为西藏之第二重要市镇。由此依同一方向，向沿藏布江边右岸前行，经过札什冈、朋错岭与拉子等地方。于是由拉子分一支线向西南行，取道胁噶尔、定日，至尼泊尔边界之聂拉木。但其干线则横过藏布江之右边，循官路行，取道那布林格喀至大屯。由此再分一支线向西南行，至尼泊尔边界。而其干线仍接续西北行，取道塔木札、卓山至噶尔渡。然后向西前行，至萨特来得河之来吉雅令，以印度边界为终点。此线与其二支线合计之，

---

① 位于印度东北部的阿萨姆。

② 锡金，古称"哲孟雄"。

③ 此指西藏自治区拉萨市西北班戈县德庆镇。

约共长八百五十英里。

洪　拉萨—诺和线

此线起自拉萨，与宙线同轨，行至桑驼骆池，始循其本线向西北前行，至得贞、桑札宗及塔克东。于是由此处进入西藏之金矿最富地方，再经过翁波、都拉克巴、光贵与于喀尔至诺和，为此线之终点。其距离约长七百英里。

荒　拉萨—于阗线

此线起自拉萨，循宙、洪两线之轨道，至腾格里池之西南角。于是由其本轨向西北前行，经隆马绒、特布直〔克〕托罗海与四五处小地方，至萨里。过萨里后，此线即通过一大幅无人居之地，至巴喀尔与苏格特。横过山岭，遂由高原而下，经索尔克至塔里木河流域之雅苏勒公，在此与西北铁路系统之车尔城—于阗线合轨，前行至于阗。此线共长约七百英里。

日　兰州—婼羌线

此线起自兰州，循拉萨—兰州线轨道同行，至青海之东南角。于是由其本轨绕青海南岸至都兰奇特，即由此转西南走至宗札萨克。由宗札萨克依柴达木低洼地之南边，向西南行，经过屯月、哈罗里与各尔莫至哈自格尔。过哈自格尔后，此线即转西北向，经拜把水泉、那林租哈至阿尔善特水泉。然后暂转北向前行，横过山脉至婼羌，即与安西—于阗线及婼羌—库尔勒线联合，是为终站。此线约长七百英里。

月　成都—宗札萨克线

此线起自成都，循拉萨—成都〈线〉轨道前行至灌县。然后由其本轨向北前行，经汶川至茂州。于是循泯〔岷〕江河流向西北前行，至松潘。过松潘后，即入岷山谷地，经过东丕至上勒凹。即由此处横过扬子江与黄河间之分水界，再接续前行至鄂尔吉库舍里。于是由黄河支源西北转至其正流，沿河右边，取道察汉津至布勒拉察布。渡黄河至旧官路西北转，与拉萨—兰州线合轨前行，直达拉尼巴尔。再转西北向，循其本轨前行至宗〈札〉萨克，与兰州—婼羌线相会，是为终站。此线行经之距离约六百五十英里。

盈　宁远—车尔成〔城〕线

此线起自宁远，向西北行，取道怀远镇至雅江。① 横过江之右岸，循旧驿路前行至西俄落，即离江边循驿路至里塘。由里塘仍依同一方向，从别路前行至金沙江左岸之冈沱。再沿此河边前行至札武三土司，横过拉萨—成都线。过札武三土司后，此线仍依同一方向前行，沿金沙江边，取道图登贡巴至苦苦赛尔桥，即在此横过拉萨—兰州线。再循金沙江之北支源至其发源处，过分水界，循骆驼路前行，经沁司坎、阿洛共至车尔成〔城〕，是为终站。其距离约长一千三百五十英里，此线为此系统之最长路线。

---

① 英文本作 Yalungkiang，应译为雅砻江（雅龙江）。

戌 成都—门公线

此线起自成都，向西南行，经双流、新津、名山至雅州。[①] 转西北向前行至天全，复转西行，至打箭炉、东俄落、里塘等地方。过里塘后，此线向西南行，经过巴塘、宴尔喀罗至门公。约共长四百英里，所经过地方皆系山岭。

辰 成都—元江线

此线起自成都，循成都—门公线路轨前行至雅州。然后由其本轨依同一方向，取道荣〔荣〕经至清溪。过清溪后，此线向南行，经越巂至宁远，即于此与宁远—车城线之首站相会。过宁远后即至会理，然后渡金沙江至云南府，与广州—大理线相会。于是由云南府循昆明池[②] 西边至昆阳，经过新兴、嶍峨至沅〔元〕江，与广州—思茅线相会，是为终站。其距离约六百英里。

宿 叙府—大理线

此线起自叙府，沿扬子江左岸前行至屏山、雷波。过雷波后即离此河向西南行，过大梁〔凉〕山至宁远，即于此横过成都—宁远线，并与广州—宁远线及宁远—车城线之首站相会。于是再接续依同一方向前行，横过雅砻江[③] 至盐源、永北。过永北后，此线暂转南向，渡金沙江至宾川，然后至大理，与广州—大理线及拉萨—大理线相会，是为终站。共长约四百英里。

---

① 今四川省雅安市。

② 又称昆明湖，滇池，位于云南省昆明市西南，为境内最大的高原淡水湖。

③ 今雅砻江，金沙江支流，位于四川省西部。

列 叙府—孟定线

此线起自叙府，循叙府—大理线路轨直行至雷波。即由扬子江上流名曰金沙江横过，沿此江之上流左岸至其湾南处，即横过成都—元江线至元谋。复由元谋前行至楚雄，横过广州—大理线至景东。复向西南前行，横过澜沧江至云州。然后转西南向，循潞江支脉至孟定，以边界为终站。此线共长约五百英里。

张 于阗—噶尔渡线

此线起自于阗，沿克利雅河向南行至波鲁。由波鲁复转西南行，取道阿拉什东郎至诺和，即与拉萨—诺和线之终站相会。过诺和后，即绕诺和湖之东边至罗多克。复向西南行，沿印度河至碟木绰克。复由碟木绰克东南向，沿印度河上行至噶尔渡，即于此与拉萨—来吉雅令线相会，是为终站。此线长约一千一〔五〕百英里。

此高原铁路系统，全部共长一万一千英里。

第六部 设机关车、①客货车制造厂

上部第四计划所预定之路线，约共长六万二千英里。至第一、第三计划所预定者，约一万四千英里。除此以外，并有多数干线当设双轨，故合数计划路线计之，至少当有十万英里。若以此十万英里之铁路，在十年内建筑之，机关车与客货车之需要必当大增。现当此战后改造时期，世界之制造厂将难以供应。此所以在中国建设

① 亦称"机关头"，即火车头，早期称以蒸汽为动力、在铁轨上曳引列车的机械。

机关车、客货车之制造厂以应建筑铁路之需，为必要之图，且其为有利事业尤不可不注意也。中国有无限之原料与低廉之人工，是为建设此等制造厂之基础。但举办此种事业所必需者，为外国资本与专门家耳。至此项之计划应用资本若干，吾当留为对于此种工程有经验者定之。

第五计划

前四种计划既专论关键及根本工业之发达方法，今则进述工业本部之须外力扶助发达〈者〉。所谓工业本部者，乃以个人及家族生活所必需，且生活安适所由得。当关键及根本工业既发达，其他多种工业皆自然于全国在甚短时期内同时发生，欧美工业革命之后既已如是。关键及根本工业发达，人民有许多工事可为，而工资及生活程度皆增高；工资既增多，生活必要品及安适品之价格亦增加。故发达本部工业之目的，乃当中国国际发展进行之时，使多数人民既得较高工资，又得许多生活必要品、安适品而减少其生活费也。世人尝以中国为生活最廉之国，其错误因为寻常见解以金钱之价值衡量百物；若以工作之价值衡量生活费用，则中国为工人生活最贵之国。中国一寻常劳工，每日须工作十四至十六小时，仅能维持其生活。商店之司书，①村乡之学究，每年所得恒在百元以下。农人既以所生产价还地租及交换少数必要品之后，所余已无几何。工力多而廉，惟食物及生活货品，虽在寻常丰年亦仅足敷四万万人之用，若值荒年则多数将陷于穷乏死亡。

---

① 从事文书档案工作的人。

中国平民所以有此悲惨境遇者，由于国内一切事业皆不发达，生产方法不良，工力失去甚多。凡此一切之根本救治，为用外国资本及专门家发达工业，以图全国民之福利。欧美二洲之工业发达早于中国百年，今欲于甚短时期内追及之，须用其资本、用其机器。若外国资本不可得，至少亦须用其专门家、发明家，以为吾国制造机器。无论如何，必须用机器以辅助中国巨大之人工，以发达中国无限之富源也。

据近世文明言，生活之物质原件共有五种，即食、衣、住、行及印刷是也。吾故定此种计划如下：

（一）粮食工业。

（二）衣服工业。

（三）居室工业。

（四）行动工业。

（五）印刷工业。

第一部　粮食工业

粮食工业又分类如下：

甲　食物之生产。

乙　食物之贮藏及运输。

丙　食物之制造及保存。

丁　食物之分配及输出。

甲　食物之生产

人类食物得自三种来源，即陆地、海水、空气三者。其中最重要、最多量者为空气食物，譬如养气①为此中有力元素，惟自然界本具此甚多，除飞行家及潜艇乘员闲时须特备外，不须人工以为生产，故此种食物人人可自由得之，于此不须详论。吾前此论捕鱼海港之建设及捕鱼船舶之构造，已涉及海水食物，故于此亦不更述。惟陆地食物生产之事须国际扶助者，此下论之。

中国为农业国，其人数过半皆为食物生产之工作。中国农人颇长于深耕农业，能使土地生产至最多量。虽然，人口甚密之区，依诸种原因，仍有可耕之地流为荒废，或则缺水，或则水多，或则因地主投机求得高租善价，故不肯放出也。

中国十八省之土地，现无乃〔乃无〕以养四万万人。如将废地耕种，且将已耕之地依近世机器及科学方法改良，则此同面积之土地，可使其出产更多，故尽有发达之余地。惟须有自由农业法以保护、奖励农民，使其护〔获〕得己力之结果。

就国际发展食物生产计划言之，须为同时有利益之下列二事：

（一）测量农地。

（二）设立〔工场制造〕农器〈制造厂〉。

（一）测量农地

中国土地向未经科学测量制图，土地管理、征税皆混乱不清，贫家之乡人及农夫皆受其害。故无论如何，农地测量为政府应尽之第一种义务。然因公款及专门家缺乏之故，此事亦须有外力扶助。故吾以为是当以国际机关行之，由此机关募集公债以供给其费用，雇用专门家及诸种设备以实行其工事。测量费用几何，所需时间几

---

① 氧气。

何，机关之大小如何，以飞行机测量亦适用于工事否，是须专门家决定之。

地质探验当与地图测量并行，以省费用。测量工事既毕，各省荒废未耕之地，或宜种植，或宜放牧，或宜造林，或宜开矿，由是可估得其价值，以备使用者租佃，为最合宜之生产。耕地既增加之租税，及荒地新增之租税，将足以偿还外债之本息。除十八省外，满洲、蒙古、新疆有农地牧地极广，西藏、青海有牧地极广，可依移民计划如吾第一计划所述者，以粗略〈广〉耕［作］法开发之。

（二）设立［工场］〈农器〉制造〈厂〉

欲开放废地，改良农地，以闲力归于农事，则农器之需要必甚多。中国工价甚廉，煤铁亦富，故须自制造一切农器，不必由外国输入。此须资本甚多。此工场直设于煤铁矿所在之邻地，即工力及物料易得之所。

乙　食物之贮藏及运输

此所言当贮藏及运输之重要食物，即谷类。现在中国贮藏谷类之方法不良，若所藏之量过多，每不免为虫类所蛀损、气候所伤害；故其量甚少，且须非常注意，乃能于一定时期内保存之。又谷类之运输，大半皆以人力，故费用甚巨。及谷类已达水道，则船舶往来，运输漫无定制。若将谷类贮藏及运输方法改良，必省费不少。吾意当由国际开发机关于全国内设谷类运转器，且沿河设特别运船。此事所需资本几何，且谷类运转器当设于何处，应由专门家调查之。

丙　食物之制造及保存

前此中国之食物制造几全赖手工，而以少数简单器具助之。至于食物保存，则以食盐或日光制造之，磨机及铁锡罐〔至机器及罐头〕方法，为前此所不知。吾意扬子江及南部中国诸大城镇以米为主食者，当设许多磨米房；扬子江以北以小麦、燕麦及米以外之他谷类为主食者，其诸大城镇当设许多磨麦机房。此种机房，当由中央一处管理，以得最省费之结果。是所需资本几何，当俟详细调查。

食物果类、肉类、鱼类之保存，或用锡铁罐，或用冰冷法。若锡铁罐工业发达，则锡铁片之需要必大增，故锡铁片工场之建设为必要且有利益，此种工场当设于铁矿之近处。中国南部有许多地方皆发见有锡、铁、煤三种，如欲建筑工场，材料最为完备。锡铁片工场及罐工场当合同经营，以得最良之节省结果。

丁　食物之分配及输出

在寻常丰年，中国向不缺乏食物，故中国有常言云："一年耕，则足三年之食。"[①] 国内较富部分之人民，大概有三四年食物之积储以对付荒年。若中国既发达，有生计组织，则当预储一年之食物以为地方人民之用，其余运至工业中枢。食物之分配及运出，亦由中央机关管理，与其贮藏及运输无异。每一县余出之谷类，送至近城贮藏；每一城镇须有一年食物之贮积。经理部当按人数依实价售主要食物于其民。更有所余，乃以售之于外国需此宗食物且可得最高价者。以隶中央经理部之输出部司之。于是乃不如前此禁止输出法之下，食物多所废坏。输出所得巨资，以之偿还外债本息，固有余也。

---

① （清）石成金编《好运宝典》："尽人力——一年耕，足供三年食。"

于叙论食物工业之部，不能不特论茶叶及黄豆二种工业，以毕所说。茶为文明国所既知已用之一种饮料，科学家及食物管理部今复初认黄豆为一种重要食料。就茶言之，是为最合卫生、最优美之人类饮料，中国实产出之，其种植及制造为中国最重要工业之一。前此中国曾为以茶叶供给全世界之唯一国家，今则中国茶叶商业已为印度、日本所夺。惟中国茶叶之品质，仍非其他各国所能及。印度茶食〔含〕有丹宁酸太多，日本茶无中国茶所具之香味。最良之茶，惟可自产茶之母国即中国得之。中国之所以失去茶叶商业者，因其生产费过高。生产费过高之故，在厘金①及出口税，又在种植及制造方法太旧。若除厘金及出口税，采用新法，则中国之茶叶商业仍易复旧。在国际发展计划中，吾意当于产茶区域，设立制茶新式工场，以机器代手工，而生产费可大减，品质亦可改良。世界对于茶叶之需要日增，美国又方禁酒②，倘能以更廉、更良之茶叶供给之，是诚有利益之一种计划也。

以黄豆代肉类，是中国人之发明。中国人、日本人用为主要食料既历数千年，现今食肉诸国，大患肉类缺乏，是必须有解决方法。故吾意国际发展计划中，当以黄豆所制之肉乳、油酪输入欧美，于诸国大城市设立黄豆制品工场，以较廉之蛋白质食料供给西方人民。又于中国设立新式工场，以代手工生产之古法，而其结果可使价值较廉，出品亦较佳矣。

---

① 19 世纪中叶至 20 世纪 30 年代中国国内贸易征税制度之一。亦称"厘捐"或"厘金税"，因初定税率为一厘，"百分之一"为一厘，故名厘金。

② 1920 年 1 月 17 日，美国宪法第 18 号修正案——禁酒法案（又称"伏尔斯泰得法案"）正式生效。该法律规定，凡制造、售卖乃至于运输酒精含量超过 0.5% 以上的饮料皆属违法。

第二部　衣服工业

衣服之主要原料为丝、麻、棉、羊毛、兽皮五种，今分论如下：

甲　丝工业。

乙　麻工业。

丙　棉工业。

丁　毛工业。

戊　皮工业。

己　制衣机器工业。

甲　[蚕]丝工业

蚕丝为中国所发明，西历纪元前数千年已用为制衣原料，为中国重要工业之一，直至近日，中国为以蚕丝供给全世界之唯一国家。惟现今日本、意大利、法兰西诸国，已起而与中国争此商业，因此诸国已应用科学方法于养蚕制丝之事，而中国固守数千年以来之同样旧法也。世界对于蚕丝之需要既逐日增加，则养蚕制丝之改良，将为甚有利益之事。吾意国际发展计画，应于每一养蚕之县设立科学局所，指导农民，以无病蚕子供给之。此等局所当受中央机关监督，同时司买收蚕茧之事，使农民可得善价。次乃于适宜地方设缫丝所，采用新式机器，以备国内国外之消费。最后乃设制绸工场，以应国内国外之需求。缫丝及制丝工场，皆同受一国家机关之监督，借用外资，受专门家之指挥，而其结果可使该物价廉省，品物亦较良较贱矣。

乙 麻工业

是亦为中国之古工业。惟中国所产苎麻，与欧美所产之亚麻异，若以新法及机器制之，其细滑与蚕丝无异。然中国至今尚无以新法及机器制麻者，有名之中国麻布，皆依旧法及手工织造。中国南部之麻原料甚富，人工亦廉，故于此区域宜设立许多新式工场也。

丙 棉工业

棉花本外国产物，其输入中国在数百年前，在手工纺织时代，是为中国一种甚重要之工业。然自外国棉货输入中国之后，此种本国手工业殆渐归灭绝，于是以许多棉花输出，以许多棉货输入。试思中国工力既多且廉，乃不能产出棉货，岂非大可怪之事？近今乃有少数纺纱织布厂设于通商诸埠，获利极巨。或谓最近二三年内，上海纺织厂分红百分之百至百分之二百，皆因中国对于棉货之需要，远过于供给，故中国须设纺织厂甚多。吾意国际发展计划，当于产棉区域设诸大纺织厂，而由国立①中央机关监督之，于是最良节省之结果可得，而可以较廉之棉货供给人民也。

丁 ［羊］毛工业

中国西北部占全国面积三分之二用为牧地，而羊毛工业则从未见发达，每年由中国输出羊毛甚多，制为毛货又复输入中国。自羊毛商业输出、输入观之，可知发达羊毛工业，为在中国甚有利之事。吾意当以科学方法养羊、剪毛，以改良其制品，增加其数

---

① 原文为"中国立"，编者据英文版改。

量。于中国西北全部设立工场以制造一切羊毛货物，原料及工价甚廉，市场复大至无限。此工业之发达，须有外国资本及专门家，是为国际发展计划中最有报酬者，因是属一种新工业，无其他私人竞争也。

戊　皮工业

通商诸埠虽有多少制皮工场，是实为中国之新工业。生皮之输出，熟皮之输入，每年皆有增加。故设立制皮工场，及设立制造皮货及靴鞋类工场，甚为有利益之事。

己　制衣机器工业

中国需要各种制衣机器甚多。或谓中国在欧美所定购纺织机器，须此后三年内乃能交清。若依予计划发展中国，则所需机器当较多于现在数倍，欧美且不足供给之。故设立制造制衣机器〈厂〉为必要，且有利之事。此种工场，当设于附近钢铁工场之处，以省粗重原料运输之费。此事所需资本几何，当由专门家决定之。

第三部　居室工业

中国四万万人中，贫者仍居茅屋陋室，北方有居土穴者。而中国上等社会之居室，乃有类于庙宇。除通商口岸有少数居室依西式外，中国一切居室皆可谓为庙宇式。中国人建筑居室，所以为死者计过于为生者计，屋主先谋祖先神龛之所，是以安置于屋室中央，其他一切部分皆不及。于是重要居室非以图安适，而以合于所谓红白事者。红事者，即家族中任何人嫁娶及其他喜庆之事；白事者，即丧葬之事。除祖先神龛之外，尚须安设许多家神之龛位。凡此一切神事，皆较人事为更重要，须先谋及之。故旧中国之居室，殆无一为人类之安适及方便计者。

今于国际发展计划中，为居室工业计划，必须谋及全中国之居室。或谓为四万万人建屋，乃不可能。吾亦认此事过巨。但中国若弃其最近三千年愚蒙之古说及无用之习惯，而适用近世文明，如予国际发展计划之所引导，则改建一切居室以合于近世安适方便之式，乃势所必至。或因社会进化于无意识中达到，或因人工建设于有意识中达到，西方民族达到近世文明，殆全由于无意识的进步，因社会经济科学乃最近发明也。但一切人类进步，皆多少以知识即科学计划为基础，依吾所定国际发展计划，则中国一切居室将于五十年内依近世安适方便新式改造，是予所能预言者。以预定科学计划建筑中国一切居室，必较之毫无计划更佳更廉。若同时建筑居室千间，必较之建筑一间者价廉十倍。建筑愈多，价值愈廉，是为生计学定律。生计学唯一之危险为生产过多，一切大规模之生产皆受此种阻碍。自欧美工业进化以来，世界之大战争前所有财政恐慌，皆生产过多之所致。就中国之居室工业论，雇主乃有四万万人，未来五十年中至少需新居室者有五千万，每年造屋一百万间，乃普通所需要也。

居室为文明一因子，人类由是所得之快乐，较之衣食更多，人类之工业过半数，皆以应居室需要者。故居室工业，为国际计划中之最大企业，且为其最有利益之一部分。吾所定发展居室计划，乃为群众预备廉价居室。通商诸埠所筑之屋，今需万元者，可以千元以下得之，建屋者且有利益可获。为是之故，当谋建筑材料之生产、运输、分配，建屋既毕，尚须谋屋中之家具装置，是皆包括于居室工业之内。今定其分类如下：

甲　建筑材料之生产及运输。

乙　居室之建筑。

丙　家具之装〔制〕造。

丁　家用物之供给。

甲　建筑材料之生产及运输

建筑材料为砖、瓦、木材、铁架、石、塞门土、[①]三合土等，其每一种皆须制造，或与其他原料分离。如制造砖瓦则须建窑，木材须建锯木工场，铁架须建制铁工场，此外须设石工场、塞门土工场、三合土工场等。须择适宜之地，材料与市场相近者为之。且一切须在中央机关监督之下，使材料之制出与需要成比例。材料既制成，则水路用舟，陆路用车，以运至需要之地，务设法减省一切费用。造船部、造车部于此则造特别之舟、车以应之。

乙　居室之建筑

此项建筑事业，包括一切公私屋宇。公众建筑以公款为之，以应公有，无利可图，由政府设专部以司其事。其私人居室，为国际发展计划所建筑者，乃以低廉居室供给人民，而司建筑者仍须有利可获。此类居室之建筑，须依一定模范。在城市中所建屋分为二类：一为一家称[之]居室，一为多家同居室。前者分为八房间、十房间、十二房间诸种；后者分为十家、百家、千家同居者诸种，每家有四房间至六房间。村乡中之居室，依人民之营业而异，为农民所居者当

----

① 即水泥。

第五计划

325

附属谷仓、乳房①之类。一切居室设计，皆务使居人得其安适，故须设特别建筑部以考察人民习惯、营业需要，随处加以改良。建造工事，务须以节省人力之机器为之，于是工事可加速、费用可节省也。

丙　家具之制造

中国所有居室既须改造，则一切家具亦须改用新式者，以图国人之安适，而应其需要。食堂、书室、客厅、卧室、厨房、〈浴室〉、便所，所用家具皆须制造。每种皆以特别工场制造之，立于国际发展机关管理之下。

丁　家用物之供给

家用物为水、光、燃料、电话等。

（一）除通商口岸之外，中国诸城市中无自来水，即通商口岸亦多不具此者。许多大城市所食水为河水，而污水皆流至河中，故中国大城市中所食水皆不合卫生。今须于一切大城市中设供给自来水之工场，以应急需。

（二）于中国一切大城市供给灯光，设立制造机器发光工场。

（三）设立电工场、煤汽〔气〕工场、蒸气〔汽〕工场，以供给暖热。

（四）厨用燃料在中国为日用者。最贫乡村之人，每费年工十分之一以采集柴薪；城市之人，买柴薪之费占其生活费十分之二，故柴薪问题为国民最大耗费。今当使乡村中以煤炭代木草，城市用煤汽〔气〕或电力。然欲用煤炭、煤汽〔气〕、电力等，皆须有特

————————

① 榨牛奶棚。

别设备，即由国际发展机关设制造煤汽〔气〕、电力、火炉诸工场。

（五）无论城乡各家，皆宜有电话。故当于中国设立制造电话器具工场，以使其价甚廉。

第四部　行动工业

中国人为凝滞民族，自古以来安居于家，仅烦虑近事者，多为人所赞称。与孔子同时之老子有言曰："邻国相望，鸡犬之声相闻，民至老死不相往来。"[①] 中国人民每述此为黄金时代。惟据近世文明，此种状态已全变。人生时期内行动最多，各人之有行动，故文明得以进步。中国欲得近时文明，必须行动。个人之行动为国民之重要部分，每人必须随时随地行动，甚易甚速。惟中国现在尚无法使个人行动容易，因古时大道既已废毁，内地尚不识自动车即摩托为何物。自动车为近时所发明，乃急速行动所必要。吾侪欲行动敏捷，作工较多，必须以自动车为行具。但欲用自动车，必先建造大路。吾于国际发展计划提前一部〔步〕，已提议造大路一百万英里。是须按每县人口之比率，以定造路之里数。中国本部十八省约有县二千，若中国全国设县制，将共有四千县，每县平均造路二百五十英里。惟县内人民多少不同，若以大路一百万英里除四万万人数，则四百人乃得大路一英里。以四百人造一英里之大路，决非难事。若用予计划，以造路为允许地方自治条件，则一百万英里之大路将于至短时期内制成矣。

中国人民既决定建造大路，国际发展机关即可设立制造自动车

---

① 语出老子《道德经》第八十章，描绘了老子理想中"小国寡民"的社会生活情景。

之工场。最初用小规模，后乃逐渐扩张，以供给四万万人之需要。所造之车当合于各种用途，为农用车、工用车、商用车、旅行用车、运输用车等。此一切车以大规模制造，实可较今更廉，欲用者皆可得之。

除供给廉价车之外，尚须供给廉价燃料，否则人民不能用之。故于发展自动车工业之后，即须开发中国所有之煤油矿，是当于矿工业中详论之。

第五部　印刷工业

此项工业为以智识供给人民，是为近世社会一种需要，人类非此无由进步。一切人类大事皆以印刷纪述之，一切人类智识以印刷蓄积之，故此为文明一大因子。世界诸民族文明之进步，每以其每年出版物之多少衡量之。中国民族虽为发明印刷术者，而印刷工业之发达，反甚迟缓。吾所定国际发展计划，亦须兼及印刷工业。若中国依予实业计划发达，则四万万人所需印刷物必甚多。须于一切大城乡中设立大印刷所，印刷一切自报纸以至百科全书。各国所出新书以中文翻译，廉价售出，以应中国公众之所需。一切书市，由一公设机关管理，结果乃廉。

欲印刷事业低廉，尚须同时设立其他辅助工业，其最重要者为纸工业。现今中国报纸所用纸张，皆自外国输入。中国所有制纸原料不少，如西北部之天然森林，扬子江附近之芦苇，皆可制为最良之纸料。除纸工场之外，如墨胶工场、印模工场、印刷机工场等皆须次第设立，归中央管理，产出印刷工业所需诸物。

第六计划①

　　矿业与农业，为工业上供给原料之主要源泉也。矿业产原料以供机器，犹农业产食物以供人类。故机器者实为近代工业之树，而矿业者又为工业之根。如无矿业，则机器无从成立；如无机器，则近代工业之足以转移人类经济之状况者，亦无从发达。总而言之，矿业者为物质文明与经济进步之极大主因也。在吾第一计划之第五部中，曾倡议开采直隶、山西两省之煤铁矿田，为发展北方大港之补助计划；但矿业为近代之重要事业，有不可不另设专部以研究之者。中国矿业尚属幼稚，惟经营之权素归国有，几成习惯。此所以发展中国实业，当由政府总其成，庶足称为有生气之经济政策。彼通常人对于矿业多以为危险事业，并谓借用外资以为开采者亦非得计，其所见或未到也。故在此之矿业计划中，择其决为有利者先行举办，兹分别列于下之各种：

　　（一）铁矿。

　　（二）煤矿。

　　（三）油矿。

---

① 此处原有"矿业"二字，编者为使各计划标题格式相一致而删除。

（四）铜矿。

（五）特种矿之采取。

（六）矿业机器之制造。

（七）冶矿机厂之设立。

第一部　铁矿

在近代工业中，称为最重要之原质者，是为钢铁。钢铁产生于各地者，多见丰富，且易开采。故为国家谋公共利益计，开采铁矿之权，当属之国有。中国除直隶、山西两省经拟开采之铁矿外，其余各地铁矿亦须次第开采。中国内地沿扬子江一带与西北各省皆以铁矿丰富见称，新疆、蒙古、青海、西藏各地亦以铁矿著名。所可惜者，中国经营钢铁事业，现只有汉阳铁厂与南满洲之本溪湖铁厂，其资本又多为日本人所占有，虽云近来获利甚厚，亦不免有利权外溢之叹矣。

广州将开为南方大港，应设立一铁厂。其他如四川、云南等地方之铁矿，亦可次第开采。而后多设钢铁工厂于各处内地，使之便利经营钢铁事业者之需要。至增设之铁厂，应用资本若干，可留为有经验者另行察夺。但以吾之见，因发展中国实业之结果，需铁孔亟，即以相等或加倍于直隶、山西铁厂所用之资本经营之，亦不为多也。

第二部　煤矿

中国煤矿素称丰富，而煤田之开掘者，不过仅采及皮毛而已。

北美合众国每年所采取之煤约六万万吨，如中国能用同一方法采取之，并依其人口之比例以为衡，则产出之煤应四倍于美国。此当为中国将来煤矿之产额，而国际发展实业机关宜注意经营者也。夫煤矿之产于中国各地既多所发见，而其产额亦可以预定，故开采者不特无失败之虞，而利益之厚可断言者。但煤为文明民族之必需品，为近代工业之主要物，故其采取之目的，不徒纯为利益计，而在供给人类之用。由此言之，开采煤矿之办法，除摊派借用外资之利息外，其次当为矿工增加工资，又其次当使煤价低落，便利人民，而后各种工业易于发展也。吾以为当煤矿开采之始，除为钢铁工厂使用外，开始计划当以产出二万万吨备为他项事业之用。沿海岸、河岸各矿，交通既便，宜先开采，内地次之。况欧洲各国现思取煤于中国，故吾所定煤之产额，虽当开采之始，亦无过多之虑。待至数年后，当中国工业愈加发达，需煤之数必渐增多，可无疑者。至开采需用之资本若干，与何处矿田应先开采，须留以待专门家用科学之眼光考察之。除煤矿以外，其他一切因煤而产出之工业，可用同一方法经理之。此之新工业，既无人与之竞争，且在中国又有无限之市场，故资本之投放，其利益之大可断言者。

第三部　油矿

世界中营业公司之最富者，以纽约三达煤油公司[①]为著，世界中人之最富者，以该公司之创建者乐极非路[②]为最著，于此可以证

---

① 今译美孚石油公司。

② 今译洛克菲勒（1839—1937），美国实业家，美孚公司创始人。

明开采煤油矿为最有利益之事业。中国亦以富于煤油出产国见称也，四川、甘肃、新疆、陕西等省已发见有油源，虽其分量之多寡，尚未能确实调查。而中国有此种矿产，不能开采以为自用，以至由外国入口之煤油、汽油等年年增加，未免可惜。如待至中国将来汽车盛行之时，煤汽〔气〕之需用或增至千倍。当此欧美各国煤油正在日渐减缩，由外国输入之煤油、煤气，断不足以供中国之需要，此所以在中国以开采油矿为必要之图也。此种事业，须由国际发展实业机关为政府经营之。但当经营之始，规模亦当远大。如煤油区域、稠密民居、工业中心以及河岸、海港等地方，皆宜用油管办法互相联络，以使其输送与分配于各地者，更为便利。如此之筹划，须用资本若干方能开办，可留为对于此事业有经验者察夺之。

第四部　铜矿

中国铜矿亦如铁矿之丰富，经已发见者，已有多处。至其矿产之分量，在未开以前均可预计，故办理可无危险。但开采之权，须依中国惯例，属之国有，而后由国际发展实业机关投资代为经营。四川、云南与扬子江一带，皆中国铜产最盛之区。由政府开采之铜矿在于云南北角之昭通者，经已数世纪之久矣。中国向来通用之钱币，几乎全赖云南铜矿以制造之，现今钱币需用之铜，仍称大宗。但因云南之铜，输运艰难，价格过高，故多购自外国。非中国缺此种金属，是中国对于此种金属之采取未能发达故也。况铜之为物，除用作钱币外，需用为他种目的者尚多。当中国将来之工业发达，用铜之途必增至百倍。故此种金属，即在中国市场，将必成为需要之大宗。此吾之所以为开采铜矿不可不适用近代机器，而冀其有大宗之出产也。此之事业，应投资若干以为之经营，可留为专门家察夺之。

第五部　特种矿之采取

国际发展实业机关对于各色特种之矿，有可以经营之者。如云南箇旧之锡矿，黑龙江之漠河金矿，新疆之和阗玉矿，皆用人力采取，经已数世纪之久矣。此种之矿产皆以丰厚见称，现已开采者不过是矿中之上层，其余大部分因无法排除泉水，尚多埋藏地中。但向来对于此等特种矿产，有为人民采取者，有为政府采取者。如能行用近代机器，并由政府经营，是为最经济之办法也。其他多有已弃置之矿产，如此类者，须通行考察，如以为实有利益，即须依国际发展计划，再行开采。至于将来一切矿业，除既为政府经营外，应准租与私人立约办理，当期限既满，并知为确有利益者，政府有收回办理之权。如此办法，一切有利益之矿可以从渐收为社会公有，而通国人民亦可以均沾其利益矣。

第六部　矿业机械之制造

各种金属之埋藏于独一地域者，不过一小部分，而散产于各地者，广狭亦各有不同。故对于各种矿业之经营，有为政府不能自办，当留为私人办之。譬如农业，私人经营者利益常丰，矿业亦如是也。

如欲望矿务之发展，国家必须采用宽大之矿律。政府所雇用之专门技师，应自由予以指导与报告；公司、银行应予以经济之帮助。此国际发展机关对于普通矿业，只当为之制造各种矿业器具与机械，以供给业矿者之使用。至此器具与机械之出售者，无论其为现金，或为赊借，必须定以最低廉之价，而后能使之遍为分配于中国之多余工人，矿业自日臻发达。矿业既日臻发达，器具与机械之需要必日多。若依此办理，即制造矿业器具机械之利益，已无可限量矣。但此等工厂，在开始时期只宜至小经营，待从矿业日臻发达而后从渐推广。故吾以为此种之第一工厂须设立于广州，盖因广州为西南矿区之口岸，获取原料、延请技师亦较他处为便易也。至其他之工厂，应设立于汉口与北方大港各地。

第七部　冶矿〈机〉厂之设立

各种金属之冶铸机厂，应遍设于各矿区，使之便于各种金属之化炼。此等冶铸机厂，应仿合作制度组织之。当其始也，生矿之收集，价格必廉。迨后金属之出售，无论其在中国或外国市场。而此种冶铸工夫，可以分享其一分之利益，用以抵偿各种费用、利息与冗费。其他之剩余利益，应按各种工人之工资并各资本家所供给于铸炉之生矿之多寡比例分配之。如此办法，对于私人之经营矿业者，既可以资鼓励，而工业之基础亦可因之以成立。但机厂之设立须依各区之需要，由专门家以定其规模之大小，而设中央机关以管理之。

结　论

世界有三大问题，即国际战争、商业战争与阶级战争是也。在此国际发展实业计划中，吾敢为此世界三大问题而贡一实行之解决。即如后达文①而起之哲学家之所发明人类进化之主动力，在于互助，不在于竞争，如其他之动物者焉。故斗争之性，乃动物性根之遗传于人类者，此种兽性当以早除之为妙也。

国际战争者无他，纯然一简直有组织之大强盗行为耳。故对此种强盗行为，凡有心人莫不深疾痛恨之。当美国之参加欧战也，②遂变欧战而为世界之大战争。美国人民举国一致，皆欲以此战而终结将来之战，为一劳永逸之计焉。世界爱和平之民族之希望，莫不为之兴起，而中国人民为尤甚，一时几咸信大同之世至矣。惜乎美国在战场上所获之大胜利，竟被议席间之失败而完全推翻之。③遂至世界再回复欧战以前之状况，为土地而争、为食物而争、为原料而争将再出见。因此之故，前之提倡弭兵④者，今则联军列强又增加海军，以预备再次之战争。中国为世界最多人口之国，将来当为战争赔偿之代价也。

十余年前，列强曾倡瓜分中国，俄罗斯帝国且实行殖民满洲，

① 今译达尔文（1809—1882），英国生物学家，进化论的奠基人，有名著《物种起源》传世。

② 1914年第一次世界大战爆发后，美国最初奉行"中立"政策；1917年4月，美国加入协约国对德宣战。

③ 原文"国际战争者"之后，为"无以名之，只可名之曰，一有组织之强盗机关，用以实行其强盗行为耳。此等之强盗行为，有良心人所不肯为者，彼等则行之，当美国加入欧洲战争，遂转欧洲战争为世界战争，在美国人民之意思，非欲以此次之大战争，以免永远之战争乎？中国人民素以爱和平之民族见称，中国思想中之大同世界，又常为世所艳羡，惟最不幸者，因美国在此战争中虽获大胜利，惟对于和平问题，完全失败"。此段编者今据上海孙中山故居藏勘误本改。

④ 平息战争。

后因激动日本之义愤，与俄战争，得以救中国之亡。今则日本之军国政策，又欲以独力并吞中国。如中国不能脱离列强包围，即不为列国瓜分，亦为一国兼并。今日世界之潮流，似有转机矣。中国人经受数世纪之压迫，现已醒觉，将起而随世界之进步，现已在行程中矣。其将为战争而结合乎？抑为和平而结合乎？如前者之说，是吾中国军国主义者与反动者之主张，行将以日本化中国。如其然也，待时之至，拳匪之变①或将再见于文明世界。但中华民国之创造者，其目的本为和平，故吾敢证言曰：为和平而利用吾笔作此计划，其效力当比吾利用兵器以推倒满清为更大也。

吾现所著之《实业计划》经已登载各报、各杂志，流传于中国者不止一次，几于无处无人不欢迎之，并未闻有发言不赞成之者。但彼等所虑者，谓吾所提议之计划过于伟大，难得如此一大宗巨款以实行之耳。所幸者，当吾计划弁首②之部寄到各国政府与欧洲和会③之后，巴黎遂有新银行团④之成立，思欲协助中国发展天然物产。闻此举之发起人出自美国政府，故吾等即当开办之始，亦不患资本之无着也。

在列强之行动如系真实协力为共同之利益计，而彼之主张军国

① 指义和团运动，是 19 世纪末发生在中国北方（津冀鲁地区）一场以"扶清灭洋"为口号的反帝爱国运动。

② 卷首,前言。

③ 又称巴黎和会。第一次世界大战结束后的 1919 年，胜利的协约国集团为解决战争所造成的问题及奠定战后和平而召开的会议。会议由美国总统威尔逊、英国首相劳合·乔治、法国总理克里蒙梭操纵，和会构成的凡尔赛体系，确立了第一次世界大战后由美、英、法等国主导的国际政治格局。

④ 1918 年，为打破日本垄断中国的财政，美国向英法日三国提议成立四国新银行团，1919 年四国财团在巴黎召开会议，确定"旧银行团各员既得之借款优先权让予中国或新银行团"的核心原则，以期获得对华投资优先权。

主义者，欲为物质向中国而战争者，自无所施其伎俩。此无他，盖为互助而获之利益，当比因竞争而获之利益更为丰厚也。彼日本之武力派，尚以战争为民族进取之利器，彼参谋本部当时计划十年作一战争。一八九四年以一最短期之中日战争，获最丰之报酬，于是因之而长其欲。[1] 一九〇四年日俄之役，获大胜利，所得利益亦非轻小。[2] 最后以一九一四年之大战争，复加入联军以拒德国，而日本以出力最微，费财至少，竟获一领土大如未战前之罗马尼亚，人口众如法国之山东。[3] 由此观之，在近三十年间，日本于每一战争之结局即获最厚之报酬，无怪乎日本之军阀以战争为最有利益之事业也。

试以此次欧战最后之结果证之，适得其反。野心之德国，几尽丧其资本与利益与其他难于计算之物。法国虽以战胜称，实亦无所得。今中国已醒觉，日本即欲实行其侵略政策，中国人亦必出而拒绝之。即不幸中国为日本所占领，不论何时何处，亦断非日本所能统治有利。故以吾之见，日本之财政家当比日本之军阀派较有先见之明，此可以满洲、蒙古范围地之争持证之。以财政家得最后之胜

---

① 此指 1894 年日本发动侵略中国的甲午战争。1895 年，战争以中国惨败、清政府被迫签订《马关条约》告终。条约规定：割辽东半岛、台湾、澎湖列岛及附属岛屿给日本；赔偿日本军费白银二亿两；增开重庆、沙市、苏州、杭州为通商口岸；开辟内河新航线；允许日本在中国的通商口岸开设工厂，产品运销中国内地免收内地税。

② 1904 年 2 月至 1905 年 9 月，日本与沙俄为了侵占中国东北和朝鲜，在中国东北进行的一场帝国主义战争。战争以沙俄被迫签订《朴茨茅斯和约》而告终，促成日本在东北亚取得军事优势，并取得在朝鲜、中国东北驻军的权利。

③ 1919 年 4 月 30 日，巴黎和会对山东问题作出最后裁决，决定将德国在山东的一切权益均让给日本，并列入对德和约。

利，如是日本即舍弃其垄断蒙古之政策，而与列强相合成立新银团。若此新银团能实行其现所提倡之主义，吾中国人素欲以和平改造中国者，必当诚意欢迎之。故为万国互助者当能实现，为个人或一民族之私利者自当消灭于无形矣。

商业战争，亦战争之一种，是资本家与资本家之战争也。此种战争，无民族之区分，无国界之限制，常不顾人道，互相战斗。而其战斗之方法即减价倾轧，致弱者倒败，而强者则随而垄断市场，占领销路，直至达其能力所及之期限而止。故商业战争之结果，其损失、其残酷亦不亚于铁血竞争之以强力压迫也。此种之战争，自采用机器生产之后，已日见剧烈。彼司密亚丹①派之经济学者，谓竞争为最有利益之主因，为有生气之经济组织；而近代之经济学者，则谓其为浪费，为损害之经济组织。然所可确证者，近代经济之趋势，适造成相反之方向，即以经济集中代自由竞争是也。美国自有大公司出现，即有限制大公司法律，而民意亦以设法限制为然。盖大公司能节省浪费，能产出最廉价物品，非私人所能及。不论何时何地，当有大公司成立，即将其他小制造业扫除净尽，而以廉价物品供给社会，此固为社会之便利。但所不幸者，大公司多属私有，其目的在多获利益，待至一切小制造业皆为其所压倒之后，因无竞争，而后将各物之价值增高，社会上实受无形之压迫也。大公司之出现，系经济进化之结果，非人力所能屈服。如欲救其弊，只有将一切大公司组织归诸通国人民公有之一法。故在吾之国际发展实业计划，拟将一概工业组成一极大公司，归诸中国人民公有，

———————

① 今译亚当·斯密（1723—1790），18世纪英国古典政治经济学理论的主要代表之一，著有《国富论》《道德情操论》等。

但须得国际资本家为共同经济利益之协助。若依此办法，商业战争之在于世界市场中者，自可消灭于无形矣。

阶级战争，即工人与资本家之战争也。此种之战争现已发现于各工业国家者，极形剧烈。在工人则自以为得最后之胜利，在资本家则决意以为最苦之压迫。故此种之战争，何时可以终局，如何可以解决，无人敢预言之者。中国因工业进步之迟缓，故就形式上观之，尚未流入阶级战争之中。吾国之所谓工人者，通称为"苦力"，而其生活只以手为饭碗，不论何资本家若能成一小工店予他等以工作者，将必欢迎之。况资本家之在中国寥若晨星，亦仅见于通商口岸耳。

发展中国工业，不论如何，必须进行。但其进行之方，将随西方文明之旧路径而行乎？然此之旧路径，不啻如哥伦布①初由欧至美之海程。考其时之海程，由欧洲起向西南方，经加拿利岛至巴哈马群岛之圣沙路华打②，绕程极远；与现行之航线取一直捷方向，路程短于前时数倍者，不可同日而语矣。彼西方文明之路径，是一未辟之路径，即不啻如哥伦布初往美国之海程，犹人行黑夜之景况。中国如一后至之人，可依西方已辟之路径而行之，此所以吾等从大西洋西向而行，皆预知其彼岸为美洲新大陆而非印度矣。经济界之趋势，亦如是也。夫物质文明之标的，非私人之利益，乃公共之利益。而其最直捷之途径，不在竞争，而在互助。故在吾之国际发展计划中，提议以工业发展所生之利益，其一须摊还借用外资之利息，二为增加工人之工资，三为改良与推广机器之生产，除此数种

---

① 哥伦布（约1451—1506），意大利航海家，1492—1502年间先后四次横渡大西洋，到达美洲大陆，开辟了欧洲通往美洲的新航路。

② 今译圣萨尔瓦多岛，又名华特林岛。

外，其余利益须留存以为节省各种物品及公用事业之价值。如此，人民将一律享受近代文明之乐矣。前之六大计划，为吾欲建设新中国之总计划之一部分耳。简括言之，此乃吾之意见，盖欲使外国之资本主义以造成中国之社会主义，而调和此两种人类进化之经济能力，使之互相为用，以促进将来世界之文明也。①

---

① 原文在"总计划之一部分"后，为"然亦皆欲对于中国使资本主义变而为社会主义，故此二种人类进化之经济权能，必在将来之文化中相依而行矣"。此段编者今据上海孙中山故居藏勘误本改。

附　录

附录一　关于广州至重庆与兰州支线之借款与建筑契约草案①

此之契约，经于中华民国二年七月四日即西历一九一三年七月四日成立于上海。关于此契约之双方当事人，一为中国国家铁路公司，一为波令有限公司（Pauling and Company, Limited②）。中国国家铁路公司经于中华民国元年九月九日即西历一九一二年九月九日由总统命令委任，并于中华民国二年三月三十一日即西历一九一三年三月三十一日经大总统公布公司章程在案，故即以公司定名。波令有限公司现设立于伦敦城维多利亚街第二号，为立契约人等，现经双方当事人同意，议定契约条文如下：

第一条

立契约人承诺借巨款与中华民国，年息五厘，专为兴筑广州至

① 标题和正文凡提及"广州"之处，底本原作"广东"，编者今均据英文版原文"Canton"改译。

② 所附英文有遗漏，编者据英文版补正。

341

重庆之铁路费用。其总额若干，须经双方预为议定。此借款开始所发行之债券，名曰"一九一三年中国国办广州重庆铁路五厘公债券"。

第二条

此借款之用途，专为由广州至重庆铁路之建筑与器具之费用。至其必要之用具，再详细开列于第十七条之详细契约中。

第三条

对于借款之摊还与利息之交付，则由中华民国政府并以广州重庆铁路之监察权为之担保。

此之监察权，为契约人对于该路为其债券所有者之援助应享之第一抵押品。此之抵押品，即如当建筑铁路之时，各种费用与铁路材料、车料与屋宇等之买卖是。

如利息应偿还款项之全数或一部分，不能如所订之期限交付时，立契约人为其债券所有者援助计，有权将该项权利加入于特别抵押品内。

第四条

当铁路尚在建筑时期，凡债券与借款之利息经立契约人订定者，应由借款项下支付。凡由借款所加入之利息，若当建筑时期尚未支出者，与铁路公司已成立之一部分铁路之收入，须移用为补偿应摊还利息之总数。若再有不足，则由借款补足。

当铁路全部建筑完工后，其债券之利息可由该铁路公司之铁路入息或其他项收入支付。但对于此项办法之详细契约，另详于此契约之第十七条。

不论何时，若铁路之收入与借入之存款合计之，尚不足偿还债券之利息与载在详细契约中所借入期单应偿还之资本，中华民国政府为保证此契约起见，应正式承认将此借款之欠负与载在第十七条详细契约所偿还之利息，一并交付。

第五条

发行之债券，即作为中华民国政府之债券。

第六条

债券应分为二次或二次以上发售。第一次所发出之总额，须在金镑一百万至二百万之间，惟须当此契约第十七条之详细契约双方签名之后，即刻实行。此债券之发行价格，应由铁路公司与立契约人协同依同样债券为基础，以议定市面价格。此之价格，因包含债券发行于各国所需用之印花，故比其原定价格略低。此种债券至少须百分之五十在英伦发行，百分之四为立契约人抽收，即每一百金镑可照债券之发行之价抽收四镑。

当十七条详细契约既定、债券亦将发行时候，立契约人须先存贮五万金镑于银行，入为广州重庆铁路公司数目。此之总数，若经铁路总理之命令并总会计与总工程师之签名，可以随时提取作为测量及各种必需之费用。至此五万金镑之总数，订定每年利息五厘，将来由借款项下拨出归还。

第七条

借款须存贮于银行，由立契约人声明并担保作为广州—重庆铁路数目。如此办法，可再由第十七条之详细契约中商酌办理。

当建筑工程经已开始，一相等于在中国足充六个月用度之数额，须交付存贮于设立在中国之银行，入为广州—重庆铁路数目，并可由该铁路公司支用。但须得总会计与总工程师会签方为有效。此六个月用度之总额，可接续依月递交，存贮于中国之银行。

第八条

当详细契约签押之后，此铁路公司即须于广东省城另设一广州—重庆铁路事务所。此之事务所，应设中国总理一人，由铁路公司派委；英国总工程师及英国总会计各一人，由铁路公司与立契约人协同择定，而后由铁路公司任命。但所雇用英国职员，若得铁路公司与立契约人之同意，并可以革除。

此项职工应尽之义务，在增进铁路公司与债券所有者之共同利益，故每当有问题发生，必须有铁路公司与立契约人共同秉公处理。英国总工程师与总会计之薪金及期限，由铁路公司与立契约人订定，即由铁路数目项下支出。

凡关于管理铁路之重要人员，如有有经验、有技能之欧洲人与有能干之中国人，均须一体并用。如此等一切之任用与其权限之规定，须由总理与总工程师会商办理，呈请铁路公司核准。至雇用于总会计部之欧人，均须依同一方法办理。如欧洲职员有失德行为或不称职时，总理与总工程师会商呈请公司核准，可将该职员革除。至雇用欧洲职员所订之契约，须与普通所用者相同。

凡在总会计部之收入数目及铁路建筑与管理之支出数目，须用中、英两国文字。总会计须依此办法办理报告，分呈于总理与代表债券所有者之立契约人。但此项数目之收入与支出，必须经总会计承认，并总理核准。

当铁路建筑完工之后，凡关于铁路之通常应办事宜，须由总理与总工程师会商办理，并须随时报告于铁路公司。

总工程师之责任，在使铁路办理妥善，节省经费；至普通事宜，须会商总理进行。副工程师当建筑时期，其责任如何，再详示于本契约中第十七条之详细契约。

总工程师须遵奉铁路公司意思与命令。惟此项意思与命令，不论其为直接授予或经总理转达，均须一体照办。并须对于铁路之建筑与维持随时留心料理。

为养成中国铁路人才起见，总理若得铁路公司之核准，可设一铁路专门学校。

第九条

立契约人担认建造与完成此铁路，并得由该铁路所用之建筑物与器具之确实所值价格抽取百分七之数量。"器具"二字之意思，包含铁路用以驾驶之一切器用，如车料、车头为驾驶而用者皆是。

"器具"之名词，若明白解释之，凡对于铁路已建筑完全、经已购器使用之后，所购入之各物不包含在内。更为详明解释之，凡因建筑铁路买入之地价，与总理、总会计、总工程师及各办事人员之薪俸，不能列入建筑与器用之名词之意思内。

立契约人有权依章建筑支路至甘肃省之兰州。如或得双方之同意，并可建筑同长铁路至中国之他部地方。此种之权限，在由铁路兴工之始七年内有效。

其余一切关于建筑铁路与购办器具之事宜，遵照本契约第十七条之详细契约办理。

第十条

一切沿铁路边旁之田地，经测量指定，系依详细计划用为旁路、车站、修理店与车房之用者，可由公司依确定之价值收买，并须由借款内照给。

第十一条

立契约人依照详细契约所规定，需将每段已完工之铁路交出铁路公司，以备使用。

第十二条

立契约人须派董事为债券所有者之代表。至其应领取之薪金，别以详细契约定之。

第十三条

中华民国政府对于现建筑或已驶行之铁路，与属于铁路之一切财产，并将雇用中国或外国人员，皆须饬各地方官极力保护。铁路得设立警察队与警察官，其薪金与费用须由铁路建筑费用项下支给。若铁路遇有事故，须要政府兵力时，须由铁路公司呈明，迅速派人驻守。但此等兵队，须由政府供给费用。

第十四条

凡用以建筑铁路之各种材料，无论其由外国购办抑由本省采取，若为铁路使用，且在免税限内者，须一律免除厘金与关税。凡债券、票据与铁路之入息，须由中华民国政府免除各种征抽。

第十五条

为奖励中国工业起见，若中国材料之价值与物质均称适宜，须一体劝用。英国制造货物与由他国运来之货物比较，若系同物质并同价值者，英国货物有优先权。

第十六条

立契约人得铁路公司之核准与承诺，可将全部或一部之利益、权利与事权转让与承受人或授予人。

第十七条

当此契约经已画押，即须送呈中华民国政府核夺。若经中华民国政府批准，然后将此契约由双方协定，另订详细契约。

第十八条

此契约既经批准与承诺，中华民国政府须将此事实照会驻京英国公使。但此之批准，必须将第十七条之详细契约统括之。

第十九条

此之契约须按照英、中两国文字缮写四张，一送呈于中华民国政府，一送呈于驻京英国公使，一留存于立契约人。若对于此契约之解释有疑义发生时，英文底本即作为标准。

中华民国二年即一九一三年七月四日

关于契约双方当事人画押于上海

附录二 驻京美国公使芮恩施复函

孙先生大鉴：

来函经于二月一日收到。函内手著《国际共同发展中国实业计划》，拜读之余，良深钦佩。先生对于此重要问题，能以宏伟精深之政策运用之，可喜可贺。尊意以为发展中国实业，须联合国际共同办理，凡命为中国朋友者，应当竭力赞助。前者列强每当战争告终，即施其所谓势力范围与割让、租借等手段，是不幸事，人皆知之。尊意以为革除彼向来恶习为必要之图，故提倡用一联合政策，由国际机关与中国共同发展中国之实业，所见甚是。若依此办法，中国应享之权利无不可保矣。

吾甚望中国情形有所变更，一切中国人民将利用其钱财为生利之事业，而共襄助此伟大之经营也。吾甚望中国政府奖励其本国工业，使以其本国无限之资本用为生产，其日不远。盖因政府有建设之政策，信用自生也。

若先生许吾进言，吾欲将先生之伟大计划为之介绍，或可使世界原料与资本生一密切之关系。吾人皆知现残余之欧洲亟需资以恢复，而他国又以发展伟大计划而求资，如此之发展中国实业计划，必须认定其最急迫最密切之需要，而后共同联合整顿输运，使在如此之计划中占一永久位置。故为目前计，五万英里之铁路似可最敷需用。如此，可使中国西北部之丰富无人境域，交通利便，移民居住，既可以救济沿海岸一带人居过密之各省不至受经济之压迫，亦可以使中国西、北两部之丰富区域能与中国各部及世界各国有通商之机会也。

中国对于煤铁矿之发展，尤为要图。煤与铁，近代工业主义之两大原料也。如中国欲发展此两项工业，应设法利用外资，为之援助。但不可不注意者：一面当留存煤铁，为其本国之需；一面当阻止中国之钢铁事业抵押于外人。如此而后不至危及中国此项伟大之事业。币制之改良与内地税率管理之改良，亦对于中国经济与工业之发展有大关系之大问题也。现在最大出产之土地，而又为中国急迫之需要者，是为农业。此无他，农产，一国之所赖以供养也。就现时计之，中国之人口，几百分之八十为农业。中国之大问题在使人民衣食丰足，故改良农业、开辟新地、整顿灌溉与保护工人、奖励畜牧、发展棉业、改良丝茶及改良中国种子等事业，尚须注意者甚多。若从此开始，亦可导中国于繁盛，或可使其国人民投资于各项事业。若舍此不顾，欲保证实业之发达，盖亦难矣。

就现时言之，吾之所切望者，注重于改良输运、币制、税则、煤铁、农工等事业。然在先生大计划中所包括者，亦不外上列之各种具体办法也。

试就此发展实业计划言之，吾信以为吾等所应留意者，不在讨论新国家，而在讨论一社会秩序极错综而又为以农工商业立国久有经验之国家。在吾之意，至要者为工业。但工业变用新法不可过急，只可将旧艺术、旧习惯由渐改进。如制造丝与磁等工业之艺术技能，须设法保存，不可以省工廉价求售。如食物出口，若非确知为生产之剩余者，即须禁止。不然，若食物价格之在中国，起而与世界市场之食物价格相等，中国将必大受恐慌，可无疑者。近代机关之组织，中国人有不可不知者，是对于一公司办事员应用何权限，并该公司与股东有何关系是也。若中国人不知适用公司，国债机关之设立亦断无效果。兹更有进者，中国人素以诚实见称，尤不可因改用新法以经营事业，遂弃置其原有性质也。吾上所述之各点，亦不过欲使中国成一更良善之组织，前日之好习惯固当保全，而社会之秩序亦不至因急速改革而受搅扰也。

先生欲整顿中国，因而利用一最适时宜办法，成一国际共同发展实业计划。高言伟论，当为道贺。此亦足见今日为中国人民领袖之心理，已日渐趋重于国家建设之事业。若奋其能力以成此事业，将来中外人民日相亲密，使将来之发展得与世界之发展共同提携，此为最可喜者也。

先生发展实业计划有更详明者，请赐一纸，不胜铭感。

一九一九年三月十七日于北京

芮恩施敬上

附录三 美国商务总长刘飞尔复函一通

孙逸仙大人阁下：

得奉三月十七日赐函，内附《国际共同发展中国计划》，披阅之下，兴味不穷。而阁下之所谓中国之经济发展将为人类全体最大利益，不特中国人食赐，尤所赞成也。

以阁下所提计划如此复杂，如此溥徧，① 即令将其备细之点规划完竣，亦须数年。阁下亦明知书案中一小部分尚须数十万万金元，② 而其中多数在初期若干年间，不能偿其所投之利息与经费。是故，其必要之债所需利息如何清付，实为第一须决之问题。以中

---

① 普遍，广泛。
② 即美元，美金。

华民国收入，负担现在国债利息太重，难保新增之息必能清付。则今日似必要将此发展计划限制，以期显有利益足引至私人资本者为度。

合众国政府一致努力以表示无私之友谊于中国人民，并愿由各种正当之途径，以参与增进华人最上利益之计划也。

远承赐教，感谢无已。敬颂

勋祺

商务总长刘飞尔谨启

一九一九年五月十二日〈于华盛顿〉

附录四　意大利陆军大臣嘉域利亚① 将军复函

敬启者：

蒙惠赐以关于如何以国际共同组织使用战时所产洋溢之制造能力，而开发中国最大宝藏之〈有〉兴味之计划，不胜感谢。虽在此计划亦有与相附丽之实际困难，稍须顾虑，而以其所造之深与其带有现代精神之活气，使我不禁为最高之代〔评〕价也。

为人道之利益，为贵国之进步，吾愿阁下此计划之完全成功。专此布达悃诚。②

嘉域利亚〈一九一九年五月十七日于罗马〉

---

① 今译卡维里亚。

② 诚恳，忠诚。

351

附录五　北京交通部顾问之铁路专门家碧格①君投函

孙逸仙先生阁下：

敬启者：得读《远东时报》六月号所载尊著论文，敢以一铁路专门家之资格，敬表喜忭②之忱。

在阁下所选定路线，仆在此时虽难遽言③赞成、反对，但以一铁路联结广大之农业腹地与人口稠密之海岸之理想，感我实深。窃谓阁下于此已于铁路经济理论上致一具体之贡献。即此路线自身，已能蠲④解滞积，⑤开辟一生产区，使食料价可较贱，以职业授巨额之退伍兵卒，又能使大量之硬币得有流转，而通货之位置将循之以为于正也。

在仆尤有庆者，则大著正以此时发表，而仆适亦应《横贯太平洋》杂志社主之求，曾草一论，恰亦触及此种思想径路。此论非至七月不能发表，则阁下之意见，对于现在此点着想，使怀疑我者大足以开悟之矣。

冒昧致书，惟冀鉴原。⑥又信阁下此种启沃思想敏妙之作，必将有继此而宣于世者也。专此，　敬颂
勋祺

　　　　　　　　　　　　碧格谨启〈一九一九年〉六月十七日〈于北京〉

---

① 今译贝克（Baker, John Earl, 1880—1957），美国人，时任交通部路政司顾问，著《中国述论》。

② 读音 biàn，高兴，喜欢。

③ 仓促下结论。

④ 除去，免除。

⑤ 积压。

⑥ 体察实情，原谅礼仪不周。

附录六　美国名士寓居罗马以世界中都计划著名之安得生[①] 君复函

逸仙先生足下：

六月十九日赐书，已由罗马敝事务所转到此处，甚谢，甚谢。并承瑰伟之补助战后整顿实业之案与《国际共同发展中国计划》相贻，尤感。

奉读尊著计划，旁擘附图而及于先生所与理则[②] 的且有力的论据，觉其兴味深永。谨此布庆悦之忱。

吾完全确信先生之高尚理想必将实现，非惟以为中国国家人民之福利而已，又以为世界各人种之利益与繁荣计也。

以饶富之贵国，粮食、矿产、煤铁等等天然富源素称丰富，从前虽为各国所忽略，今则不然矣。而先生之活动发展计划与其展开培成，在使此全未触及之广大处女地，以最经济、最实用之方法运其产物于世界市场之前。是先生绝无私心，专为人道求其利益，是为稀有之人，且明晰显出先生深重之国际同情也。

夫发展中国富源者，不特于贵国实业商务与之新刺激、新能力，且为贵国之人民谋其不可胜计之利路而已，又以不可否认且无限之利益付与一切国家之一切人民。此所以政府及外国财政家，对于先生之计划与以最深细之考查及援助，而襄同先生以实现此最大之人道的计划，不应更有所踌躇也。凡此在北直隶建筑北方大港，由此港直通中国西北边陲，建一铁路系统，又浚一运河，

---

① 今译安德森，美国雕塑家，寓居意大利罗马。
② 即逻辑，原理法则。

构成中国北部、中部与此港联络之内地水路统系，且开发山西煤铁矿区，不仅其所需以作制铁、炼钢工程者使贵国数百万人得其职役，抑且广开门户，随之以利益，以容多数国家组织完美之无数实业也。

先生于我世界交通中心之计划辱予赞助，且将以先生所经营之《建设》杂志绍介此思想于贵国人民，[①] 使我益加奋厉矣。

此都市如建立于中立地区，则立可以应国际联盟之必然的需要，作为其实际之骨干，而能成为受治于国际司法法庭之下最庄严之行政中心矣。

吾已将此世界中都之图及案送与各国之政府及主权者，并拟于十月一日起赴华盛顿，以展览各图原本，并亲自由纯然实际经济的观察点说明此种计划于各国代表之前。此等代表拟于此处集合，以助国际联盟之组织也。

吾又尝致函威尔逊总统，彼接吾图案之后，答吾谓彼视此计划之价值甚高。吾望此世界交通中心之计划，不久能为实现之中都，将以各国最高自然产物与最重要之实业成功致之于集中点，且使之确定意义，显出此种贡献，乃向于友谊的社会及经济关系为最初决定之一步，而建立此种联合之实用无可批难者也。

将纪念于此海上、空中、陆地战场，为求公道之战胜，为人道扫除榛秽[②] 以进于和平，为将来不受暴君压迫之自由而抛其生命之数百万人之英雄奋斗与高尚的牺牲，诸国应各有所献纳，共建造维持此和平都市，以为国际之为丰碑也。

---

① 1919 年 12 月 1 日上海《建设》杂志第一卷第五号，见载朱执信译介的《世界中都计划》。

② 比喻邪恶。

对于先生高尚之计划，吾抱有最深厚之同情；而于先生对于我计划有此深切之兴味，尤吾所引以为庆者也。专布悃忱，藉申敬意。

〈一九一九年〉八月三十日

轩特力·安得生启于萨丁诺①

---

① 今译撒丁，位于地中海意大利撒丁自治区。

参考文献

一、著作类

1. 中国社科院近代史所、广东省社科院、中山大学历史系合编：《孙中山全集》(11 卷)，中华书局 1981—1986 年版。

2. 尚明轩主编：《孙中山全集》(16 卷)，人民出版社 2015 年版。

3. 孙中山：《孙中山选集》(上)，人民出版社 2011 年版。

4. 黄彦编：《孙文选集》(上)，广东人民出版社 2006 年版。

5. 孙中山：《实业计划》(英汉对照)，外语教学与研究出版社 2011 年版。

6. 尚明轩等编：《孙中山生平事业追忆录》，人民出版社 1986 年版。

7. 政协全国文史委员会编：《辛亥革命回忆录》，文史资料出版社 1961 年版。

8. 陈旭麓、郝盛潮主编：《孙中山集外集》，上海人民出版社 1990 年版。

9. 郝盛潮主编：《孙中山集外集补编》，上海人民出版社 1994 年版。

10. 陈锡祺主编：《孙中山年谱长编》，中华书局 1991 年版。

11. 上海市历史博物馆、上海市档案馆编：《孙中山与上海：文物文献档案图录》，上海书店出版社 2006 年版。

12. 刘望龄辑注：《孙中山题词遗墨汇编》，华中师范大学出版社 2000 年版。

13. 尚明轩：《孙中山传》，北京出版社 1979 年版。

14. 张磊、张苹：《孙中山传》，人民出版社 2011 年版。

15. [美] 史扶邻著，丘权政等译：《孙中山与中国革命》(上下卷)，山西人民出版社 2010 年版。

16. 章开沅、林增平主编：《辛亥革命史》(上中下)，人民出版社 1980 年版。

17. 金冲及：《辛亥革命研究》，上海辞书出版社 2011 年版。

18. 李新主编：《中华民国史》（12 卷），中华书局 2011 年版。

19. 张宪文等：《中华民国史》，南京大学出版社 2012 年版。

20. 张岂之主编：《中国历史》（晚清民国卷），高等教育出版社 2002 年版。

21. [美] 费正清主编，章建刚等译：《剑桥中华民国史》（第一部），上海人民出版社 1991 年版。

22. [美] 保罗·S.芮恩施著，李抱宏等译：《一个美国外交官使华记》，商务印书馆 1982 年版。

23. [澳] 骆惠敏编，刘桂梁等译：《清末民初政情内幕——〈泰晤士报〉驻北京记者袁世凯政治顾问乔·厄·莫里循书信集》（上下卷），知识出版社 1986 年版。

24. 窦坤：《莫理循与清末民初的中国》，福建教育出版 2005 年版。

25. 符致兴编译：《端纳与民国政坛秘闻》，湖南出版社 1991 年版。

26. [美] 泽勒：《端纳传》，新华出版社 1993 年版。

27. 冯自由：《革命逸史》，中华书局 1981 年版。

28. 蒋梦麟：《西潮·新潮》，岳麓书社 2000 年版。

29. 胡汉民：《胡汉民自传》，传记文学出版社 1987 年版。

30. 胡适著，沈寂等整理：《胡适全集》第 21 卷，时论（一），安徽教育出版社 2003 年版。

31. 章开沅：《辛亥学脉世代绵延：章开沅自选集》，中国社会科学出版社 2011 年版。

32. 唐文权：《觉醒与迷误》，上海人民出版社 1993 年版。

33. 罗福惠、朱英主编：《辛亥革命的百年记忆与诠释》，华中师范大学出版社 2011 年版。

34. 杜恂诚：《民族资本主义与旧中国政府（1840—1937）》，上海社会科学院出版社 1991 年版。

35. 中国孙中山研究学会编：《孙中山和他的时代》，中华书局 1989 年版。

36. 中华书局编：《辛亥革命与近代中国——纪念辛亥革命 80 周年国际学术讨论会论文集》，中华书局 1994 年版。

37. 民革中央宣传部编：《"孙中山与近代中国的开放"学术研讨会论文集》，2008 年团结增刊。

38. 刘明、沈潜评注：《近代化中国大策划：〈建国方略〉》，中州古籍出版社 1998 年版。

39. 中华人民共和国国家统计局编：《中国统计年鉴 2014》，中国统计出版社

2014 年版。

40. 中华人民共和国国家统计局编：《中国统计年鉴 2015》，中国统计出版社 2015 年版。

二、论文类

1. 戴逸：《孙中山的对外开放思想——纪念孙中山先生 120 周年诞辰》，《北京社会科学》1986 年第 3 期。

2. 金冲及：《孙中山和中国的近代化》，《近代史研究》1986 年第 4 期。

3. 钟少华：《三十至四十年代对"孙中山实业计划"的专题研究》，《北京社会科学》1986 年第 4 期。

4. 王巍一：《论孙中山〈实业计划〉的现实意义》，《江西社会科学》1986 年第 6 期。

5. 冯崇义：《孙中山与五四时期的社会思潮》，《近代史研究》1987 年第 1 期。

6. 王永祥：《振兴中华发展经济的理想——读孙中山先生〈实业计划〉》，《广西师范大学学报》（哲学社会科学版）1987 年第 1 期。

7. 黄明同、陈恩：《试论孙中山"物质建设"理论的系统方法思想》，《求索》1988 年第 5 期。

8. 赵靖：《现代中国对外开放思想的伟大先驱——论孙中山的开放主义》，《经济学家》1989 年第 3 期。

9. 叶世昌：《〈实业计划〉——近代中国现代化思想的重要里程碑》，《近代中国》1991 年第 1 期。

10. 姜义华：《孙中山〈实业计划〉战略构想析评》，《近代中国》1991 年第 1 期。

11. 林家有：《论孙中山铁路建设的思想和主张》，《近代史研究》1991 年第 5 期。

12. 宗玉梅：《1927—1937 年南京国民政府的经济建设述评》，《民国档案》1992 年第 1 期。

13. 林家有：《试论孙中山振兴中国商业的经济思想及其演变》，《近代史研究》1994 年第 6 期。

14. 赵靖：《孙中山和中国发展之路》，《经济学家》1995 年第 2 期。

15. 叶世昌：《孙中山的经济发展战略思想》，《学术月刊》1995 年第 12 期。

16. 李本义：《孙中山利用外资的原则及影响》，《湖北大学学报》1996 年第 5 期。

17. 严昌洪：《梦想，还是理想？——从孙中山关于武汉近代化建设蓝图看〈实业计划〉的可行性》，《近代史研究》1997 年第 2 期。

18. 田彤：《〈实业计划〉两议——兼论近代中国经济现代化战略》，《华中师范大学学报》（人文社会科学版）1997 年第 6 期。

19. 李本义：《孙中山的〈实业计划〉与武汉现代化建设》，《江汉论坛》1999 年第 5 期。

20. 王杰：《50 年来的孙中山研究》，《近代史研究》1999 年第 5 期。

21. 李成勋：《从〈实业计划〉看孙中山振兴中华的战略构想》，《学术月刊》1999 年第 10 期。

22. 王燕：《孙中山的实业救国思想》，《社会科学战线》2000 年第 2 期。

23. 邱松庆：《南京国民政府初建时期的铁路建设述评》，《中国社会经济史研究》2000 年第 4 期。

24. 尚明轩：《新中国 50 年来孙中山研究》，《学术月刊》2000 年第 5 期。

25. 蒋铁柱：《孙中山先生的"东方大港"构想及其时代意义》，《上海经济研究》2000 年第 12 期。

26. 谢本书：《孙中山的〈实业计划〉是建设近代中国的宏伟蓝图》，《学术探索》2001 年第 1 期。

27. 周时英：《孙中山实现国民经济近代化的经济建设思想——重读〈实业计划〉》，《广西社会科学》2001 年第 4 期。

28. 朱英：《民初孙中山发展实业的思想及活动》，《江苏社会科学》2001 年第 5 期。

29. 尹洁、樊志民：《孙中山〈实业计划〉的东西部平衡发展思想及启示》，《理论导刊》2001 年第 9 期。

30. 陈新育：《从〈实业计划〉看孙中山经济近代化思想的借鉴意义》，《求实》2002 年 S1 期。

31. 乐正：《孙中山的经济现代化理想与深圳经济特区的现代化实践》，《学术研究》2002 年第 10 期。

32. 尚明轩：《民国时期的孙中山研究》，《学术月刊》2003 年第 4 期。

33. 吴先宁：《建国方略的再发现——改革开放以来对孙中山〈建国方略〉的研究述评》，《团结》2003 年第 5 期。

34. 肖涵静：《孙中山〈实业计划〉的卓识与困顿》，《团结》2003 年第 6 期。

35. 周兴：《近百年研究孙中山的主体史料鸟瞰》，《世纪桥》2005 年第 7 期。

36. 姜义华：《孙中山的革命思想与同盟会——上海孙中山故居西文藏书的一项审视》，《史林》2006 年第 5 期。

37. 鲍国强：《孙中山先生〈建国方略图〉版本解析》，《地图》2006 年第 5 期。

38. 杨天石：《孙中山思想的现代价值》，《光明日报》2006 年 11 月 13 日。

39. 刘世红：《从〈实业计划〉看孙中山区域经济思想的特质》，《广东社会科学》2007 年第 5 期。

40. 程薇薇、梅宁：《孙中山〈建国方略图〉》，《中国档案》2007 年第 6 期。

41. 李文海：《孙中山研究领域的拓展与创新》，《广东社会科学》2008 年第 3 期。

42. 尚明轩：《中国大陆半个多世纪来孙中山研究的回顾与展望》，《河南大学学报》（社会科学版）2008 年第 5 期。

43. 郭绪印、胡海英：《孙中山〈实业计划〉的首创性和超前性》，《上海师范大学学报》（哲学社会科学版）2009 年第 4 期。

44. 王志鲜：《孙中山绘制与收藏的革命地图》，《档案春秋》2009 年第 12 期。

45. 李永军：《孙中山的地图收藏》，《团结报》2010 年 10 月 7 日。

46. 胡波：《地图上的爱国者与强国梦——论孙中山的地图情结》，《广东社会科学》2010 年第 3 期。

47. 徐涛：《孙中山的上海观》，《史林》2011 年第 3 期。

48. 李文海：《辛亥革命百年的历史思考》，《人民日报》2011 年 9 月 20 日。

49. 马敏：《孙中山实业思想的启示》，《光明日报》2011 年 10 月 10 日。

50. 王卫星：《孙中山的工业化构想与国民党工业发展政策》，《南京社会科学》2011 年第 11 期。

51. 周海滨：《救国梦：孙中山和他的〈实业计划〉》，《中国经济周刊》2011 年第 39 期。

52. 周海滨：《孙中山的实业悲歌》，《中国经济和信息化》2011 年第 23 期。

53. 王健君、王仁贵等：《〈建国方略〉的梦想与实现》，《瞭望》2011 年第 40 期。

54. 张亚光：《现代化视野下的国家发展战略——孙中山〈实业计划〉释要》，《综合竞争力》2011 年第 4 期。

55. 马敏：《孙中山与张謇实业思想比较研究》，《历史研究》2012 年第 5 期。

56. 许峥嵘、姚会元：《孙中山港口建设与港口经济思想析论》，《江汉论坛》2013 年第 5 期。

57. 陈谦平、孙扬：《论孙中山的"中国国际化发展"思想——〈实业计划〉再认识》，《江海学刊》2014 年第 1 期。

58. 付启元、卢立菊：《〈孙总理实业计划图〉分析》，《档案与建设》2014 年第 8 期。

后　记

2016 年 11 月 12 日是孙中山先生诞辰 150 周年纪念日。

在这个特别值得纪念的日子里，缘于专业的敏感，内心自有一份别样的缱绻之情。未曾想，赶在早春时节，承蒙人民出版社刘畅兄的雅望，约我为孙中山的代表作《实业计划》稍加鉴注，一时未免殊胜惶恐，也心有戚戚。记得此前与师友为《建国方略》尝试过一次非常粗疏的导读（"醒狮丛书"之一种，中州古籍出版社 1998 年版），其中就包括了《实业计划》。时隔多年，倘若能有机会续一份绵薄之力，或许多少可以弥补此前太过粗糙、浅陋的解读。

众所周知，实现中华民族伟大复兴的"中国梦"，是今天全体中华儿女共同向往的时代主题。"中国梦"贯穿着历史、现实和未来，联结了国家、民族与个人的前途命运，既是现实生动的写照，也有历史沉淀的依据，蕴含着国家富强、民族振兴、人民幸福的深刻内涵。作为中国民主革命的先行者，孙中山不仅最早提出了民族复兴的"中国梦"雏形，也毕生践行着振兴中华的"中国梦"。1919 年完成的《实业计划》，与《孙文学说》《民权初步》三位一体，共同构建了他立足于经济、思想、政治的《建国方略》，用心之良苦，倾情之深沉，目光之远大，无疑是充满战略性、前瞻性的历史预言和时代先声，一个关乎国家前途、民族命运的梦境追求，从而赋予了穿越时空的长时段的意义。过去曾被讥为"孙大炮"的理想，岂是徒托空言？悲在生不逢时！如今，理想之花结成累累硕果，最能见证宏伟梦想所焕发的强大生命力和感召力，也最能体现民族振兴、国力强盛与民生福祉之间的息息相关。

百年回望，余温犹热。缅怀孙中山立志振兴中华的痴情构想，我们依旧能触摸到一颗滚烫炽烈的爱国心，一代伟人崇高的思想境界、广阔的国际视野以及超迈的历史远见，令人肃然起敬，感佩无已。

自《实业计划》问世至今的近百年来，关于这部著作的思想内容、社会影响、历史地位等问题的评价，在频频出版的孙中山研究专著、论文、传记以及各种中国近代史专题论著中，多有程度不一的涉及。不过，始于 20 世纪 80 年代起改革开放和中国现代化建设的丰富实践，真正拓宽和深化了学界对孙中山研究的理论空间，其中对于《实业计划》的广泛关注，更是成了孙中山研究中耀眼的亮点。如笔者书中征引所及，这些丰硕成果为本书提供了有益的启迪，鉴注过程中为此参阅并借鉴了许多前人和今人的研究成果。

《实业计划》的文本鉴注，一是义理鉴赏，二是词语考释。前者基于对先驱者心路历程的追踪，重在结合文本的写作背景、基本内容、思想价值、历史局限、百年追梦及其现实启示，加以梳理、分析和总结；后者主要涉及一些历史人物、事件及部分词语、地名、译名的注释，以便读者参阅。为了增添一份历史场景感，本书还穿插了一些图片展示，帮助读者体会中华民族历经百年追梦、圆梦的沧桑巨变。

此次鉴注的《实业计划》，以 2015 年人民出版社出版的 16 卷本《孙中山全集》之第 1 卷辑录的选本为准，所据底本为上海孙中山故居所藏改正本《建国方略》（上海民智书局 1922 年 6 月再版）并参校其他版本整理，底本充分吸收了现有各种图书报刊的文献成果，并结合国内外挖掘整理的新资料、新成果进行考订和增补，称得上是迄今为止最具代表性的选本。选本保留文本原注，置于（）内，其他改动包括：订正讹字置于〔〕内，增补脱字置于〈〉内或在脚注中说明，衍文加 [ ]。笔者依此凡例，将原有底本的编者注解一并在列，也对个别疏误处作了纠正。文本注解中，黄彦编《孙文选集》上册（广东人民出版社 2006 年版）辑有《建国方略》，其中《实业计划》是目前所见校勘最用力、考释（特别是地名对照）最翔实的选本，笔者注解中多有吸收，这是特别要向编者由衷致谢的。

从残冬早春至溽热盛夏的相当一段时间来，除了忙碌的日常工作，生活几近于"闭关自守"的状态，夜深人静时，孤影青灯下，已然成为常态。闲看庭前花开花落，抬望窗外春去春回，揽一抹清辉，拥一缕书香，最是静默好沉思。扪心处，也是让自己能真正静下心来，藉文本走进历史，设身处地地寻求跨时空的心灵对话，知其然，知其所以然。沉于梦，醉由心，暑热便觉一片清凉……

书稿甫就前夕，承常熟图书馆热诚为我订购了最新版的孙中山全集；承女儿从美国宾夕法尼亚大学寄来了《实业计划》1920 年上海英文版、1922 年纽约英文版的文本信息资料。其间，来自师友的鼓励、弟子的关切、家人的理解，一路温情的簇拥，始终是我默然心会的感动，也坚定着我勉力以赴的前行。在此，谨向所有关心

后记

363

我的至亲好友表示诚挚的谢意。

由于笔者学识不逮，偏处一隅的视野也多有局限，加上时间匆迫，注解过程中一定存在不少问题，祈盼专家学者和广大读者批评匡正。

沈　潜

2016 年 8 月 5 日

策划编辑：刘　畅
责任编辑：刘　畅
装帧设计：石笑梦

图书在版编目（CIP）数据

1919 年的"中国梦"：孙中山《实业计划》鉴注 / 孙中山　著
　沈潜　评注 . — 北京：人民出版社，2017.11
ISBN 978 – 7 – 01 – 017914 – 8

I.① 1… 　 II.①孙…②沈… 　 III.①经济规划 – 中国 – 民国
　②《实业计划》– 注释 　 IV.① F129.6 ② D693.0

中国版本图书馆 CIP 数据核字（2017）第 176995 号

1919 年的"中国梦"

1919 NIAN DE ZHONGGUOMENG

——孙中山《实业计划》鉴注

孙中山　著　沈潜　评注

人 民 出 版 社 出版发行

（100706　北京市东城区隆福寺街 99 号）

北京汇林印务有限公司印刷　新华书店经销

2017 年 11 月第 1 版　2017 年 11 月北京第 1 次印刷
开本：710 毫米 × 1000 毫米 1/16　印张：23
字数：267 千字

ISBN 978 – 7 – 01 – 017914 – 8　定价：69.00 元

邮购地址 100706　北京市东城区隆福寺街 99 号
人民东方图书销售中心　电话（010）65250042　65289539